普通高等教育"十三五"规划教材
全国高等医药院校规划教材

物理学实验

第4版

侯俊玲　邵建华　刚　晶　主编

科学出版社
北　京

内 容 简 介

本书《物理学实验》(第 4 版)是与"普通高等教育'十三五'规划教材·全国高等医药院校规划教材"《物理学》(第 4 版)紧密结合的配套教材,是高等中医药院校学生使用的一部重要参考用书。本书由北京中医药大学牵头,由近二十所医药院校的专家教师参编的第 4 版实验教材,该教材是在 2012 年第 3 版的基础上,结合目前医药物理学的进展及深化教学改革的需要进行的修订。并在原有的 22 个实验的基础上又补充新增了 6 个与医药密切相关的物理学实验,丰富了实验教学内容,适应现代医药发展的需要。

本书可适用于全国高等医药院校各个专业使用,也可作为成人教育、生命科学、卫生管理等相关专业的学生及研究人员的参考书。

图书在版编目(CIP)数据

物理学实验 / 侯俊玲,邵建华,刚晶主编 .—4 版 .—北京:科学出版社,2016.9

普通高等教育"十三五"规划教材　全国高等医药院校规划教材

ISBN 978-7-03-049661-4

Ⅰ.①物…　Ⅱ.①侯… ②邵… ③刚…　Ⅲ.①医用物理学-实验-医学院校-教材　Ⅳ.①R312-33

中国版本图书馆 CIP 数据核字(2016)第 201964 号

责任编辑:王　鑫　郭海燕 / 责任校对:郑金红

责任印制:李　彤 / 封面设计:陈　敬

科学出版社 出版

北京东黄城根北街 16 号

邮政编码:100717

http://www.sciencep.com

北京虎彩文化传播有限公司 印刷

科学出版社发行　各地新华书店经销

*

2003 年 7 月第　一　版　开本:787×1092　1/16

2016 年 8 月第　四　版　印张:10

2022 年 1 月第十九次印刷　字数:208 000

定价:32.00 元

(如有印装质量问题,我社负责调换)

《物理学实验》(第4版)编委会名单

主　编　侯俊玲　邵建华　刚　晶

副主编　柴　英　黄　浩　李　光　郭晓玉
高建平　张　莉　林　蓉　高清河

编　委　(按姓氏汉语拼音排序)

柴　英(大连医科大学中山学院)
刚　晶(辽宁中医药大学)
高清河(辽宁中医药大学)
顾柏平(南京中医药大学)
侯俊玲(北京中医药大学)
季成杰(山东中医药大学)
李　光(长春中医药大学)
李　洋(大连医科大学中山学院)
林　蓉(上海中医药大学)
刘　慧(成都中医药大学)
罗来成(广东药科大学)
邵建华(上海中医药大学)
隋娜娜(山东中医药大学)
王　礼(大连医科大学)
王　勤(贵阳中医学院)
王蕴华(天津中医药大学)
邬瑞光(北京中医药大学)
徐　磊(北京中医药大学)
叶　红(上海中医药大学)
张灵帅(河南中医药大学)
陈继红(河南中医药大学)
高建平(甘肃中医药大学)
葛黎新(陕西中医药大学)
郭晓玉(河南中医药大学)
黄　浩(福建中医药大学)
孔志勇(山东中医药大学)
李维峰(北京中医药大学)
林　多(福建中医药大学)
刘海英(辽宁中医药大学)
刘文艳(首都医科大学)
彭春花(上海中医药大学)
隋　芯(北京中医药大学)
孙　颖(北京中医药大学)
王　力(天津中医药大学)
王文龙(长春中医药大学)
危　芹(山东中医药大学)
谢仁权(贵阳中医学院)
徐仁力(南京中医药大学)
张　莉(北京中医药大学)

第4版前言

物理学的理论和发展是以实验为依据，是通过观察实验对现象进行分析、总结和高度概括，从而形成和建立了物理学理论，实验是验证理论正确与否的试金石。物理实验是物理科学的基础，是物理知识的源泉，是加强物理教学的重要环节和手段，也是提高物理教学质量的先决条件。

近年来，物理学同其他学科一样发展很快，尤其是核物理、激光、电子技术和计算机等现代化科学技术的发展，更反映了物理实验技术发展的新水平，尤其是物理新技术在医院领域中的应用。基于这方面的原因，本教材（第4版）在前三版的基础上新增实验6个，即"听阈曲线的测量"、"B型超声波诊断仪的使用"、"X射线衰减系数的模拟测量"、"X-CT计算机断层扫描重建"、"X-CT计算机模拟实验--窗口技术"、"X-CT计算机模拟实验--图像重建和图像后处理技术"等。

本教材为理论教材《物理学》第4版的配套实验教材，全书共涵盖28个实验，有的实验中还包含2-3种方法。其内容体现医药特色，紧跟现代医药发展的时代步伐，具有创新性与实践性，丰富和发展了物理学技术在医药领域中的应用，切合教育部《关于普通高等教育教材建设与改革的意见》。

本书实验题目及安排合理、有序、层次清晰。注重易读性及渐进性，注重培养学生的动手能力与创新思维能力。同时巩固和加深物理学理论，扩大学生的物理知识的应用。

本是可供高等中医院校中医、中药、针灸、推拿、骨伤、临床、护理、保健、康复、卫生管理等专业的本科生使用，也可作为相关教学的研究人员参考。

本书的编写是各个医药院校同仁的尽心竭力倾心打造的结果，同时也承蒙参编院校领导的大力支持。在此表示衷心的感谢！由于编写水平有限。书中不妥之处敬请读者批评指正。

编　者

2016年5月

目　录

绪　论

物理学是研究物质运动最基本、最普遍的规律的科学，也是现代医学的基础，它的理论和实验方法被广泛地应用于医学研究中，并且正在积极地推动着医学的发展。物理学又是一门实验科学，其规律的发现和理论的建立，都必须以严格的物理学实验为基础。因此，要掌握现代医学科学知识和技术，就必须具备一定的物理学理论、物理实验的方法和技能。在高等医学院校中，“物理学实验”是配合“物理学”而开设的相对独立的一门课程。本课程除包含了常规大学物理实验的一些基本内容外，还安排了一些与医学、药学、生命科学联系较为密切的实验内容。它与理论课相辅相成，开设目的在于培养学生们严谨的科学作风，使他们能获得在今后实际工作和医学理论研究中所必需的物理学知识、实验技能；并为进一步运用这些知识和技能解决医学实践中的相关问题奠定基础。

第一节　物理学实验的目的和主要环节

一、物理学实验的目的和任务

物理实验课程的教学是以使学生掌握物理实验的基本功，达到培养高素质创新型人才为目的的，概括起来，应达到以下三个基本要求：

(1) 通过实验使学生直接观察物理现象，进一步分析和研究物理现象，探讨其产生原因及规律，巩固和加深对物理现象及规律的认识。

(2) 通过实验使学生熟悉仪器的结构性能和操作方法，学会正确地使用仪器，学会科学的处理实验数据，掌握物理实验的方法，提高实验技能。本门课程所涉及的仪器大多都与医药学科研和实际工作有关，涉及的一些实验方法也可以直接应用于医药学研究之中。因此，通过这些实验，还应该为学生们的后续课程学习以及日后工作和科研打下良好的基础。

(3) 通过实验培养学生严肃认真、细致谨慎、实事求是的科学态度。

高等医药院校中，学生们进行物理实验也是真正理解和掌握物理理论的重要手段。只从书本上得到的知识往往是不完整的、不具体的。只有通过实验，才能使抽象的概念和深奥的理论变成具体的知识和实际的经验，变为解决实际问题的有力工具。因此，要真正理解和掌握物理理论，只从课堂上学习是不够的，还必须到实验室去进一步学习。亲自动手，亲自体会，才能真正学到具体的、与医药学相关的，并且可以直接应用于医药学实际中的物理学。

二、物理学实验的主要环节

与其他课程的学习有所不同，为了很好地完成每一次物理实验，并有所收获，需要掌握一定的方法。这些方法包括：实验之前必须认真预习，实验过程中应该认真操作，实验之后认真总结，并提供完整准确的实验报告。对这三个主要环节的具体要求如下：

1. 课前预习

预习是上好实验课的基础和前提。没有预习，或许可以听好一堂理论课，但绝不可能完成好一次实验课。预习的基本要求是：详细阅读实验指导书，明确实验目的，弄懂实验原理，了解实验方法；对实验仪器的性能和使用方法有初步认识；明确实验步骤和注意事项，避免盲目操作、损坏仪器。有些实验还需要翻阅一些参考书。通过预习，应对即将做的实验有一个初步的了解。然后写好一份预习报告(包括实验目的、原理、步骤、电路或光路图及数据表格等)。预习报告中的数据表格很重要，通常是真正理解了如何做实验时，才能画好这个表格。表中要留有余地，以便有估计不到的情况发生时能够记录。直接测量的量和间接测量的量在表中要清楚地分开,不应混淆。

2. 实验室中的实验操作

通过实验操作,可以对物理现象进行观察和研究,增强对理论知识的理解,促进实验技能的提高。实验操作过程也正是实验课的主体环节。

进入实验室必须详细了解并严格遵守实验室的各项规章制度。操作前先认识和熟悉实验所用仪器,并认真检查,了解仪器的性能和使用方法,按照实验步骤进行操作。在仪器调节时,应先粗调后微调;读数时,应先取大量程后取小量程。在涉及安全用电的实验中,必须经教师检查无误后才可接通电源。将测量数据填写在预习报告的表格内,再计算出必要的结果,若出现异常数据时,要增加测量次数。数据记录必须真实,绝不可任意伪造和篡改。这是科学工作者的基本道德素养。在实验过程中要十分注意各种实验现象。不仅对主要的现象、预先估计到的现象,做认真观察、仔细测量、工整记录;对于一些次要的现象、预先没有估计到的现象,也要注意观察和如实记录,最好还要进行分析和讨论。实验过程中要保持实验室的清洁。实验完成后,应整理好仪器设备,关好水、电、燃气等,方可离开实验室。

3. 填写实验报告

填写实验报告是培养实验研究人才的重要手段。实验报告也是实验全过程的最终总结。首先要认真细致地对实验数据作出整理和计算,对结果加以分析,在此基础上写出实验报告。实验报告应当真实而全面地记录实验条件和实验过程中得到全部信息。实验报告应包括的内容有:实验题头(包括实验题目、实验日期、时段、实验操作者及同组人姓名);实验器材(包括仪器设备和实验材料等,要求写明仪器设备名称、型号、主规格和编号等,实验材料的样品名称、来源及其编号等);实验目的(要求简单明了地写出几条);简明的实验原理(包括相应的原理、公式、算法和实验方法,仪器设备的基本结构和测量原理等);简要的实验步骤;实验数据及其处理(应包括填写于表格中的所测量数据,实验结果的计算,误差的计算等);结果分析(必要时绘出图线);记录实验室的环境条件,如室温、气压等与实验有关的外部条件;讨论总结;对相关问题的回答。

第二节　测量误差及数据处理

一、物理量的测量及测量误差

1. 测量的分类

物理定律和定理反映了物理现象的规律性。然而,这些规律通常由各种物理量间的数值关系来表达,验证和建立物理定律和定理通常要对物理量进行正确测量。所谓测量就是将待测的物理量与选定的同类单位量相比较。广义上讲,测量是人类认识世界和改造世界的基本手段。通过测量,人们对客观事物可以获得定量的概念,总结出它们的规律性,从而建立起相应的理论。

测量分为直接测量与间接测量两种类型。直接测量是直接用仪器或仪表读出测量的数值。例如,用米尺测量物体长度,用秒表测量时间,用温度计测量温度等。间接测量是由已知的定律、公式间接计算出的待测量。例如,通过直接测量出单摆的摆长 l ,由公式 $T=2\pi\sqrt{\frac{l}{g}}$ 求出单摆的周期 T,大多数物理量都是通过间接测量得到的。

2. 测量的误差及分类

理论上讲,物理量应该存在着客观上绝对准确的数值,称为真值。然而,实际测量时得到的结果值称为测量值。由于测量仪器、实验条件以及观察者的感官和测量环境的限制等诸多因素的影响,测量不可能无限精确,因此测量值只是近似值,测量值与客观存在的真值之间总是有一定的差异,我们把这一差异称为测量的误差。误差存在于一切测量之中,存在于测量过程的始终。讨论误差的来源、消除或减少测量的误差,是提高测量的准确程度,使测量结果更为可信的关键。

测量误差按其产生的原因和性质可分为系统误差和偶然误差两类。

(1) 系统误差:这种误差是由于仪器本身缺陷(如刻度不均匀,零点不准等)、公式和定律本身不够严密、实验者自身的生理等因素造成的。系统误差可以通过校正仪器,改进测量方法,修正公式和定律,改善实验条件和纠正不正确习惯等办法尽可能加以减少。在通常的实验室中,实验条件一旦确定,系统误差也随之客观地确定了,多次重复测量不可能发现更不可能减少系统误差。

(2) 偶然误差:这种误差是由许多不稳定的偶然因素引起的。例如,测量环境的温度、湿度和气压的起伏,电源电压的波动,电磁场的干扰,不规律的机械振动,以及测量者感觉器官的随机错觉等偶然因素产生的误差。误差偶然的存在使得每次测量值具有偶然性,即每一次测量时产生的误差大小和正负是不确定的,是一种无规则的涨落,看不出它们的规律性。对于同一被测物理量,在相同条件下进行多次测量,当测量的次数足够多时,则正负误差出现的机会或概率相等。或者说在测量的次数足够多的情况下,偶然误差服从一定的统计规律,测量结果总是在真值附近涨落。由于这种误差的偶然性,它是不可消除的,但是增加重复测量的次数,可以尽可能减少测量的偶然误差。

需要指出的是,误差和错误是两个完全不同的概念。错误是由实验者对仪器使用不正确、实验方法不合理,或者违犯操作规程、粗心大意读错数据、运算不准等原因导致的。客观上存在的误差可以设法减少,但是主观的错误和失误必须避免,相应的测量数据也应予以剔除。

二、直接测量量误差的计算

由于测量误差的存在,所以在直接测量中不可能确切地测出物理量的真值。为了确保测量的准确,要通过理论公式引入修正值、消除系统误差产生的因素、改进测量方法等手段尽可能对系统误差加以减少和修正。同时为了尽量减少偶然误差的影响,还需要进行反复多次的测量。一般情况下,各次测得的结果不同,那么什么量最接近真值,测量的准确程度怎么样,这些都是我们要讨论的问题。下面仅就偶然误差的情况进行讨论。

1. 算术平均值

前面说过,偶然误差虽然具有偶然性,但是在测量的次数足够多时,其整体服从一定的统计学规律,具体地说就是:

(1) 各次测量之间没有直接关系,互相独立;

(2) 各次测量的结果都落在真值附近,与真值偏离较大的机会很少;

(3) 由于误差的偶然性,测量结果比真值大的机会与比真值小得机会相等,而当测量的次数足够多时,所得测量结果比真值大的和比真值小的数目相同。

设某物理量的真值为 n,对其进行了 k 次测量。各次的测量结果分别为 $N_1, N_2, \cdots, N_k$。则各次测量值与真值之间的差分别是 $\Delta n_1 = N_1 - n$, $\Delta n_2 = N_2 - n$, $\cdots$, $\Delta n_k = N_k - n$ 称为各次测量的测量误差,它们可能为正,也可能为负。如前所述,误差始终客观地存在于一切科学实验中,实验结果要求不仅要包括测量所得的数据,还应包括误差的范围。

根据偶然误差的规律性,当测量次数 k 足够多时,某次测量的结果比真值大了多少,在另外一次测量中会得到比真值小同样数值的结果。因此,当测量次数无限增多时,各次测量的结果与真值的差数可以成对互相抵消,即

$$\lim_{k\to\infty}(\Delta n_1 + \Delta n_2 + \cdots + \Delta n_k) = 0$$

或

$$\lim_{k\to\infty}[(N_1 - n) + (N_2 - n) + \cdots + (N_k - n)] = 0$$

进而可得

$$n = \lim_{k\to\infty}\frac{N_1 + N_2 + \cdots + N_k}{k}$$

上式表明无限多次测量结果的算术平均值就是该量的真值。

实际上,任何物理量的直接测量都只能进行有限次,在 k 为有限次的情况下,算术平均值不是真

值,但它最接近真值,称为近真值或最佳值。因此,在不知道真值的情况下,通常将算术平均值作为测量结果代替真值 n,进行相应的运算和分析。算数平均值用 $\overline{N}$ 表示:

$$\overline{N}=\frac{N_1+N_2+\cdots+N_k}{k}$$

2. 绝对误差与相对误差

通常的实验中将算术平均值 $\overline{N}$ 作为代替真值的测量结果,则算术平均值 $\overline{N}$ 与各次测量值 N_1, N_2, $\cdots$, N_k 之差(误差理论中称为残差)的绝对值为 $\Delta N_1=|N_1-\overline{N}|$, $\Delta N_2=|N_2-\overline{N}|$, $\cdots$, $\Delta N_k=|N_k-\overline{N}|$ 常被称为各次测量的绝对误差。它近似地表示出各次测量值与真值间最大的可能的偏离范围。

各次测量的绝对误差的算术平均值称为平均绝对误差,用 $\overline{\Delta N}$ 表示

$$\overline{\Delta N}=\frac{\Delta N_1+\Delta N_2+\cdots+\Delta N_k}{k}$$

$\overline{\Delta N}$ 越小,表示算术平均值与各次测量值之间差越小,说明测量值在真值附近散布的范围小;$\overline{\Delta N}$ 越大,说明这一散布范围越大。因此,$\overline{\Delta N}$ 近似地表示了测量结果与真值之间最大可能的偏离范围,可将 $\overline{\Delta N}$ 作为测量结果的绝对误差,它表示了测量结果的准确程度。

这样,最后实验测量结果表示为

$$N=\overline{N}\pm\overline{\Delta N}$$

上式的形式表示测量结果 n 在算术平均值 $\overline{N}$ 的附近正、负 $\overline{\Delta N}$ 这一范围内,但并不排除某次测量值在此范围之外的可能性。

一般的,绝对误差可以大致表明测量结果的准确程度,但不能确切反映测量质量的好坏。例如,测量 1m 长的物体误差为 1mm,测量 1mm 长的物体误差为 0.1mm。两者比较,显然前者测量质量优于后者,但是前者的绝对误差却大于后者。所以不能单从绝对误差的大小来说明测量质量的优劣,需要采用其他方法来表示测量结果的准确程度,为此引入相对误差的概念。

将各次测量的绝对误差与真值之比

$$\frac{\Delta N_1}{n},\frac{\Delta N_2}{n},\cdots,\frac{\Delta N_k}{n}$$

称为各次测量的相对误差。平均绝对误差与真值(常用算术平均值代替)的比称为平均相对误差(或测量结果的相对误差),用 E 表示

$$E=\frac{\overline{\Delta N}}{\overline{N}}\times 100\%$$

相对误差以百分数表示。有了相对误差之后,测量结果还可写作

$$N=\overline{N}(1\pm E),\quad E=\frac{\overline{\Delta N}}{\overline{N}}\times 100\%$$

在处理间接测量结果时这种表达方法更能显出优势。

例 1 用游标卡尺测量金属圆柱体的直径,共测 10 次,各次测量的数值分别为 5.587mm, 5.589mm, 5.585mm, 5.579mm, 5.591mm, 5.593mm, 5.587mm, 5.587mm, 5.588mm, 5.582mm。求最后的测量结果。

解 算出平均值

$$\overline{d}=\frac{\sum_{i=1}^{10}d_i}{k}=5.587\text{mm},\quad k=10$$

平均绝对误差

$$\overline{\Delta d} = \frac{\sum_{i=1}^{10} \Delta d_i}{N} = 0.003\text{mm}, \quad k = 10$$

平均相对误差

$$E = \frac{\overline{\Delta d}}{\bar{d}} \times 100\% = 0.05\%$$

测量结果为 $d = (5.587 \pm 0.003)$ mm。

3. 偶然误差的实际估算

偶然误差的出现，从表面上看似乎纯属偶然，然而，重复多次测量时会发现，偶然之中表现出一定的规律性。我们可以利用这种规律对某一组直接测量结果做出偶然误差的误差估算。理论和实践都证明，当测量次数 k 足够多时，对一组较精确测得的数据而言，其偶然误差服从正态分布（高斯分布）。与之相应的有一个特征值：

$$\sigma = \sqrt{\frac{\sum_{i=1}^{k} (\Delta n_i)^2}{k}} = \sqrt{\frac{\sum_{i=1}^{k} (N_i - n)^2}{k}} \quad (k \longrightarrow \infty)$$

σ 称为测量值 $N_1, N_2, \cdots, N_k$ 的总体标准偏差。这是一个 $k \longrightarrow \infty$ 时的理论值。它表明这组测量值中任意一个值 N_i 落在 $(n - \sigma, n + \sigma)$ 区间中的概率 P，这个概率值的大小为 68.3%。

在实际测量中，通常不知道真值，而且测量次数有限，我们只能用残差代替误差计算。这时，对一组测量 $N_1, N_2, \cdots, N_k$ 值总体标准偏差的估计值，由贝塞尔公式给出：

$$S = \sqrt{\frac{\sum_{i=1}^{k} (N_i - \bar{N})^2}{k - 1}}$$

S 称为实验标准偏差。它代表这组测量值中各测量值所对应的标准误差，它是 $k \longrightarrow \infty$ 时，σ 的一个估计值。

从统计意义上讲，$\bar{N}$ 作为测量值中的最佳估计值应比每一测量值 N_i 都更接近于真值 n，经理论推导得到算数平均值 $\bar{N}$ 的实验标准偏差为

$$S(\bar{N}) = \sqrt{\frac{\sum_{i=1}^{k} (N_i - \bar{N})^2}{k(k - 1)}} = \frac{S}{\sqrt{k}}$$

它表明在 $[\bar{N} - S(\bar{N}), \bar{N} + S(\bar{N})]$ 范围内包含真值 n 的概率为 68.3%。

三、间接测量量的误差

在物理学实验中，大多数测量是间接测量，即被测量值是由多个直接测量值通过一定的函数计算得出的。例如，要测一个均匀小球的密度 ρ。先用游标卡尺测出它的直径 d，利用体积公式算出其体积 $V = \frac{\pi}{6}d^3$，再用托盘天平测出它的质量 m，根据密度公式求得其密度 $\rho = \frac{6m}{\pi d^3}$。直接测量量 d、m 都含有误差，因此间接测量的结果 ρ 也必然有误差。这一类问题可应用误差传递规则来进行处理。下面讨论如何根据直接测量量的误差求得间接测量结果的绝对误差和相对误差。为方便起见，只讨论由两个直接测量的量得出的间接测量结果的误差。设 A、B 为两个直接测量量，N 为间接测量量，它们之间函数关系为

$$N = f(A, B)$$

两个直接测量量为

$$A=\bar{A}\pm\overline{\Delta A},\quad B=\bar{B}\pm\overline{\Delta B}$$

间接测量量的结果表示为

$$N=\bar{N}\pm\overline{\Delta N}$$

式中，$\bar{N}=f(\bar{A},\bar{B})$ 称为间接测量量的算术平均值，是将各直接测量量的平均值代入公式后计算得出的。$\overline{\Delta N}$ 是间接测量量 N 的平均绝对误差，而间接测量量 N 的平均相对误差也为 $E=\dfrac{\overline{\Delta N}}{\bar{N}}\times 100\%$ 形式。

下面根据 N 与 A、B 的函数关系分几种情况来讨论间接测量量的 $\overline{\Delta N}$ 与 E。

1. 间接测量量是两个直接测量量的和或差（$N=A\pm B$）

将测量结果 $A=\bar{A}\pm\overline{\Delta A}$，$B=\bar{B}\pm\overline{\Delta B}$ 代入 $N=A\pm B$，得

$$N=\bar{N}\pm\overline{\Delta N}=(\bar{A}\pm\overline{\Delta A})\pm(\bar{B}\pm\overline{\Delta B})$$

则

$$\bar{N}=\bar{A}\pm\bar{B}$$

$$\overline{\Delta N}=\overline{\Delta A}+\overline{\Delta B}$$

取结果的平均绝对误差 $\overline{\Delta N}=\overline{\Delta A}+\overline{\Delta B}$ 是考虑到测量的准确性最差的情况，是可能产生的最大误差。因此，和或差的平均绝对误差等于直接测量量 A 与 B 的平均绝对误差之和。

当 $N=A+B$ 时，间接测得量 N 的平均相对误差表示为

$$E=\frac{\overline{\Delta N}}{\bar{N}}=\frac{\overline{\Delta A}+\overline{\Delta B}}{\bar{A}+\bar{B}}$$

当 $N=A-B$ 时，间接测得量 N 的平均相对误差表示为

$$E=\frac{\overline{\Delta N}}{\bar{N}}=\frac{\overline{\Delta A}+\overline{\Delta B}}{\bar{A}-\bar{B}}$$

2. 间接测量量是两个直接测量量的积（$N=A\cdot B$）

这时

$$N=\bar{N}\pm\overline{\Delta N}=(\bar{A}\pm\overline{\Delta A})\cdot(\bar{B}\pm\overline{\Delta B})=\bar{A}\cdot\bar{B}\pm\bar{B}\cdot\overline{\Delta A}\pm\bar{A}\cdot\overline{\Delta B}\pm\overline{\Delta A}\cdot\overline{\Delta B}$$

于是得积的算术平均值为

$$\bar{N}=\bar{A}\cdot\bar{B}$$

略去带有因子 $\overline{\Delta A}\cdot\overline{\Delta B}$ 的项（因其值较小），考虑到可能产生的最大误差，则积的平均绝对误差为

$$\overline{\Delta N}=\bar{B}\cdot\overline{\Delta A}+\bar{A}\cdot\overline{\Delta B}$$

积的平均相对误差为

$$E=\frac{\overline{\Delta N}}{\bar{N}}=\frac{\overline{\Delta A}}{\bar{A}}+\frac{\overline{\Delta B}}{\bar{B}}$$

3. 间接测量量是两个直接测量量的商（$N=A/B$）

这时

$$N=\bar{N}\pm\overline{\Delta N}=\frac{\bar{A}\pm\overline{\Delta A}}{\bar{B}\pm\overline{\Delta B}}=\frac{(\bar{A}\pm\overline{\Delta A})(\bar{B}\mp\overline{\Delta B})}{(\bar{B}\pm\overline{\Delta B})(\bar{B}\mp\overline{\Delta B})}$$

$$=\frac{\bar{A}\cdot\bar{B}\pm\bar{B}\cdot\overline{\Delta A}\mp\bar{A}\cdot\overline{\Delta B}-\overline{\Delta A}\cdot\overline{\Delta B}}{\bar{B}^2-\overline{\Delta B}^2}$$

略去带有因子 $\overline{\Delta A}\cdot\overline{\Delta B}$ 和 $\overline{\Delta B}^2$ 的项，考虑到可能产生的最大误差，则可得出商的算术平均值为

$$\overline{N}=\frac{\overline{A}}{\overline{B}}$$

商的平均绝对误差为

$$\overline{\Delta N}=\frac{\overline{B}\cdot\overline{\Delta A}+\overline{A}\cdot\overline{\Delta B}}{\overline{B}^2}$$

商的相对误差为

$$E=\frac{\overline{\Delta N}}{\overline{N}}=\frac{\overline{\Delta A}}{\overline{A}}+\frac{\overline{\Delta B}}{\overline{B}}$$

由此可见,乘除运算的相对误差等于各直接测量值的相对误差之和。

4. 方次与根的误差

由函数关系和乘除法的相对误差公式,可以证明:

若 $N=A^n$,则

$$\overline{N}=\overline{A}^n,\quad E=\frac{\overline{\Delta N}}{\overline{N}}=n\cdot\frac{\overline{\Delta A}}{\overline{A}}$$

若 $N=A^{\frac{1}{n}}$,则

$$\overline{N}=\overline{A}^{\frac{1}{n}},\quad E=\frac{\overline{\Delta N}}{\overline{N}}=\frac{1}{n}\cdot\frac{\overline{\Delta A}}{\overline{A}}$$

再由相对误差导出平均绝对误差:

$$\overline{\Delta N}=E\,\overline{N}$$

上述各种运算,可推广到有任意个直接测量值的情况。只要把直接测量量分组处理,然后再综合考虑,即可求出相应结果。例如,$N=\frac{AB}{CD}$,A、B、C、D 为直接测量量,可设 $X=AB$,$Y=CD$,而 $N=\frac{AB}{CD}=\frac{X}{Y}$。

另外,从以上结论可看到,当间接测量值的计算式中只含加减运算时,先计算绝对误差,后计算相对误差比较方便;当计算式为乘、除、乘方或开方运算时,先计算相对误差,后计算绝对误差较为方便。其他函数的误差传递公式,可应用微分法导出,我们不一一证明。现将常用公式列于表 0-1 中,以备查阅。

表 0-1　常用误差计算公式

函数表达式	绝对误差$\overline{\Delta N}$	相对误差$\overline{\Delta N}/\overline{N}$
$N=A+B$	$\overline{\Delta A}+\overline{\Delta B}$	$(\overline{\Delta A}+\overline{\Delta B})/(\overline{A}+\overline{B})$
$N=A-B$	$\overline{\Delta A}+\overline{\Delta B}$	$(\overline{\Delta A}+\overline{\Delta B})/(\overline{A}-\overline{B})$
$N=A\cdot B$	$\overline{B}\cdot\overline{\Delta A}+\overline{A}\cdot\overline{\Delta B}$	$\overline{\Delta A}/\overline{A}+\overline{\Delta B}/\overline{B}$
$N=A/B$	$(\overline{B}\cdot\overline{\Delta A}+\overline{A}\cdot\overline{\Delta B})/\overline{B}^2$	$\overline{\Delta A}/\overline{A}+\overline{\Delta B}/\overline{B}$
$N=A^n$	$\overline{nA^{n-1}}\cdot\overline{\Delta A}$	$n\cdot\overline{\Delta A}/\overline{A}$
$N=A^{\frac{1}{n}}$	$\frac{1}{n}\overline{A}^{\frac{1}{n}-1}\cdot\overline{\Delta A}$	$\frac{1}{n}\cdot\overline{\Delta A}/\overline{A}$
$N=\sin A$	$(\cos\overline{A})\cdot\overline{\Delta A}$	$(\cot\overline{A})\cdot\overline{\Delta A}$
$N=\cos A$	$(\sin\overline{A})\cdot\overline{\Delta A}$	$(\tan\overline{A})\cdot\overline{\Delta A}$
$N=\tan A$	$\overline{\Delta A}/\cos^2\overline{A}$	$2\overline{\Delta A}/\sin\overline{2A}$
$N=\cot A$	$\overline{\Delta A}/\sin^2\overline{A}$	$2\overline{\Delta A}/\sin\overline{2A}$
$N=kA$(k为常数)	$k\cdot\overline{\Delta A}$	$\overline{\Delta A}/\overline{A}$

四、仪器的精密度和有效数字

1. 仪器的精密度

仪器的精密度(又称精度)是指在正确使用测量仪器时,所能测得的最小准确值,它一般由仪器的分度(仪器所标示最小化分单位)决定。例如,用毫米刻度尺测量物体的长度,其精密度就是1mm。

2. 有效数字

由于仪器精密度和误差的限制,测得的任何一个物理量的数值的位数只能是有限的。例如,用毫米刻度尺测量物体的长度,量得其长在35~36mm,经估算后读为35.5mm,其中前两位是准确测出的,是可靠数字。最后一位即十分位是估读的,显然是可疑数字,也就是说,误差出现在十分位上。尽管十分位上有误差存在,但它在一定程度上还是反映了客观实际,因此也是有效的。由于十分位上已出现了误差,所以再往下写去,如35.56…mm,就毫无意义了,一般的可疑数字只估读一位,即估读出仪器分度值以下的一位数字。我们把测量结果中可靠的几位数字加上一位可疑数字统称为有效数字。例如,$L=364.4\text{cm}$是4位有效数字,$\rho=2.35\ \text{g}\cdot\text{cm}^{-3}$是3位有效数字。用有效数字记录测量值,不但反映了测量值的大小,而且反映了测量值的准确程度。对同一物理量的测量,仪器的精密度越高,测量值的有效数字的位数就越多。一个物理量的测量数值与数学上数值有着不同的意义。数学上$1.57=1.570=1.5700\cdots$,而物理测量上$1.57\neq1.570\neq1.5700\cdots$,因为它们反映的是用不同精密度的仪器得出的测量值。所以物理量测量值的有效数字的位数不能随意增减,少记会低估测量的准确程度,带来“附加”误差,使得测量结果的可信度人为地降低;多记则夸大了准确性,造成错误的概念。

关于有效数字还应注意以下几点:

(1) 数字当中的“0”与数字后面的“0”都是有效数字。有效数字的位数与小数点无关,数字当中的“0”和数字后面的“0”均记入有效数字。而数字前面的“0”不是有效数字,如0.026110是5位有效数字,20.0501是6位有效数字。

(2) 有效数字的位数与单位换算无关。进行单位换算不能改变有效数字的位数。如,$3\text{km}\neq3000\ \text{m}$,两者说明了不同的测量准确程度。前者是1位有效数字,而后者是4位有效数字。正确的写法是$3\ \text{km}=3\times10^3\ \text{m}$,其中$10^3$不计为有效数字,只用于定位表明单位。

(3) 有效数字的四舍五入。有效数字通常采用四舍五入。例如,取1.527为3位有效数字时,应写作1.53,取2位有效数字,应记为1.5 。还有一种经常采用的方法,即“尾数小于5则舍,大于5则入,等于5则把舍入后的尾数凑成偶数”的法则,又称四舍六入五凑偶。如2.615取3位有效数字为2.62(5进上后凑成偶数);13.205取4位有效数字为13.20(5舍去后凑成偶数);5.035取3位有效数字为5.04。本书采用四舍五入法。

(4) 常数(如π、e、$\sqrt{5}$、$\frac{1}{3}$等)的有效数字。常数的有效数字为无限位,可根据具体问题适当选取,一般比测量值至少要多保留一位。

3. 有效数字的近似计算

实验结果量往往需要通过对直接测量的物理量进行计算才能得到。一般参加运算的各量数值的大小及有效数字的位数不同,经常会遇到中间数的取位问题。因此,根据有效数字中可疑数字只许保留一位以及尽量使计算简洁的原则,规定以下有效数字的运算法则:

(1) 加减法:诸数相加减时,所得结果的有效数字应以保留诸数中最高可疑的位数为标准(以下按四舍五入),例如,

$$58.6\underset{\cdot}{1}+0.23\underset{\cdot}{1}+587.\underset{\cdot}{0}=645.\underset{\cdot}{8}$$

$$4.2\underset{\cdot}{6}-0.018\underset{\cdot}{5}=4.2\underset{\cdot}{4}$$

数字下面的“.”表示该数字的可疑位。

(2) 乘除法：诸数相乘除时，所得结果的有效数字的位数应以诸数中有效数字位数最少的作为保留标准(以下按四舍五入)，例如，

$$5.236 \times 1.3 = 6.8$$

$$5.423 \div 0.725 = 7.48$$

(3) 乘方与开方：有效数字进行乘方或开方运算时，所得结果的有效数字的位数与底数的位数相同，例如：

$$\sqrt{15.7} = 3.96$$

$$7.65^2 = 58.5$$

(4) 三角函数：三角函数的有效数字的位数与角度的位数相同。例如，

$$\cos 35.7° = 0.812$$

(5) 对数：对数的有效数字的位数与真数的位数相同。例如，

$$\lg 19.28 = 1.285$$

下面我们举例说明，如何根据有效数字运算法则进行误差计算。

例 2　用米尺分别对圆柱体的高和直径做三次测量，结果如下：

$$h_1 = 20.1\text{mm}, \quad h_2 = 20.4\text{mm}, \quad h_3 = 20.5\text{mm}$$

$$D_1 = 5.1\text{mm}, \quad D_2 = 5.3\text{mm}, \quad D_3 = 5.3\text{mm}$$

求圆柱体的高、直径和体积测量结果的平均值、平均绝对误差、相对误差并做出结果表示。

解　直接测量的平均值为

$$\bar{h} = \frac{1}{3}(20.1 + 20.4 + 20.5) = 20.3(\text{mm})$$

$$\bar{D} = \frac{1}{3}(5.1 + 5.3 + 5.3) = 5.2(\text{mm})$$

直接测量的平均绝对误差为

$$\overline{\Delta h} = \frac{1}{3}(|20.1 - 20.3| + |20.4 - 20.3| + |20.5 - 20.3|) = 0.2(\text{mm})$$

$$\overline{\Delta D} = \frac{1}{3}(|5.1 - 5.2| + |5.3 - 5.2| + |5.3 - 5.2|) = 0.1(\text{mm})$$

直接测量的相对误差为

$$E_h = \frac{\overline{\Delta h}}{\bar{h}} = \frac{0.2}{20.3} = 1\%, \quad E_D = \frac{\overline{\Delta D}}{\bar{D}} = \frac{0.1}{5.2} = 2\%$$

直接测量的结果表示为

$$h = \bar{h} \pm \overline{\Delta h} = (20.3 \pm 0.2)\text{mm}, \quad D = \bar{D} \pm \overline{\Delta D} = (5.2 \pm 0.1)\text{mm}$$

$$E = 1\%, \quad E = 2\%$$

间接测量的平均值为

$$\bar{V} = \frac{1}{4}\pi \bar{D}^2 \bar{h} = \frac{1}{4} \times 3.14 \times 5.2^2 \times 20.3 = 4.3 \times 10^2(\text{mm}^3)$$

相对误差为

$$E_V = \frac{\overline{\Delta V}}{\bar{V}} = 2\frac{\overline{\Delta D}}{\bar{D}} + \frac{\overline{\Delta h}}{\bar{h}} = 2 \times 2\% + 1\% = 5\%$$

平均绝对误差为

$$\overline{\Delta V} = \bar{V} \times \frac{\overline{\Delta V}}{\bar{V}} = 4.3 \times 10^2 \times 5\% = 0.2 \times 10^2\text{mm}^3$$

结果表示为

$$V = \overline{V} \pm \overline{\Delta V} = (4.3 \pm 0.2) \times 10^2 \mathrm{mm}^3, \quad E_V = 5\%$$

五、实验数据的处理方法

1. 列表法

对于实验所得的测量数据,通常要画出表格进行记录。这种方法可以把物理量之间的对应关系表示得清楚明了,便于检查测量结果是否合理,有助于分析物理量之间的规律性。而且可随时检查测量数据是否合理,便于及时发现和纠正错误,提高处理数据的效率。

设计记录表格要合理,列表要简单明了,表中每行(或每列)之首位应标明其物理量和所用单位,然后将测量数据分类填入表格中。表中的数据要正确反映出测量结果的有效数字,以表明测量的准确程度。若为间接测量量,还应列出计算公式。此外,实验时间、环境温度、气压等也可记录于表格之首,以便参考。表中不能说明的问题,可以在表下附加说明。

2. 图示法

许多情况下,实验所得数据是表示一个物理量(因变量)随另一个物理量(自变量)而改变的关系。这些对应关系的变化情况,通常可以直观地用图表法将它们以曲线的形式描绘出来。

作图是研究物理量之间的变化规律,找出对应的函数关系,以及求出经验公式的最常用的方法之一。通过作图,有助于方便地求出所需要的某些实验结果。比如,对直线 $y = ax + b$,由图上的斜率可求出 a ,由截距可求出 b 。作图还易于发现试验中的测量错误,由于图线是依据许多据点描出的平滑曲线,因此对测量的数据有修正作用,具有多次测量取平均值的意义。此外,在图中曲线上能够直接读出没有进行测量的点,而且在一定条件下,可以从图中曲线的延伸部分演绎出测量范围以外的情况。因此,作图法处理数据具有许多优点。然而,要正确描绘出一条实验曲线,必须注意以下的作图规则。

(1) 一般以横轴表示自变量,纵轴表示因变量。在坐标轴的末端还应表明所示物理量的名称、单位,在图的下方标出图名。

(2) 根据情况选用合适的坐标纸,如直角坐标纸、对数坐标纸或极坐标纸等。确定坐标纸的大小及坐标轴的比例。图纸的大小应根据测量数据的有效数字来选择,使测量数据中的可靠数字在图上也是可靠的,即图中的一个小格对应数据中可靠数字的最后一位,数据中的一位可疑数字在图中应是估计的。坐标轴相对比例的选择不必强求一致,以图线不沿某一坐标轴延伸或缩在图上一角为原则,使整个图线比较均匀地充满整个图纸。横轴与纵轴的比例可以不同,坐标轴的起点也不一定非取零值。

(3) 根据测量的数据,用“×”或“ * ”等符号在图上标出各点的坐标。符号要用尺和尖笔清晰而准确地标出,符号的中心对应实验数据点的准确位置。同一图纸上不同的曲线应使用不同的符号。即便图纸画好后,符号也不应擦去,以便复核及保留数据记录。各点标出后,应用直尺或曲线尺把各点连成光滑的曲线。由于误差的影响,曲线不一定通过所有的点,只是要求曲线两边的偏差点有比较均匀的分布,个别偏离较大的点应舍去或重新测量。图线不宜画的过粗,以致看不清标出的点,更不能为使每个标出的点都在图线上而把它们连成折线。

(4) 曲线的直线化。对于较复杂的函数关系,由于它们是非线性的,所以图形都是曲线,不仅由曲线上求值不方便,而且难以从图中判断结果是否正确。因此,常选用不同的变量来代替原来的变量(称为变量置换法),将曲线改直。例如,对 $xy = k$,可以将 x-y 曲线改为以 y 和 $\frac{1}{x}$ 为轴的 y - $\frac{1}{x}$ 图线,则曲线变成了直线。

总之,作图法有许多优点,但作图求得的值准确性不太高,有效数字位数不能太多是它的主要缺点。

3. 线性拟合法

当需要从实验数据出发列出经验方程时,最常用的方法是用最小二乘法经线性拟合(或称最小二乘法线性回归)求得回归方程。下面对这种方法作一个简单的介绍。

先假定所研究的两个物理量 x 和 y 之间存在着线性相关关系

$$y = a + bx \tag{①}$$

称为回归方程。

现有测得的数据组为$(x_i, y_i)(i = 1, 2, \cdots, n)$,问题是如何测定系数 a、b,使其符合给定的拟合优劣准则,使下式为最小

$$\sum_{i=1}^{n}[y_i - (a + bx_i)]^2 \tag{②}$$

令$f(a,b) = \sum_{i=1}^{n}[y_i - (a + bx_i)]^2$,由数学知识可知,上面的问题为求以 a、b 为自变量的二元正值函数$f(a,b)$ 的最小值问题。将式②分别对 a、b 求偏导数,并令其为0,解得

$$b = \frac{x_0 y_0 - (xy)_0}{x_0^2 (x^2)_0}$$

$$a = y_0 - bx_0$$

当 a,b 分取此值时,就可使$f(a,b)$ 为最小,其中

$$x_0 = \frac{1}{n}\sum_{i=1}^{n}x_i, \quad y_0 = \frac{1}{n}\sum_{i=1}^{n}y_i$$

$$(xy)_0 = \frac{1}{n}\sum_{i=1}^{n}x_i y_i, \quad (x^2)_0 = \frac{1}{n}\sum_{i=1}^{n}x_i^2$$

将所求得的 a、b 代回式①,便得到了所需的回归方程。

【习题】

1. 产生测量误差的主要原因是什么？如何才能减少测量的误差？

2. 尾数的舍入法则与“四舍五入”法有何不同？

3. 5 次测得小球质量(单位:g)分别为:2.1074,2.1079,2.1075,2.1076,2.1074,求小球质量的平均绝对误差和平均相对误差,并写出结果表达式。

4. 5 次测上述小球的直径(单位:cm)分别为:1.206,1.204,1.205,1.206,1.205,求小球体积的平均值、平均相对误差、平均绝对误差。

5. 求上述小球密度的平均值、平均相对误差、平均绝对误差,写出小球密度的结果表达式。

6. 0°C 时空气中声速为$(331.63 \pm 0.04)\,\mathrm{m \cdot s^{-1}}$,试求其平均绝对误差和平均相对误差。

7. 说明下列各数有效数字的位数

0.005400	1.28	8100	3.0074
0.018	5.310×10^{-2}	7.347×10^{5}	5.8×10^{8}

8. 用有效数字运算法则计算下列各式

(1) $93.500 - 1.501 + 20 =$　　(2) $6.11\times0.100 =$

(3) $623.4\div0.10 =$　　(4) $(62.5 - 61.5)\times200 =$

实验一　基本测量

一、游标卡尺和螺旋测微计

【实验目的】

（1）掌握游标卡尺和螺旋测微计的读数原理。

（2）学会游标卡尺和螺旋测微计的使用方法。

（3）运用已掌握的误差理论和有效数字的运算规则完成实验数据处理，并分析产生误差的原因。

【实验器材】

游标卡尺、螺旋测微计、待测物体。

【仪器描述】

长度是基本物理量。从外形上看，各种测量仪器虽然不同，但其标度大都是按照一定的长度来划分的。例如，用各种温度计测量温度，就是确定水银柱面在温度标尺上的位置；测量电流或电压的各种仪表，就是确定指针在电流表或电压表标尺上的位置。总之，科学实验中的测量大多数可归结为长度测量。长度测量是一切测量的基础，是最基本的物理测量之一。

常用的测量长度的量具有米尺、游标卡尺、螺旋测微计和读数显微镜等。它们的测量范围和测量精度各不相同，学习使用时，应注意掌握它们的构造特点、规则性能、读数原理、使用方法以及维护知识等，以便在实际测量中，能根据具体情况进行合理的选择使用。

【实验原理】

1. 游标卡尺

游标卡尺简称卡尺。它可以用来测物体的长、宽、高和深及圆环的内、外直径。测量的长度可精确到 0.01mm、0.02mm 或 0.05mm。本实验以 0.02mm 为例，介绍游标卡尺的基本结构，测量精度的确定，使用方法和注意事项。

游标卡尺的构造如图 1-1 所示，其构造有两部分组成，一部分为刻有毫米刻度的直尺 D，称为主尺，在主尺 D 上有量爪 A、A′；另一部分为附加在主尺上能沿主尺滑动并有量爪 B、B′的不同分度尺，称为游标 E。量爪 A、B 用来测量物体的厚度和外径。

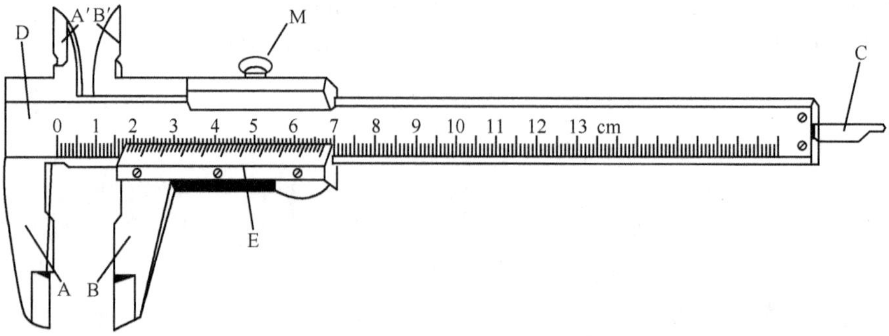

图 1-1　游标卡尺的外形与构造

量爪 A′、B′用来测量内径;C 为尾尺,用来测物体孔深或槽深。待测物体的各种数值由游标零线和主尺零线之间的距离来表示。M 为固定游标位置的螺钉,用螺钉固定后,游标的位置就不能改变,从而保持了测量值的数据不变。

游标尺与主尺有如下关系,若游标尺上最小总格数为 A 时,则 A 个最小分格的总长等于主尺上 $A-1$ 个最小分格的总长。如果用 X、Y 分别表示游标尺、主尺上最小分格的长度,则有

$$AX=(A-1)Y$$

所以有

$$Y-X=\frac{Y}{A}$$

主尺上一个分格长 Y 与游标尺上一个分格长 X 之差值如果用 i 表示,则有

$$i=Y-X=\frac{Y}{A}$$

即主尺上的最小分格长度除以游标尺上的总格数。i 叫游标卡尺的精度。

许多测量仪器上都采用游标装置,有 10 分度、20 分度、50 分度等。有的游标刻在直尺上,也有的刻在圆盘上(如旋光仪、分光仪等),它们的原理和读数方法都是一样的。一般来说游标卡尺的精度可用下式计算:

$$\text{游标卡尺的精密度}(i)=\frac{\text{主尺上一个最小分格的长度}}{\text{游标尺上的总分格数}} \quad ①$$

例如,游标卡尺的主尺上一个最小分格为 1mm,游标尺上共刻有 50 个最小分格,则该游标卡尺的精度为

$$i=\frac{1\text{mm}}{50}=0.02\text{mm}$$

精度 0.02 表示游标尺上一个最小分格比主尺上一个最小分格长度小 0.02mm。

游标卡尺的读数包括整数部分(L)和小数部分(ΔL)。如图 1-2 所示,在测物体的总长度时,把物体夹在量爪之间,被测物体的总长度是游标尺零线与主尺零线之间的距离。

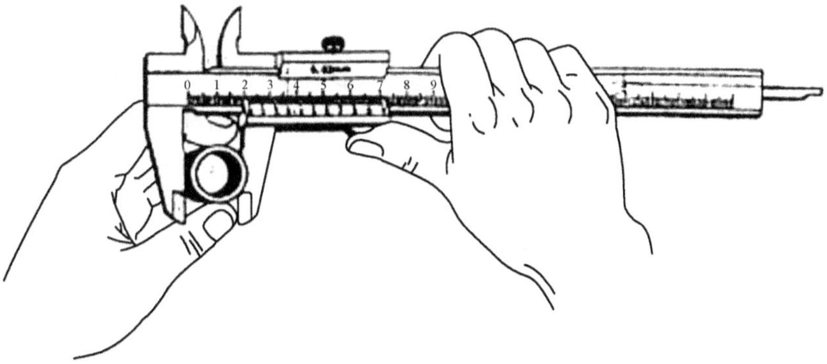

图 1-2 游标卡尺的使用

具体读数方法可分两步进行:

(1) 主尺读数:读出主尺上最靠近游标尺“0”刻线的整数部分 L。

(2) 游标读数:找出游标尺上“0”刻线右边第几条刻线和主尺的刻线对得最齐,将该条刻线的最小格数序号乘以游标卡尺的精度,即为小数部分 ΔL。

如图 1-3 所示，游标卡尺的精度是 0.02mm，主尺上最靠近游标"0"线的刻线在 33.00mm 和 34.00mm 之间，主尺读数为 $L=33.00$mm；游标尺上"0"线右边第 23 条刻线和主尺的刻线对得最齐，游标部分的读数 $\Delta L=23\times0.02=0.46$mm。被测物体长度为

$$L+\Delta L=33.00+0.02\times23=33.46(\text{mm})$$

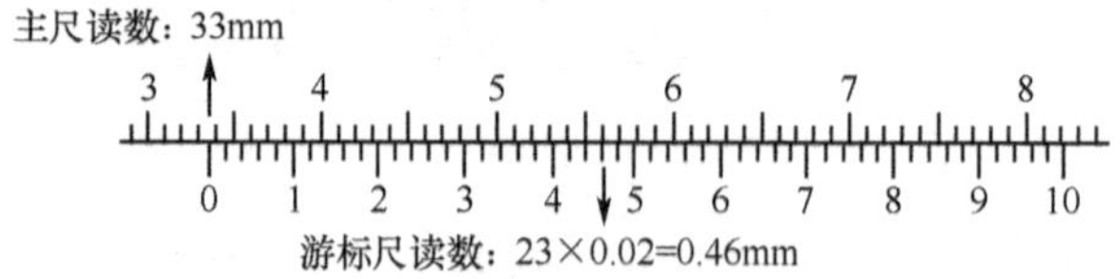

图 1-3　游标卡尺的读数

2. 螺旋测微计

螺旋测微计也叫千分尺，是一种更精密的测量工具。较为常见的一种如图 1-4 所示，精确度是 0.01mm，量程为 0～25mm。

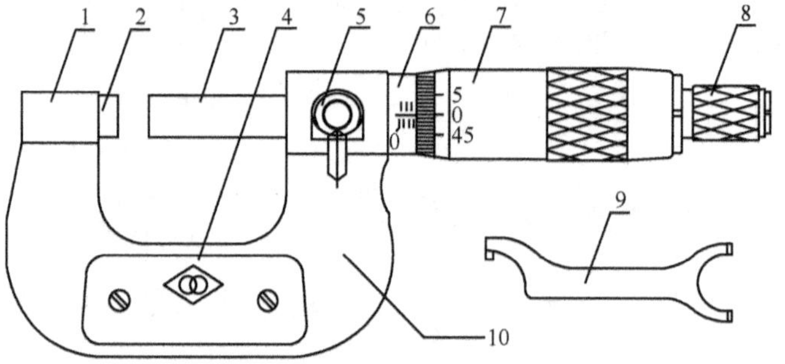

图 1-4　螺旋测微计的外形与构造

1. 尺架 2. 测砧 3. 测微螺杆 4. 隔热装置 5. 锁紧装置 6. 固定套筒 7. 微分筒 8. 测力装置 9. 扳子 10. 曲柄

其构造主要分为两部分：一部分是曲柄和固定套筒互相牢固地连在一起；另一部分是微分筒和测微螺杆牢固的连在一起。因为在固定套筒里刻有阴螺纹，测微螺杆的外面刻有阳螺旋，所以后一组可以相对前一组转动。转动时测微螺杆就向左或右移动，曲柄附在测砧和固定套筒上。微分筒后端附有测力装置(保护棘轮)。当锁紧手柄锁紧装置后，固定套筒和微分筒的位置就固定不变。

固定套筒上刻有一条横线，其下侧是一个有毫米刻度的直尺，即主尺；它的任一刻线与其上侧相邻线的间距是 0.5mm。在微分筒的一端侧面上刻有 50 等分的刻度，称为副尺。当微分筒旋转一周时，测微螺杆就前进或后退 0.5mm，因此微分筒每转一个刻度，测微螺杆就前进或者后退 $\frac{0.5}{50}=0.01$mm，这个数值就是螺旋测微计的精密度。

若测微螺杆的一端与测砧相接触，微分筒的边缘就和固定套筒上零刻度相重合，同时微分筒边缘上的零刻度线和固定套筒主尺上的横线相重合，这就是零位，如图 1-5(a)所示。当微分筒向后旋转一周时，测微螺杆就离开测砧 0.5mm。固定套筒上便露出 0.5mm 的刻度线，向后转两周，固定套筒上露出 1mm 的刻线，表示测微螺杆和测砧相距 1mm，依此类推。因此根据微分筒边缘所在的位置可以从主尺上读出 0.5mm 以上的读数(0.5，1，1.5…mm)，不足 0.5mm 的小数部分从副尺上读出。

如图 1-5(b)所示，在固定套筒的主尺上的读数超过 5mm 不到 5.5mm，主尺的横线所对微分筒边缘上的刻度数已经超过了 38 个刻度，在 38 到 39 刻度之间，估读为 38.6，因此物体的长度为

$$L=5\text{mm}+38.6\times0.01\text{mm}=5.386\text{mm}$$

结果中最后一位数字 6 是估读的。

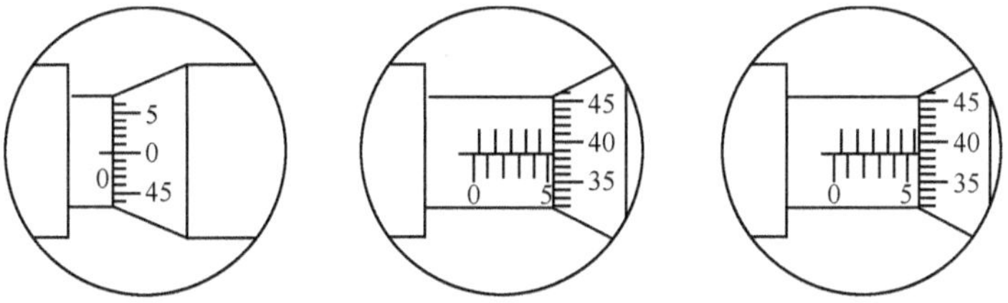

(a) 0.000　　(b) 5.385　　(c) 5.887

图 1-5　读数示意图

在图 1-5(c) 所示中,在固定套筒的主尺上的读数已超过 5. 5mm 不到 6mm,;微分筒边缘上的刻度读数为 38 格多,还没达到 39 个刻度,多出的部分约为一个格的十分之七,所以估读为 38. 7。它的读数应为

$$L=5.5\text{mm}+38.7\times0.01\text{mm}=5.887\text{mm}$$

最后一位数字 7 是估读的。在这里请特别注意上面两个读数的区别。

【实验步骤】

1. 游标卡尺的使用

(1) 先使游标卡尺的两量爪密切结合,测零点读数,若游标上的零刻线与主尺上的零刻线重合,则零点读数为零。右手握主尺,用拇指推动游标尺上小轮,使游标尺向右移动到某一任意位置,固定螺丝 M 后读出长度值。在掌握操作方法和读数方法后开始测量。

(2) 用游标卡尺测圆筒的内径、外径、深度和高度,填入表 1-1。注意要取不同的位置反复测五次,按表中的要求填写各项,并求出圆筒内体积、绝对误差、相对误差和测量结果。

2. 螺旋测微计的使用

(1) 掌握螺旋测微计注意事项,熟悉使用方法和读数方法后,再开始测量。

(2) 记下零点读数,测量小钢球和金属丝的直径各五次。将测量值填入表 1-2 中,并求钢球的体积和金属丝的截面积以及它们的绝对误差、相对误差和测量结果。

【数据记录与处理】

1. 游标卡尺的使用

表 1-1　游标卡尺测量圆环　　　精密度:________mm

要求 / 项目	次数	测量值(mm)	平均值(mm)	绝对误差(mm)	平均绝对误差(mm)	测量结果(mm)
内径 d	1					
	2					
	3					
	4					
	5					
外径 D	1					
	2					
	3					
	4					
	5					

续表

项目＼要求	次数	测量值(mm)	平均值(mm)	绝对误差(mm)	平均绝对误差(mm)	测量结果(mm)
立方体棱长 *L*	1					
	2					
	3					
	4					
	5					

圆环的体积

2. 螺旋测微计的使用

表 1-2　螺旋测微计测量直径　　精密度:________mm

零点读数	零点读数＝____________mm						
项目＼要求	次数	读数(mm)	测量值(mm)	平均值(mm)	绝对误差(mm)	平均绝对误差(mm)	测量结果(mm)
小球直径 *d*	1						
	2						
	3						
	4						
	5						

小球的体积

【注意事项】

1. 游标卡尺

(1) 不要用游标卡尺测量运动中或过热的物体。

(2) 推游标尺时,不要用力过大。可用左手拿着被测物体,右手拿着卡尺,用右手大拇指轻轻推游标尺,使量爪靠近物体,切记不要夹得过紧和在量爪处来回擦动,以免损坏刀口。

(3) 读数时要将固定螺钉 M 固定;移动游标尺时,应松开固定螺钉 M。

(4) 用完后,必须擦净量面,上油防锈放回仪器盒内,切勿受潮,这样才能保持它的准确度,延长使用寿命。

(5) 卡尺存放应避开磁体、热源和腐蚀性环境。

2. 螺旋测微计

(1) 测量时手要握住隔热装置,不要接触尺架,以免影响测量精度。

(2) 当测微螺杆的一端靠近并接触被测物或测砧时,不要再直接旋转微分筒,一定要改旋保护棘轮,当听到"咔,咔"的声音,就不再旋转保护棘轮了。这样可以保证测微螺杆以适当压力加在被测物或测砧上,不太松又不太紧。

(3) 测量时,不足微分筒一格的测量值可估读。

(4) 测量前要调好零位,记录零点读数。如果微分筒边缘上零线与固定套筒主尺上的横线相重合,恰为零位,零点读数为 0。如果活动套筒边缘上零线在主尺横线下方,则零点读数为正值。例如,主尺上横线与活动套筒边缘的第 5 根线重合,零点读数是+0.050mm;如果活动套筒边缘零线在主尺横线的上方,则零点读数为负值。例如,主尺上的横线与活动套筒边缘的第 45 根线(即 0 线下方第 5 根线)重合,零点读数为−0.050mm。实际物体长度应等于螺旋测微计的读数与零点读数之差。

(5) 用完后,测微螺杆和测砧间要留有一定缝隙,防止热膨胀时两者挤压过紧而损坏螺纹。再将其擦净放入仪器盒中,置于阴凉干燥的环境中妥善保管。

【思考题】

(1) 游标卡尺精密度如何计算?用游标卡尺进行测量时,如何读数?
(2) 螺旋测微计的精密度如何确定?用它进行测量时如何读数?
(3) 使用游标卡尺、螺旋测微计,应注意哪些事项?

二、读数显微镜和物理天平

【实验目的】

(1) 了解读数显微镜和物理天平的构造和原理。
(2) 学会读数显微镜和物理天平的使用方法,掌握如何确定仪器的准确度。
(3) 运用误差理论和有效数字的运算法则正确记录和处理实验数据,并分析产生误差的原因。

【实验器材】

读数显微镜、物理天平、毛细微管、圆环。

【仪器描述】

1. 读数显微镜

读数显微镜是将测微螺旋(或游标装置)和显微镜组合起来成为精确测量长度的仪器。其外形结构如图 1-6 所示。

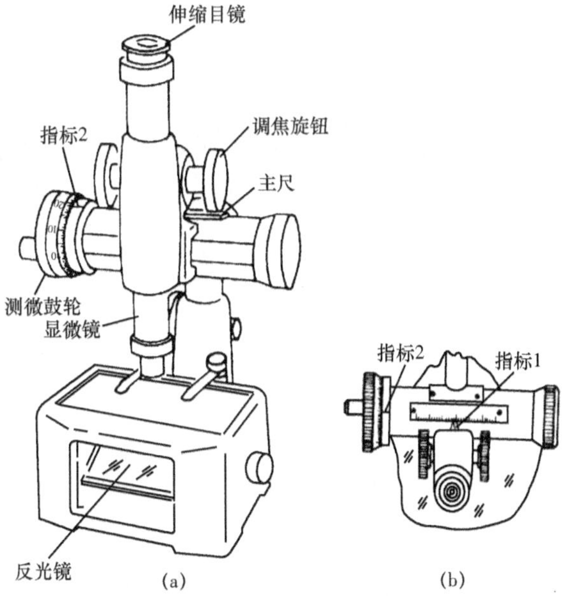

图 1-6　读数显微镜

此仪器所附的显微镜是低倍的(20 倍左右),由目镜、十字叉丝(靠近目镜)和物镜三部分组成。测微螺旋的主尺是毫米刻度尺,它的螺距是 1mm,测微鼓轮的周边等分为 100 个分格。每转一个分格,显微镜移动 0.01mm,所以其测量精密度也是 0.01mm。转动测微鼓轮使显微镜移动到某一位置时的读数,可由主尺上的指示值(毫米整数)加上测微鼓轮上的读数得到。

2. 物理天平

天平按其精确程度分为物理天平和分析天平。物理天平的构造如图 1-7 所示。在横梁的中点和两端共有三个刀口,中间的刀口安放在支柱顶端的用玛瑙或硬质合金钢制造的刀垫上,秤盘悬挂在两端的刀口上。可移动的游码附在横梁上,做小游码用。常用物理天平最大称量一般为 500g,每台天平都配有一套砝码。本实验所用天平最大称量为 1000g,1g 以下质量的称量用游码。横梁等分为 20 个分格,每一分格是 100mg,如果把游码从横梁左端移到右端,等于在右盘中加了 2g 的砝码。

横梁两侧还有用来调整零点的平衡螺丝。横梁下装有竖直向下的一个指针,在指针下的支柱上装有指针标尺,可以根据指针的示数判断天平的平衡与否以及灵敏度。天平底座上装有水准仪可以用调节螺丝调整。在底板左侧秤盘的上方装有可放置物品的托架。

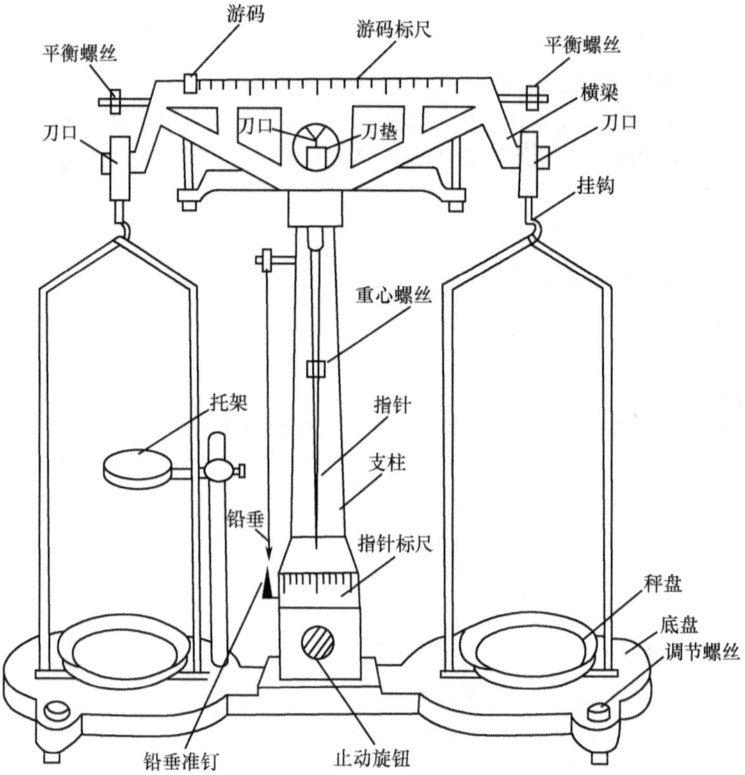

图 1-7 物理天平构造

【实验原理】

1. 读数显微镜

改变读数显微镜反光镜的角度,使其将置于工作台上的待测物照亮;调节显微镜的目镜,改变目镜和十字叉丝的距离,直到清楚地看到十字叉丝为止;转动调焦旋钮,通过由下而上移动显微镜改变物镜和待测物之间的距离,使待测物通过物镜成像于十字叉丝平面上,直到在目镜中同时能看清待测物成的像和十字叉丝并消除视差为止;转动测微鼓轮移动显微镜,使纵向叉丝与测量起始目标位置 A 对准(另一条叉丝和镜筒的移动方向平行),记下读数 L_A;沿同方向继续转动测微鼓轮移动显微镜,使纵向叉丝与测量目标的终点位置 B 对准,记下读数 L_B。两次读数之差为所测 A、B 两点的距离,即

$$L = L_B - L_A$$

2. 物理天平

(1) 调节刀垫的水平:调节底脚螺丝使支柱铅直或底盘水平。

(2) 调零点:在横梁两侧刀口上挂上秤盘。将止动旋钮向右旋转,支起横梁。游码放在零位置上,用平衡螺丝进行调整。

(3) 称量:将物体放在左盘,砝码放在右盘,进行称量(包括测分度值)。

(4) 每次称量完毕将止动旋钮向左旋转放下横梁,全部称完后应将挂秤盘的吊钩从刀口上取下,并将砝码复位。

【实验步骤】

1. 读数显微镜的使用

(1) 掌握读数显微镜注意事项,熟悉使用方法和读数方法后,再开始测量。

(2) 用读数显微镜测毛细微管的内径五次,将测量值填入表1-3中。

2. 物理天平的使用

用天平称圆环的质量,测量五次,将测量数据填入表1-4。

【数据记录与处理】

表1-3　读数显微镜测量毛细微管内径　　精密度:________mm

要求 项目	次数	初位置读数	末位置读数	测量值	平均值	绝对误差	平均绝对误差	测量结果
毛细微管内径 d(mm)	1							
	2							
	3							
	4							
	5							

表1-4　物理天平测量圆环质量　　精密度:________g

要求 项目	次数	测量值	平均值	绝对误差	平均绝对误差	测量结果
圆环质量 m(g)	1					
	2					
	3					
	4					
	5					

【注意事项】

1. 读数显微镜

(1) 在用调焦旋钮对被测物进行调焦前,应先使显微镜镜筒下降接近被测物,然后从目镜中观察,旋转调焦旋钮,使镜筒慢慢向上移动,避免两者相碰挤坏被测物。

(2) 防止回程差。由于螺杆和螺母不可能完全密接,螺旋转动方向改变时,其接触状态也改变。所以移动显微镜,使其从反方向对准同一目标的两次读数将不同,由此产生的误差称为回程差。为防止回程差,在测量时应向同一方向转动测微鼓轮,使叉丝和各目标对准,若移动叉丝超过目标时,要多退回一些,再重新向同一方向转动测微鼓轮对准目标。

(3) 读数显微镜较为精密,要保持仪器的清洁,使用和搬动时,要小心谨慎,避免碰坏。

2. 物理天平

(1) 天平的负载不得超过其最大量载,以避免横梁和刀口的损伤。

(2) 只能在制动的状态下,取放物体和砝码或转动平衡调节螺丝。只有在判断天平平衡位置时才将天平启动,启动、制动天平的动作要轻。

(3) 被测物放左盘,右盘加砝码。不得用手拿砝码,必须用镊子夹取。用过的砝码要直接放到砝码盒中原来的位置,注意保护砝码的准确性并防止小砝码的丢失。

(4) 为防止天平与砝码的锈蚀、污染以及机械损伤,液体、高温物品、带腐蚀性的化学品等不得直接放在秤盘上。

【思考题】

(1) 使用读数显微镜进行测量时,应该如何操作?要注意哪些问题?

(2) 用误差传递公式计算圆环密度的平均绝对误差 $\Delta\rho$。

实验二　转动惯量的测量

方法一　刚体转动惯量实验仪(1)

刚体的转动定律是刚体转动的动力学规律,与牛顿第二定律 $F=ma$ 相对应,作用力 F 相应为作用力矩 M,加速度 a 相应为角加速度 β,而质量 m 则相应为刚体的转动惯量 I,即 $M=I\beta$。刚体转动定律及刚体转动惯量的研究,对于物体转动规律、机器设计、制造,有着非常重要的实际意义。物体转动惯量的大小取决于物体的形状、质量分布和转轴的位置。几何形状简单的匀质刚体绕特定轴的转动惯量可由公式直接计算,而形状复杂或非匀质刚体的转动惯量则必须用实验方法进行测定。因此,学习刚体转动惯量的测定方法,具有重要的实际意义。

【实验目的】

(1) 利用刚体转动定律,测定刚体的转动惯量。

(2) 观测转动惯量与质量分布的关系。

【实验器材】

刚体转动实验仪、秒表、米尺、游标卡尺、砝码。

【仪器描述】

刚体转动实验装置如图 2-1 所示。图中 A 是一个具有不同半径 r 的塔轮,可使同一根绳的张力作用产生不同的外力矩。塔轮两边对称地伸出 2 根有等分刻度的均匀细杆 B 和 B′,B 和 B′上各有一个可以移动的圆柱形重物 m_0,用以观测转动惯量随质量分布的变化规律以及验证平行轴定理。它们一起组成一个可绕固定轴 OO'转动的刚体系。塔轮上绕一细绳,通过滑轮 C 与砝码 m 相连,当砝码下落时通过细绳对刚体施加外力矩。滑轮 C 的支架可以借固定螺丝 D 而升降,以保证细绳绕塔轮不同的半径转动时均可保持与转轴相垂直。滑轮台架 E 上有一个标记 F 用来判断砝码 m 的起始位置。H 是固定台架的螺旋扳手。取下塔轮,换上铅直准钉,通过底脚螺丝 S_1、S_2、S_3 可以调节 OO'竖直。调好 OO'轴线竖直后,再装上塔轮,转动合适后用固定螺丝 G 固定。

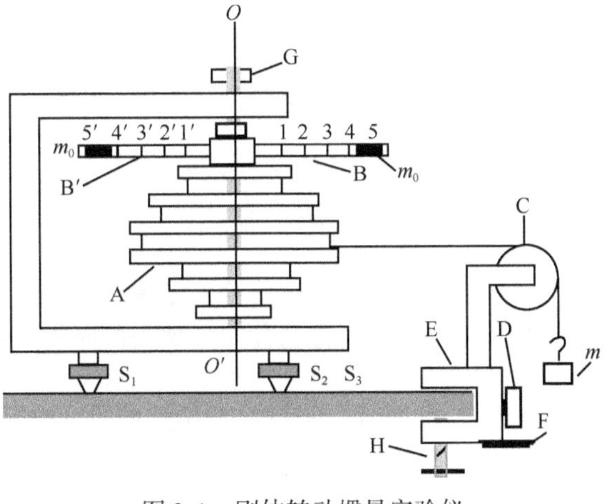

图 2-1　刚体转动惯量实验仪

【实验原理】

当塔轮和横杆系统组成的体系在重物 m 的重力作用下绕固定转轴转动时，根据转动定律，有

$$M=I\beta \quad ①$$

式中，M 为刚体所受的合外力矩（主要由细绳的张力矩 $T\cdot r$ 和轴承的摩擦力矩 M_f 构成），即：$M=T\cdot r-M_f$；I 为刚体对该轴的转动惯量；β 为角加速度。

设细绳的张力为 T，砝码 m 以匀加速度 a 从静止开始下落，下落的高度为 h，所需时间为 t，若忽略滑轮及细绳的质量以及滑轮上的摩擦力，且绳不伸长，则有

$$mg-T=ma \quad ②$$

$$h=\frac{1}{2}at^2$$

$$a=r\beta$$

由式①、式②可得

$$m(g-a)r=\frac{2h}{rt^2}I+M_f \quad ③$$

实验中如保持 $g\gg a$，则式③变为

$$mgr=\frac{2h}{rt^2}I+M_f \quad ④$$

若保持 r、h 及重物 m_0 的位置不变，改变 m 则相应的下落时间 t 发生改变，则由式④有

$$m=\frac{2hI}{gr^2}\cdot\frac{1}{t^2}+\frac{M_f}{gr}=K\cdot\frac{1}{t^2}+C \quad ⑤$$

式中，

$$K=\frac{2hI}{gr^2}=\frac{8hI}{gd^2},\quad C=\frac{M_f}{gr}=\frac{2M_f}{gd}$$

上式表明，m 与 $\frac{1}{t^2}$ 呈线性关系。以 $\frac{1}{t^2}$ 为横坐标，m 为纵坐标，作 m-$\frac{1}{t^2}$ 图线，则得一直线，由直线的斜率 K 和截距 C 即可求出刚体的转动惯量 I 和摩擦力矩 M_f。

【实验步骤】

（1）按图 2-1 把仪器安放在实验桌上，取下塔轮，换上铅垂准钉，调节水平螺丝，使 OO' 轴铅直，再装上塔轮，调节塔轮轴上的固定螺丝使塔轮转动灵活，尽量减少摩擦。调好后用固定螺丝固定，绕线尽量密排。

（2）把细绳密绕在半径为 r 的塔轮上（建议绕在半径最大的塔轮上），线另一端通过滑轮 C 系住砝码。调节滑轮 C 的高度，保持细绳与塔轮转轴相垂直，2 个重物 m_0 分别放在细杆 BB′的 5、5′位置。把塔轮和细杆 BB′及 2 个重物 m_0 视为转动刚体。

（3）将砝码从 10g 开始，放置在标记 F 处静止，然后让其自由下落到某一固定位置（一般使其下落到地面为止），保持 h 不变，用秒表测出通过这段距离 h 所需的时间 t。重复测 5 次，取 t 的平均值，记录在表 2-1。

（4）然后改变 m 值，至少 6 次，每次增加 5.00g 砝码，用同样的方法测出相应 m_i 值下落的时间 t_i，记录在表 2-2。

（5）整理并填写表 2-3，做出 m-$\frac{1}{t^2}$ 图，由直线斜率 $K=\frac{8hI}{gd^2}$ 和截距 $C=\frac{M_f}{gr}$ 求出刚体的转动惯量 I 和

摩擦力矩 M_f。

(6) 改变细棒上 m_0 的位置，观测一下刚体转动惯量随质量分布不同而改变的状况。

(7) 实验完毕后，将仪器整理好，恢复原位，由教师验收。

【数据记录与处理】

表 2-1

次数	1	2	3	4	5	平均
d(mm)						
h(mm)						

表 2-2

质量 m / 时间 t	$m=10$g	$m=15$g	$m=20$g	$m=25$g	$m=30$g	$m=35$g	$m=40$g	$m=45$g
1								
2								
3								
4								
5								
平均								

表 2-3

m	10g	15g	20g	25g	30g	35g	40g	45g
$\frac{1}{t^2}$								

$$\bar{I} = \qquad\qquad \overline{\Delta I} =$$

$$I = \bar{I} \pm \overline{\Delta I} =$$

【注意事项】

(1) 实验中配备了 8 个砝码，每个砝码的质量均为 5g。

(2) 细线要与塔轮相切。

(3) 细线要与桌面相平行(或细线要与 OO' 轴垂直)。

【思考题】

(1) 误差产生的主要原因是什么？在做实验时应注意什么？

(2) 写出用误差传递公式计算转动惯量 I 的绝对误差 $\overline{\Delta I}$ 的计算过程(提示：将 I 看成 d 和 h 的函数，把 K 作为真值看待)。

方法二　刚体转动惯量实验仪(2)

【实验目的】

(1) 掌握测定刚体转动惯量的原理和实验方法。

(2) 分析影响转动惯量的因素。

【实验器材】

TM-A 型智能转动惯量实验仪、HM-J-M 数字存储式毫秒计、计算器、游标卡尺、天平、砝码。

【仪器描述】

(1) 实验系统包括:转动惯量实验仪、数字毫秒计、游标卡尺、砝码、天平、被测件等。该仪器可通过改变砝码的质量或调解塔轮直径得到不同的转动力矩,用来研究被测件的转动惯量。

(2) 转动惯量实验仪使用方法:将转动惯量实验仪和数字毫秒计用信号线连接起来,在细线的一端打结,并将打结一端嵌入塔轮狭缝中,将线全部绕在塔轮上,线的另一端悬挂砝码,跨绕在滑轮上,注意塔轮出来的细线应和滑轮的绕线在同一水平线上,且与地面平行。随后放开砝码让其自由下落,当砝码落地时线的一端自动从塔轮狭缝中脱出,转动惯量实验仪在转动过程中,数字毫秒计自动记录下每转过 π 的次数和时间,而且还能直接读出角加速度的数值(图 2-2)。

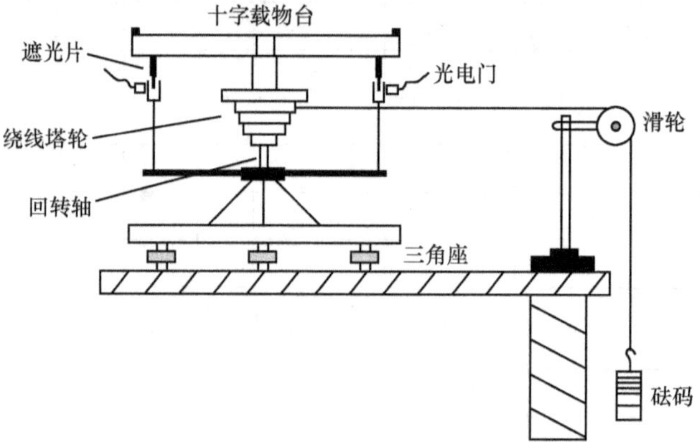

图 2-2 刚体转动惯量实验仪结构示意图

【实验原理】

1. 刚体转动惯量测量原理

根据刚体的定轴转动定律,当刚体绕固定转轴转动时,有

$$M = J\beta \tag{①}$$

测得刚体转动的 M 和 β 就可以计算出该刚体的转动惯量。转动惯量实验仪如图 2-2 所示,其结构主体是一套绕竖直转轴转动的圆盘支架,被测件可以放在支架上,支架的下面是一个通过特制的轴承安装在主轴上的倒置的塔轮,可选择不同半径的塔轮或不同质量的砝码,通过绕线牵引产生不同的力矩,产生相应转动角加速度,以测定刚体转动惯量。

设空载的转动惯量实验仪绕其回转轴的转动惯量为 J_0,称为本底转动惯量。把载有被测件后系统的总转动惯量记为 J_1,根据转动惯量的叠加原理,只要测得 J_0 和 J_1 就可以求得被测件对回转轴的转动惯量 J_2,即

$$J_2 = J_1 - J_0 \tag{②}$$

通过受力分析,由刚体动力学理论可知,实验仪器转动系统所受合外力矩主要由引线的张力矩 M 和轴承的摩擦力矩 M_μ 构成,由式①知

$$M - M_\mu = J\beta \tag{③}$$

即

$$M = J\beta + M_\mu \tag{④}$$

摩擦力矩主要来源于接触摩擦,可认为是恒定的,如果多次改变张力矩的大小,并测出相应的角加速度,作 M-β 图,斜率就是刚体对回转轴的转动惯量。下面主要讨论引线张力矩。

2. 引线的张力矩

设牵引塔轮的细线上张力为 T_2,塔轮绕线轮半径为 R,则

$$M = T_2 R \quad ⑤$$

若滑轮的半径为 r,其转动惯量为 J',塔轮转动时砝码下落加速度为 a,滑轮转动过程中受到的摩擦力矩为 M_f。通过分析可得到:

对于砝码:
$$mg - T_1 = ma \quad ⑥$$

对于滑轮:
$$T_1 r - T_2 r - M_f = J' \frac{a}{r} \quad ⑦$$

从上述两式中消去 T_1,同时取 $J' = \frac{1}{2}m' r^2$,得到

$$T_2 = m\left[g - \left(1 + \frac{1}{2}\frac{m'}{m}\right)a\right] - \frac{M_f}{r} \quad ⑧$$

在此实验中,$\left(1+\frac{1}{2}\frac{m'}{m}\right)a<0.03g$,故近似取 $T_2 \approx mg - \frac{M_f}{r}$,则

$$M \approx mgR - \frac{M_f}{r}R \quad ⑨$$

代入公式④得到
$$mgR = J\beta + M_\mu + \frac{M_f}{r}R \quad ⑩$$

实验中可以通过改变 m 和测量 β,得到多组(m,β),进行线性拟合得到 J(图 2-3)。

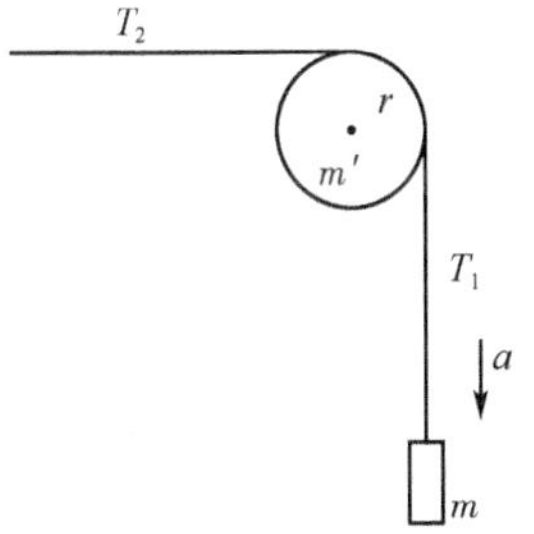

图 2-3　滑轮受力分析示意图

【实验步骤】

(1) 本底转动惯量 J_0 的测量:将圆盘、圆环从十字载物台取下,按上述实验方法将数字毫秒计和转动惯量实验仪连接,砝码挂钩和细线相连,并将细线一端打结塞入塔轮的狭缝中,打开数字毫秒计电源,使数字毫秒计进入计时状态,放开砝码使其自由下落,记录测量数据,改变砝码质量 3 到 4 次重复测量,得到多组(m,β),用计算器对得到的多组(m,β)进行线性拟合得到 J_0。

(2) 圆盘转动惯量的测量:将圆盘放在十字载物台上,重复上述实验过程,记录测量数据,求得圆盘加本底总的转动惯量 J_1,进而求得圆盘的转动惯量 $J_2 = J_1 - J_0$。然后根据圆盘的转动惯量理论公式 $J = \frac{1}{2}mR^2$,在测出圆盘质量和半径后求得圆盘转动惯量的理论值,并与实验值进行比较,要求相对误差控制在 10% 以内。

【数据记录与处理】

表 2-4　转动惯量

砝码质量(kg)	塔轮半径(m)	mgR(g=10m · s^{-2})	β_0(rad · s^{-2})	β_1(rad · s^{-2})	转动惯量 J(kg · m^2)
m_1 =	R =				J_0 = J_1 =
m_2 =					
m_3 =					
m_4 =					

则圆盘的转动惯量为　　$J_2 = J_1 - J_0$

【注意事项】

(1) 实验测量β过程中,由于误差的原因,实际β不是一个常数,因此测量多次求平均值。

(2) 塔轮半径的选取不宜太大,以保证β测量过程中能测三个以上的数值,方便求取平均值。

【思考题】

(1) 在本实验中,如果忽略小滑轮的质量和摩擦,认为$T_1=T_2$,是否可行? 为什么?

(2) 分析本实验过程中主要误差来源。

附　　录

一、计算器统计计算线性回归的说明

(1) 使用 MODE+3 键进入 REG 模式(使用回归进行统计计算)。

(2) 对线性回归,回归公式为:$y=A+Bx$。

例如,

附表 2-1　大气压与温度的关系

气温	大气压	气温	大气压
10℃	1003hPa	25℃	1011hPa
15℃	1005hPa	30℃	1014hPa
20℃	1010hPa		

在回归(REG)模式中:

按键:1(Lin)

按键:SHIFT+CLR+1(Scl)+=	屏幕出现:Stat Clear 0
按键:10+,+1003+DT	屏幕出现:N=1
按键:15+,+1005+DT	屏幕出现:N=2
按键:20+,+1010+DT	屏幕出现:N=3
按键:25+,+1011+DT	屏幕出现:N=4
按键:30+,+1014+DT	屏幕出现:N=5
按键:SHIFT+S-VAR+>+>+1+=	回归系数 A=997.4
按键:SHIFT+S-VAR+>+>+2+=	回归系数 B=0.56
按键:SHIFT+S-VAR+>+>+3+=	相关系数 C=0.9826

二、HM-J-M 数字存储式毫秒计使用说明

(一) 面板功能说明

仪器面板左侧竖排七个指示灯用来指示仪器的工作状态,它们是:时间、角加速度、按键、通道Ⅱ脉冲、通道Ⅱ供电、通道Ⅰ脉冲、通道Ⅰ供电;面板上部共有 8 位数码管,前两位用作数据索引,后面六位用来显示测量(计算)的数据;仪器共设按键 17 个,使用这些按键可以控制所有的功能。

(二) 操作说明

1. 脉冲时刻记录

(1) 仪器电源打开后,系统自动初始化数据存储器,然后进入等待状态,数码管显示如下内容:“00------------。”

（2）根据光电门的连接通道Ⅰ或者通道Ⅱ，通过按键“通道Ⅱ”和“通道Ⅰ”的操作给对应的光电门供电，此时对应的通道供电指示灯会点亮。

（3）按动“启/停”按键启动系统工作，系统进入记录状态后，“时间”和“角加速度”指示灯会同时闪动。

（4）每来一个脉冲，系统会自动记录下该脉冲发生的时刻，此时可以通过再次按动“启/停”按键来停止系统的记录工作，如果没有手动停止，系统内部记录满99个脉冲后自动停止；如果设定了要记录的脉冲数，则记录满设定的脉冲后系统自动停止，在记录过程中可以手动停止记录。

（5）在记录过程中，每来一个脉冲数据索引数码管的显示值加一；六位数码管显示该脉冲发生的时间。

（6）在记录满设定的脉冲或者手动停止记录以后，“时间”指示灯和“角加速度”指示灯会同时停止闪动，并自动转入到浏览时间数据状态，“时间”指示灯亮，“角加速度”指示灯灭。

2. 浏览时间数据

（1）通过按动“选择”按键使得“时间”指示灯亮、“角加速度”指示灯灭，此时系统处于浏览时间数据状态。

（2）可以通过“向前”和“向后”按键顺序浏览数据，也可以通过数字键盘输入要查看的数据号来直接观察数据。

（3）数字键盘输入方法如下：每次输入两位数，然后按“确定”键，此时对应的时间数据就会显示出来，如果输入的序号过大，则会显示“XX------------”加以提示。

3. 浏览角加速度数据

（1）通过按动“选择”按键使得“时间”指示灯灭、“角加速度”指示灯亮，此时系统处于浏览角加速度数据状态。

（2）可以通过“向前”和“向后”按键顺序浏览数据，也可以通过数字键盘输入要查看的数据号来直接观察数据。

（3）数字键盘输入方法如下：每次输入两位数，然后按“确定”键，此时对应的时间数据就会显示出来，如果输入的序号过大，则会显示“XX------------”加以提示。

4. 设定需要记录的脉冲数

（1）通过按动“选择”按键使得“时间”和“角加速度”指示灯亮，此时系统处于设定脉冲数的状态。

（2）通过数字键盘输入两位数的目标脉冲数“XX”，然后按“确定”键，系统会自动记录下该数据，并在数码管上显示“XX----------”加以提示。

（3）设定完成后，通过按动“启/停”按键来启动记录过程。再次按动“启/停”按键则停止记录过程。

实验三　液体黏滞系数的测定

方法一　用乌氏黏度计测定乙醇溶液的黏滞系数

【实验目的】

(1) 理解黏滞系数的概念。

(2) 学会一种测定黏滞系数的方法。

【实验器材】

黏度计、铁架台、秒表、温度计、打气球、玻璃缸、蒸馏水、乙醇溶液、量杯。

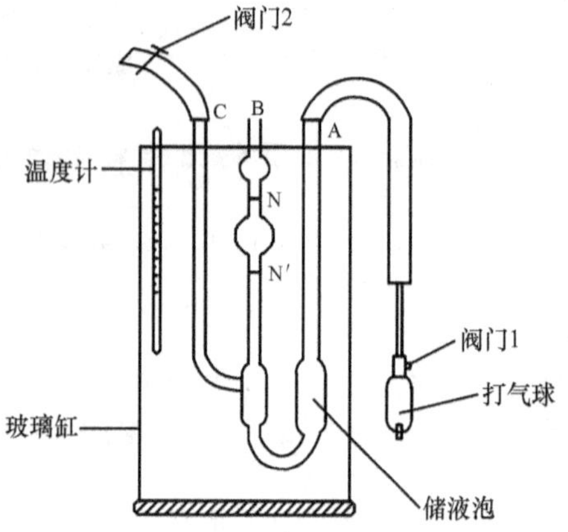

图 3-1　乌氏黏度计

【仪器描述】

如图 3-1 所示，黏度计是由三根彼此相通的玻璃管 A、B、C 构成。A 管经一胶皮管与一打气球相连，A 管底部有一大玻璃泡，称为储液泡；B 管称为测量管，B 管中部有一根毛细管，毛细管上有一大一小两个玻璃泡，在大泡的上下端分别有刻线 N、N′；C 管称为移液管，C 管上端有一乳胶管，便于在 C 管处设置夹子。整个实验在装满水的玻璃缸中进行。

【实验原理】

一切实际液体都具有一定的“黏滞性”，当液体流动时，由于黏滞性的存在，不同的液层有不同的流速 v（图 3-2），流速大的一层对流速小的一层施以拉力，流速小的一层对流速大的一层施以阻力，因而各层之间就有内摩擦力产生。实验表明，内摩擦力的大小与相邻两层的接触面积 S 及速度梯度 $\mathrm{d}v/\mathrm{d}y$ 成正比，即

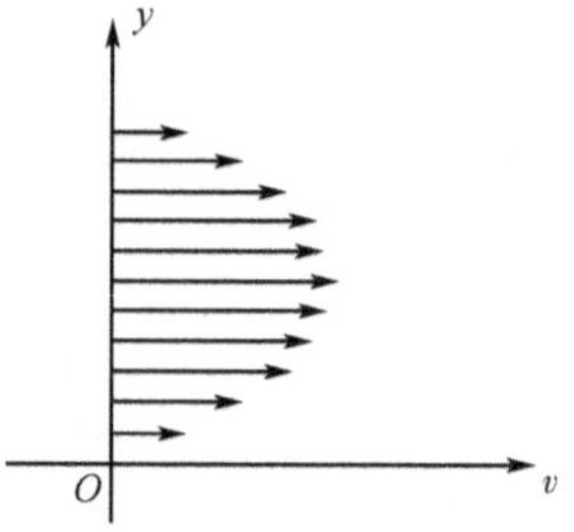

图 3-2　速度梯度

$$F=\eta\frac{\mathrm{d}v}{\mathrm{d}y}S$$

式中的比例系数 η 叫做黏滞系数，又叫内摩擦系数。不同的液体具有不同的黏滞系数。一般情况下，液体的 η 值随温度的升高而减少。在国际单位制中，η 的单位为帕·秒（Pa·s）。

当黏滞液体在细管中做稳定流动时，若管的半径为 R，管长为 L，细管两端的压强差为 ΔP_1，液体的黏滞系数为 η_1，则在时间 t_1 内液体流经细管的体积 V 可依泊肃叶公式求出：

$$V=\frac{\pi R^4}{8\eta_1 L}\Delta P_1 t_1 \qquad ①$$

同理，对于同一细管，若换用另一种黏滞系数为 η_2 的液体，并假设这时细管两端的压强差为 ΔP_2，体积仍为 V 的液体流经细管所需时间为 t_2，则有

$$V=\frac{\pi R^4}{8\eta_2 L}\Delta P_2 t_2 \qquad ②$$

由式①和式②得

$$\eta_2=\frac{\Delta P_2 t_2}{\Delta P_1 t_1}\eta_1 \tag{③}$$

如果实验时把细管沿铅垂方向放置，则压强差是由重力引起的，于是

$$\frac{\Delta P_2}{\Delta P_1}=\frac{\rho_2 gh}{\rho_1 gh}=\frac{\rho_2}{\rho_1} \tag{④}$$

此处 ρ_1 及 ρ_2 是两种不同液体的密度，将式④代入式③，得

$$\eta_2=\frac{\rho_2 t_2}{\rho_1 t_1}\eta_1 \tag{⑤}$$

可见，如果一种液体的黏滞系数 η_1 为已知，且两种液体的密度 ρ_1 及 ρ_2 可查表得到，则只要测出两种液体流经同一细管的时间 t_1 和 t_2，即可根据式⑤算出被测液体的黏滞系数 η_2。本实验是已知水的 η_1 值，求待测乙醇溶液的 η_2 值。

黏滞系数的测定是医学和生物实验中常常遇到的。这种由一种物质的已知量 η_1 求得另一种物质相应未知量 η_2 的方法称之为比较测量法，是科学测量中常用的方法之一。

【实验步骤】

(1) 松开固定黏度计的夹子，取出黏度计，分别将蒸馏水灌入黏度计的 B 管、C 管中冲洗黏度计，并用打气球将水挤出。

(2) 把洗好的黏度计放在充满水的玻璃缸中，将黏度计调整为铅垂状态，此时旋紧固定黏度计的夹子。

(3) 在实验过程中，为尽量保证温度稳定，特将黏度计放在盛有室温水的玻璃缸内进行。

(4) 打开阀门 1 和阀门 2，将蒸馏水由 C 管灌入黏度计内，灌到储液泡四分之三的体积时，即可停止注入蒸馏水。

(5) 关闭阀门 1 和旋紧阀门 2，用手按动打气球，此时水开始从 B 管中上升，当蒸馏水上升到 B 管顶端的小泡位置时，即可停止打气。

(6) 先打开阀门 1，然后再旋松阀门 2，此时水开始从 B 管中往下降，当水面刚刚降落到刻线 N 时，用秒表计时，直到液面下降到 N′时停止计时，这个时间间隔即为 t_1。

(7) 重复步骤(5)、(6)，测量水流过 N、N′所用的时间 t_1，重复 3 次，将数据填入表中。

(8) 记下玻璃缸中温度计的读数 T_1。

(9) 将黏度计取下，倒出蒸馏水，用待测液(本实验用乙醇溶液)润洗一下黏度计，然后倒出乙醇溶液。

(10) 把用待测液(乙醇溶液)润洗后的黏度计放入玻璃缸中，并调成铅垂状态，固定住黏度计。

(11) 将待测液(乙醇溶液)从 C 管中灌入，灌到储液泡体积的四分之三时，即可停止注入乙醇溶液。

(12) 重复步骤(5)、(6)，测量待测液(乙醇溶液)流过 N、N′所用的时间 t_2，重复 3 次，将数据填入表中。

(13) 记下玻璃缸中温度计的读数 T_2。

(14) 实验完毕将乙醇溶液倒入回收的烧杯中。

(15) 从本实验的附表中，查出实验温度下水的密度 ρ_1 和水的黏滞系数 η_1 值，再查出待测液体的密度 ρ_2，根据式⑤求出待测液体的黏滞系数 η_2。

【数据记录与处理】

数据 项目 / 次数	蒸馏水 t_1(s)	乙醇溶液 t_2(s)	绝对误差 Δt_1(s)	绝对误差 Δt_2(s)
1				
2				
3				
平均值				

$T_1=$__________℃　　　　$T_2=$__________℃

温度　　　　$T=\frac{T_1+T_2}{2}=$__________℃

查表:水的密度　　$\rho_1=$

乙醇溶液的密度　　$\rho_2=$

水的黏滞系数　　$\eta_1=$

计算:$\overline{\eta_2}=\frac{\rho_2\overline{t_2}}{\rho_1\overline{t_1}}\eta_1=$

$\overline{\Delta\eta_2}=$

结果:$\eta_2=\overline{\eta_2}\pm\overline{\Delta\eta_2}=$

【注意事项】

(1) 打气时不要过猛,以免水从B管中喷出。

(2) 本实验过程中,拿取黏度计及清洗黏度计时,要用拇指和食指拿住最粗的管子即A管,切记不可大把抓。

(3) 在测量过程中,黏度计要竖直放置并浸入玻璃缸的水中。

【思考题】

(1) 实验中应注意哪些事项?

(2) 本实验中误差产生的主要原因是什么?

方法二　用奥氏黏度计测定乙醇溶液的黏滞系数

【实验目的】

(1) 进一步理解液体的黏滞性。

(2) 掌握用奥氏黏度计测定液体黏滞系数的方法。

【实验器材】

奥氏黏度计、温度计、秒表、乙醇、蒸馏水、移液管、洗耳球、大烧杯、物理支架。

【仪器描述】

奥氏黏度计的形状如图 3-3 所示，是一个 U 形玻璃管。B 泡位置较高，为测定泡；A 泡位置较低，为下储泡；B 泡上下各有一刻痕 m 和 n，n 以下是一段截面积相等的毛细管 L。

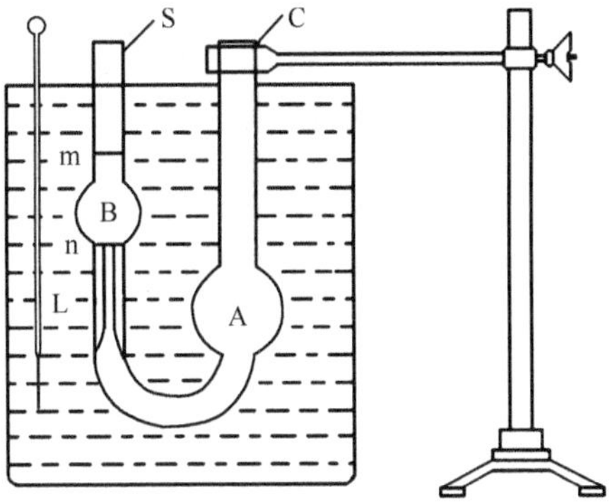

图 3-3　奥氏黏度计装置

【实验原理】

当黏滞系数为 η 的液体在半径为 R、长为 L 的毛细管中稳定流动时，若细管两端的压强差为 ΔP，则根据泊肃叶定律，单位时间流经毛细管的体积流量 Q 为

$$Q=\frac{\pi R^4\Delta P}{8\eta L} \qquad ①$$

本实验用奥氏黏度计，采用比较法进行测量。

实验时，常以黏滞系数已知的蒸馏水作为比较的标准。先将水注入黏度计的球泡 A 中，再用洗耳球将水从 A 泡吸到 B 泡内，使水面高于刻痕 m，然后将洗耳球拿掉，只在重力作用下让水经毛细管又流回到 A 泡，设水面从刻痕 m 降至刻痕 n 所用的时间为 t_1；若换以待测液体，测出相应的时间为 t_2，由于流经毛细管的液体的体积相等，故有

$$V_1 = V_2$$

即

$$Q_1t_1 = Q_2t_2$$

所以

$$\frac{\pi R^4\Delta P_1}{8\eta_1 L}t_1=\frac{\pi R^4\Delta P_2}{8\eta_2 L}t_2$$

即得

$$\frac{\eta_2}{\eta_1}=\frac{\Delta P_2 t_2}{\Delta P_1 t_1} \qquad ②$$

式中 η_1 和 η_2 分别表示水和待测液体的黏滞系数。设两种液体的密度分别为 ρ_1 和 ρ_2，因为在两次测量中，两种液面高度差 Δh 变化相同，则压强差之比为

$$\frac{\Delta P_1}{\Delta P_2}=\frac{\rho_1 g\Delta h}{\rho_2 g\Delta h}=\frac{\rho_1}{\rho_2} \qquad ③$$

代入式②得

$$\eta_2=\frac{\rho_2 t_2}{\rho_1 t_1}\eta_1 \qquad ④$$

从本实验后的附表中查出实验温度下的 ρ_1、ρ_2 和 η_1 值，则根据式④可求得待测液体的黏滞系数 η_2。

【实验步骤】

(1) 在大烧杯内注入一定室温的清水，以不溢出杯外为宜，作为恒温槽。

(2) 用蒸馏水将黏度计内部清洗干净并甩干，将其铅直地固定在物理支架上，放在恒温槽中。

(3) 用移液管将一定量的蒸馏水（一般取 5 ~ 10mL）由管口 C 注入 A 泡。注意：取水和取待测液体的用具不要混用，每次应冲洗干净。

(4) 用洗耳球将蒸馏水吸入 B 泡，使其液面略高于刻痕 m，然后让液体在重力作用下经毛细管 L 流下。当液面降至刻痕 m 时，按动秒表开始计时，液面降至刻痕 n 时，按停秒表，记下所需时间 t_1。重复测量 t_1 三次。

(5) 将蒸馏水换成待测液乙醇,用待测液乙醇润洗后重复上述步骤(3)和步骤(4),测量同体积的乙醇流经毛细管时所用时间 t_2,重复测量三次。

(6) 测量恒温槽中水的温度 T。

【数据记录与处理】

查表与记录: $T=$ ________ ℃

蒸馏水的密度 $\rho_1=$ ________ $kg \cdot m^{-3}$

乙醇的密度 $\rho_2=$ ________ $kg \cdot m^{-3}$

蒸馏水的黏滞系数 $\eta_1=$ ________ $Pa \cdot s$

数据 项目 / 次数	蒸馏水 $t_1(s)$	乙醇 $t_2(s)$	t_1 绝对误差 $\Delta t_1(s)$	t_2 绝对误差 $\Delta t_2(s)$
1				
2				
3				
平均值				

计算: $\overline{\eta_2}=\dfrac{\rho_2 \cdot \overline{t_2}}{\rho_1 \cdot \overline{t_1}} \cdot \eta_1=$

$\overline{\Delta\eta_2}=$

结果: $\eta_2=\overline{\eta_2} \pm \overline{\Delta\eta_2}=$

【思考题】

(1) 为什么要取相同体积的待测液体和标准液体进行测量?

(2) 为什么实验过程中要将黏度计浸在水中?

(3) 测量过程中为什么必须使黏度计保持竖直位置?

方法三　用斯托克斯公式测定液体的黏滞系数

【实验目的】

(1) 掌握用斯托克斯公式测定液体的黏滞系数的方法。

(2) 熟悉使用测量仪器。

【实验器材】

盛有待测液体(甘油)的量筒、温度计、镊子、小球(直径为 1.0mm 钢滚珠)、秒表、米尺、千分尺、提网等。

【实验原理】

一个半径为 r 的小球,以速度 v 在无限深广的液体中运动,当速度较小(不产生漩涡)时,根据斯托克斯定律,它所受到的黏滞阻力为

$$F=6\pi\eta r v \tag{①}$$

需要指出，力 F 并不是小球表面和流体之间的摩擦力，而是附着在小球表面同小球一起运动的一层液体与周围液体之间的内摩擦力。η 为液体的黏滞系数，它与小球的材质无关，仅取决于液体的种类和温度。η 的单位为 Pa·s。

在本实验中小球在甘油中竖直下落，当下落速度增到一定数值时，小球受到的黏滞阻力和重力、浮力达到平衡，此时小球开始匀速下落，这样就可测定它的下落速度，由式①和平衡条件可得

$$\frac{4}{3}\pi r^3(\rho-\sigma)g=6\pi\eta\ rv \tag{②}$$

ρ 和 σ 分别是小球和液体的密度。由式②可得

$$\eta=\frac{2}{9}\cdot\frac{(\rho-\sigma)gr^2}{v} \tag{③}$$

但此式仅以流体为无限广阔的情况下方能成立，实际上小球是在内直径为 D 的量筒中下落，因此还需加上一校正系数，同时注意到 $v=L/t$（L 和 t 分别为小球下落的距离和时间），$r=d/2$（d 为小球直径），于是式③应改为

$$\eta=\frac{(\rho-\sigma)gd^2t}{18L\left(1+\frac{2.4d}{D}\right)} \tag{④}$$

在本实验中，取 $\left(1+\frac{2.4d}{D}\right)=1.088$，$g=9.8\text{m}\cdot\text{s}^2$，已知小球密度 $\rho=7.800\times10^3\text{kg}\cdot\text{m}^{-3}$，甘油的密度 $\sigma=1.260\times10^3\text{kg}\cdot\text{m}^{-3}$，测得 L、t、d 等量，便可由式④算出被测液体甘油的黏滞系数 η。

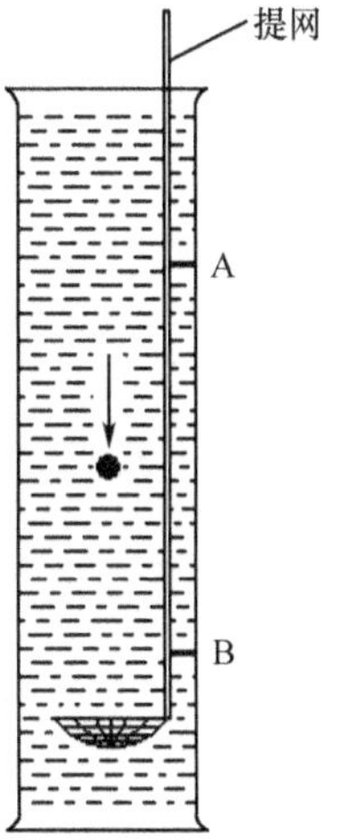

图 3-4　斯托克斯公式求黏滞系数

【实验步骤】

（1）用千分尺测定小球直径 d 五次。

（2）将小球放在盛有被测液体（甘油）的量筒管中央，使其在液体中徐徐下落。当落至量筒上部刻线 A（图 3-4）时，启动秒表，当落至下部刻线 B 时，停止秒表，测出小球通过 A、B 刻线所需时间 t（注意眼睛应平视刻线 A、B）。

（3）用提网将小球提起，重复步骤（2），测五次。

（4）记下油温（即室温 T），用米尺测量 A、B 间的距离 L，测五次。

（5）由式④分别计算出五次测量所得甘油的黏滞系数，再算出其平均值。

（6）算出五次测量的绝对误差，再算出平均绝对误差、平均相对误差，并将结果表示成 $\eta=\overline{\eta}\pm\overline{\Delta\eta}$ 的标准形式。

【数据记录与处理】

项目 / 次数	d(m)	t(s)	L(m)	η(Pa·s)	$\Delta\eta$(Pa·s)
1					
2					
3					
4					
5					
平均值					

结果： $\eta=\overline{\eta}\pm\overline{\Delta\eta}=$

【注意事项】

甘油必须静止，油中应无气泡，小球表面必须清洁，表面不带气泡，筒要铅直；小球应在筒中心徐徐下落，刻线 A 不能取在靠近液面处；用提网将小球提起时，注意别让小球从提网与筒间的缝隙掉落筒底。

方法四　用落球法测定液体的黏滞系数

【实验目的】

(1) 掌握用斯托克斯公式测定液体黏度的原理。
(2) 学会用落球法测定液体的黏度。
(3) 进一步练习使用螺旋测微器、游标卡尺与直尺，并正确记录测量结果。

【实验器材】

落球法黏滞系数测定仪(图 3-5)、小钢球、蓖麻油、米尺、千分尺、游标卡尺、液体密度计、电子分析天平、激光光电计时仪、温度计和比重瓶等(若实验室给出钢球材料密度，可不必用电子分析天平)。

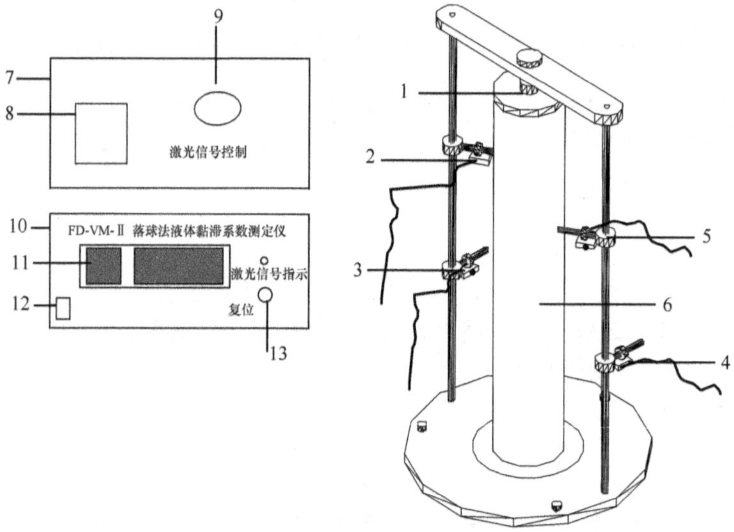

图 3-5　FD-VM-Ⅱ落球法液体黏滞系数测定仪结构图

1. 导管　2. 激光发射器 A　3. 激光发射器 B　4. 激光接收器 A　5. 激光接收器 B　6. 量筒　7. 主机后面板　8. 电源插座　9. 激光信号控制　10. 主机前面板　11. 计时器　12. 电源开关　13. 计时器复位端

【实验原理】

当金属小球在黏性液体中下落时，它受到三个铅直方向的力(图 3-6)：小球的重力 mg(m 为小球质量)、液体作用于小球的浮力 σgV(V 是小球体积，σ 是液体密度)和黏滞阻力 F(其方向与小球运动方向相反)。如果液体无限深广，在小球下落速度 v 较小情况下，有

$$F=6\pi\eta r v \tag{①}$$

上式称为斯托克斯公式，其中 r 是小球的半径；η 称为液体的黏度，其单位是 Pa · s。

小球开始下落时，由于速度尚小，所以阻力也不大；但随着下落速度的增大，阻力也随之增大。

最后，三个力达到平衡，即

$$mg=\sigma gV+6\pi\eta vr$$

于是，小球做匀速直线运动，由上式可得

$$\eta=\frac{(m-V\sigma)g}{6\pi vr}$$

令小球的直径为 d，并用 $m=\frac{\pi}{6}d^3\rho, v=\frac{l}{t}, r=\frac{d}{2}$ 代入上式得

$$\eta=\frac{(\rho-\sigma)gd^2t}{18l} \quad ②$$

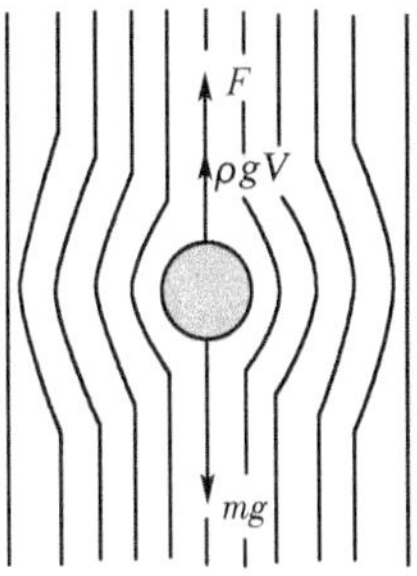

图 3-6　小球在黏性液体中下落时的受力图

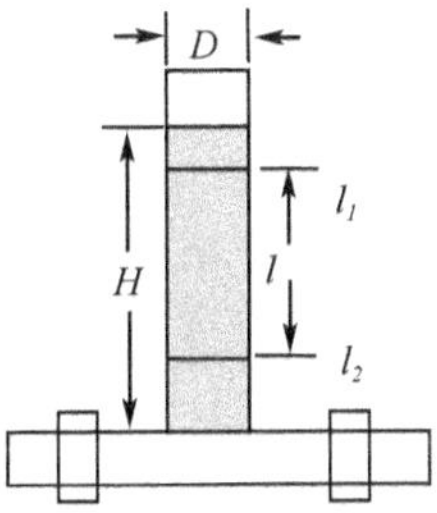

图 3-7　实验装置

其中，ρ 为小球材料的密度；l 为小球匀速下落的距离；t 为小球下落 l 距离所用的时间。

实验时，待测液体必须盛于容器中，如图 3-7 所示，故不能满足无限深广的条件，实验证明，若小球沿筒的中心轴线下降，式②须做如下改动方能符合实际情况：

$$\eta=\frac{(\rho-\sigma)gd^2t}{18l}\frac{1}{\left(1+2.4\frac{d}{D}\right)\left(1+1.6\frac{d}{H}\right)} \quad ③$$

其中，D 为容器内径；H 为液柱高度。

实验时小球下落速度若较大，如气温及油温较高，钢球从油中下落时，可能出现湍流情况，使公式①不再成立，此时要作另外的修正。

【实验步骤】

1. 调整黏滞系数测定仪

（1）调整底盘水平，在底盘横梁上放重锤，调节底盘旋钮，使重锤对准底盘的中心圆点。

（2）将实验架上的上、下两个激光器接通电源，可看见其发出红光。调节上、下两个激光器，使其红色激光束平行，并对准锤线。

（3）收回重锤部件，将盛有被测液体的量筒放置到实验架底盘中央，并在实验中保持位置不变。

（4）在实验架上放上钢球导管，钢球导管插入液体。

（5）将小球放入钢球导管，看其是否能阻挡光线，若不能，则适当调整激光器位置。

2. 测量下落小球的匀速运动速度

（1）测量上、下两个激光束之间的距离。

（2）将小球放入钢球导管，当小球落下，阻挡上面的红色激光束时，此时用秒表开始计时，到小球下落到阻挡下面的红色激光束时，计时停止，读出下落时间，重复测量 6 次以上。

3. 测量各量

用电子天平测量小钢球的质量 m，用千分尺测其直径 d，计算小钢球的密度。用液体密度计测量蓖麻油的密度；用游标卡尺测量量筒的内径 D；用直尺测量液柱高度 H；用温度计测量液体温度（液体黏滞系数随温度变化很快，因此需要标明测量是在什么温度下进行的）。

4. 计算

用公式③计算 η 值，保留三位有效数字。

【数据记录与处理】

设计表格进行数据处理。

【思考题】

(1) 如何判断小球在做匀速运动?

(2) 用激光光电开关测量小球下落时间的方法测量液体黏滞系数有何优点?

附　　录

附表 3-1　不同温度下乙醇的密度

t(℃)	密度(10^3kg · m^{-3})	t(℃)	密度(10^3kg · m^{-3})	t(℃)	密度(10^3kg · m^{-3})	t(℃)	密度(10^3kg · m^{-3})
0	0.806	15	0.794	22	0.787	29	0.782
5	0.802	16	0.793	23	0.786	30	0.781
10	0.799	17	0.792	24	0.786	40	0.772
11	0.797	18	0.791	25	0.785	50	0.763
12	0.796	19	0.790	26	0.784	90	0.754
13	0.795	20	0.789	27	0.784		
14	0.795	21	0.788	28	0.783		

附表 3-2　不同温度下纯水的密度

t(℃)	密度(10^3kg · m^{-3})	t(℃)	密度(10^3kg · m^{-3})	t(℃)	密度(10^3kg · m^{-3})	t(℃)	密度(10^3kg · m^{-3})
0	0.99987	9	0.99981	18	0.99862	27	0.99654
1	0.99993	10	0.99973	19	0.99843	28	0.99626
2	0.99997	11	0.99963	20	0.99823	29	0.99597
3	0.99999	12	0.99952	21	0.99802	30	0.99567
4	1.00000	13	0.99940	22	0.99780	31	0.99537
5	0.99999	14	0.99927	23	0.99756	32	0.99505
6	0.99997	15	0.99913	24	0.99732	33	0.99473
7	0.99993	16	0.99987	25	0.99707	34	0.99440
8	0.99988	17	0.99880	26	0.99681	35	0.99406

附表 3-3　水在 1～30 ℃的黏滞系数

t(℃)	黏滞系数 (10^{-3} Pa · s)	t(℃)	黏滞系数 (10^{-3} Pa · s)	t(℃)	黏滞系数 (10^{-3} Pa · s)	t(℃)	黏滞系数 (10^{-3} Pa · s)
1	1.7313	9	1.3462	16	1.1111	23	0.9358
2	1.6728	10	1.3077	17	1.0828	24	0.9142
3	1.6191	11	1.2713	18	1.0559	25	0.8937
4	1.5674	12	1.2360	19	1.0299	26	0.8737
5	1.5188	13	1.2028	20	1.0050	27	0.8545
6	1.4728	14	1.1709	21	0.9810	28	0.8360
7	1.4284	15	1.1404	22	0.9579	29	0.8180
8	1.3860					30	0.8007

注:实验中温度可记到度以后一位数(或两位数)。例如,15.78℃,这时从表中只能查出15℃和16℃所对应的黏滞系数分别为 1.1404×10^{-3} Pa · s 和 1.1111×10^{-3} Pa · s,可见从15℃上升到16℃时的1℃中,水的黏滞系数降低了 $(1.1404\times10^{-3}-1.1111\times10^{-3})$ Pa · s,于是可以认为从15℃上升到15.78℃的0.78℃中,其黏滞系数降低了 $0.78\times(1.1404-1.1111)\times10^{-3}$ Pa · s,因此15.78℃的水的黏滞系数即为 $[1.1404-0.78\times(1.1404-1.1111)]\times10^{-3}$ Pa · s $=1.1175\times10^{-3}$ Pa · s 或为 $(1.1111+0.22\times0.0293)\times10^{-3}$ Pa · s $=1.1175\times10^{-3}$ Pa · s。这种方法称为内插法读数或函差法读数。

附表 3-4　不同温度下甘油的黏滞系数

t(℃)	0	6	15	21	25	30
η(Pa · s)	12.11	6.26	2.33	1.49	0.954	0.629

附表 3-5　不同温度下乙醇的黏滞系数

t(℃)	0	5	10	15	20	25	30	35	40
η(10^{-4}Pa · s)	17.73	16.23	14.66	13.32	12.00	10.96	10.03	9.14	8.34

实验四　液体表面张力系数的测量

方法一　用焦利秤测量液体表面张力系数

【实验目的】

(1) 巩固液体表面张力系数的概念及物理意义。

(2) 掌握焦利秤的使用方法。

(3) 学会利用脱拉法测定室温下液体表面张力系数。

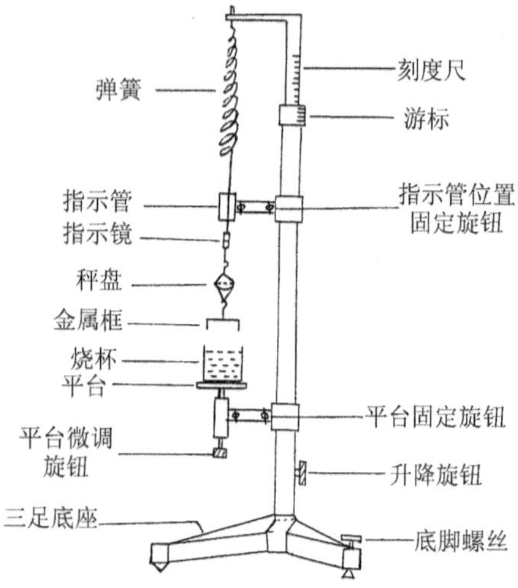

图 4-1　焦利秤

【实验仪器】

焦利秤、砝码、玻璃皿、金属丝、蒸馏水、卡尺、120 号汽油、烧杯。

【仪器描述】

1. 仪器构造

焦利秤的构造如图 4-1 所示,底脚螺丝可以用来调节焦利秤的垂直程度,通过调节底脚螺丝可以使指示管与指示镜不发生接触,指示管和指示镜上分别有一横刻线。

升降旋钮可使刻度尺上升或下降,并且带动弹簧、指示镜及秤盘、金属丝等一起随刻度尺上升或下降。

刻度尺是由一主尺和一副尺即游标构成。主尺的准确度是 1mm,但可借助于游标,把刻度精确到0.1mm。

调节平台微调旋钮,可以使平台小幅度上升和下降。

调节平台固定旋钮,可以使平台大幅度上升和下降。

2. 原理

设弹簧的倔强系数为 K。

宝盖形(┌┴┐)金属丝的长度为 L(图 4-2)。

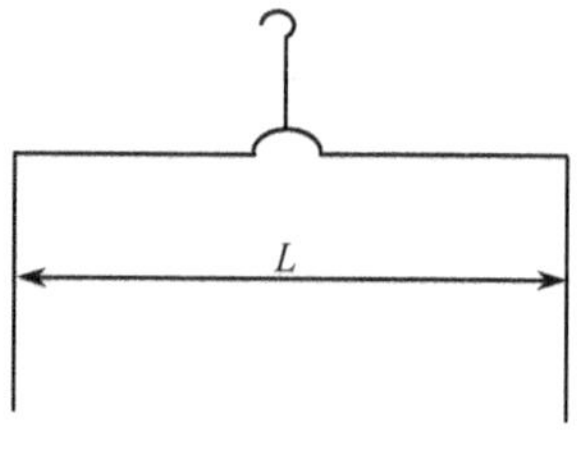

图 4-2

本实验是测蒸馏水的表面张力系数,设蒸馏水的表面张力系数为 α,让金属框没入水中,然后慢慢从水中拉起一液膜(此过程中一定保证指示镜与指示管的刻线始终重合)。

此时宝盖形金属框受到一向下的表面张力,其大小为

$$f=2\cdot\alpha\cdot L$$

让弹簧的弹力等于表面张力(如何保证弹簧的弹力等于表面张力,请见实验步骤一栏)。则

$$f_{弹}=K(L'-L_0')=2\cdot\alpha\cdot L$$

$$\alpha=\frac{K(L'-L_0')}{2\cdot L} \qquad ①$$

$L'-L_0'$是由于表面张力作用的结果使弹簧伸长的量,用焦利秤即可测得 L_0'及 L'。

用游标卡尺测宝盖形金属丝的长度 L,用焦利称测弹簧的倔强系数 K,然后代入上式①中,即可

算出水的表面张力系数 α 的值。

【实验原理】

大量实验及事实表明:液体表面好像是一张拉紧的弹性膜,具有收缩的趋势,如图 4-3 给出一个金属丝环,环上系一丝线环,当浸入肥皂液后,金属丝环中形成一层肥皂液膜。若把丝线环中的肥皂膜刺破,由于丝线环外肥皂液膜的收缩,丝线被拉成圆形,这说明液体表面存在着沿液体表面切向使表面有收缩倾向的张力作用,我们称这种力为表面张力。

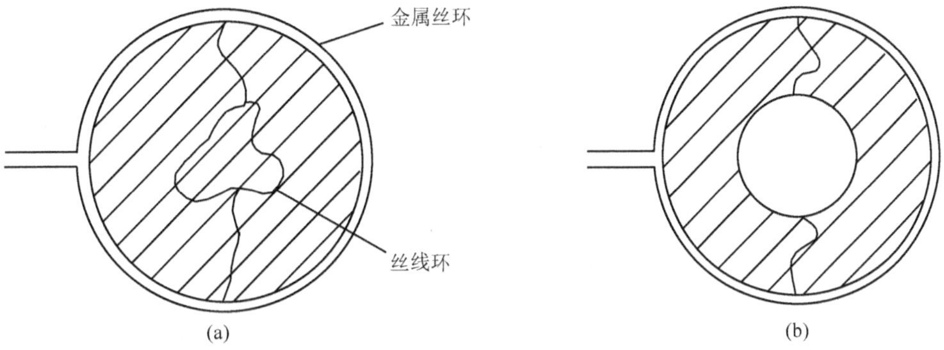

图 4-3

在液面上假设存在一条分界线 MN,则张力的作用表现在线段 MN 的两侧存在拉力 f_1 和 f_2,这两个力均与液面相切,且与 MN 垂直,它们大小相等,方向相反,这就是液面上相邻两部分间相互作用的表面张力(图 4-4)。

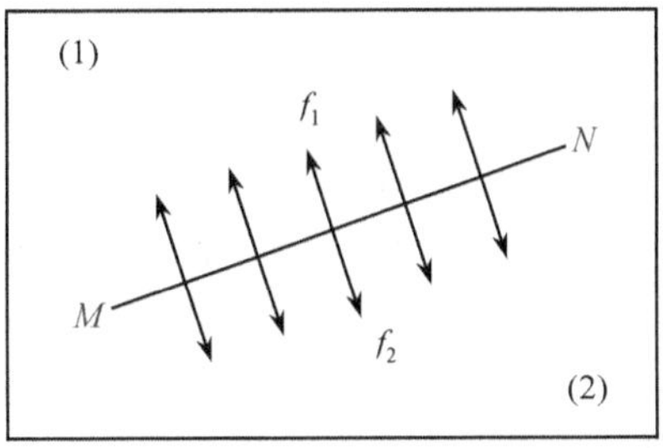

图 4-4

表面张力的大小和分界线 MN 的长度 l 成正比即

$$f=\alpha \cdot l$$

比例系数 α 称为液体的表面张力系数,它表示液面内单位分界线长度所受到的表面张力的大小。表面张力系数的单位是 $N \cdot m^{-1}$。

【实验步骤与内容】

(1) 调节焦利秤的底脚螺丝,使其支架垂直,以指示镜在指示管中移动时二者不相碰为准,即指示镜在指示管中自由移动。

(2) 测定弹簧的倔强系数 K:

1) 将铝秤盘挂在指示镜的下端。

2) 手动升降旋钮,使指示镜与指示管的刻线重合对齐,并记下此时的读数 L_{01}。

3) 在秤盘上加入 0. 5g 砝码,再手动升降旋钮,使指示镜与指示管的刻线再次重合对齐,并记下

此时的读数 L_1,则

$$K_1=\frac{0.5}{L_1-L_{01}}$$

4）取下 0.5g 砝码,使指示镜与指示管刻线重合对齐,此时再读一下秤盘不放砝码时的读数 L_{02}。

5）将 1.0g 砝码放入秤盘上,手动升降旋钮,使指示镜与指示管的刻线重合,记下此时的读数 L_2,则

$$K_2=\frac{1.0}{L_2-L_{02}}$$

6）取下 1.0g 砝码,再使指示管与指示镜的刻线重合,读出秤盘空载时的 L_{03}。

7）在秤盘中放入 1.5g 砝码,手动升降旋钮,使指示镜与指示管刻线再次重合,记下读数 L_3,则

$$K_3=\frac{1.5}{L_3-L_{03}}$$

取平均值,即

$$\overline{K}=\frac{K_1+K_2+K_3}{3}$$

8）将以上各测量值填入表 4-1 中。

(3) 测由于表面张力作用的结果使弹簧伸长的量 $L'-L'_0$ 的值：

1）用镊子把宝盖形金属丝从放在 120 号汽油的容器中取出后再放入蒸馏水中漂洗,然后把它挂在秤盘下端。

2）用乙醇溶液和蒸馏水冲洗烧杯,然后在烧杯中放入一定量的蒸馏水,并将烧杯放在平台上。

3）将平台微调旋钮旋至最顶端。

4）调整平台固定旋钮或升降旋钮,让宝盖形金属丝没入水中(最好离水面不要太远,约 3mm 左右即可)。

5）调整指示管固定旋钮,使指示镜与指示管的刻线重合(若指示管刻线与指示镜的刻线在很小范围内不重合,可配合升降旋钮做微调整,但必须保证金属丝在水面下)。

6）在上面调整的状态下,即宝盖形金属丝没入水中,且指示镜与指示管的刻线重合的状态下读下此时的读数 L'_0 并填入表 4-2 中。

7）手动平台微调旋钮,使平台慢慢往下降,此时金属丝开始从水中露出,并开始形成水膜,眼睛要始终观察指示镜和指示管的刻线,等两者刻线稍有一点不重合时,赶快调节升降旋钮,让两者刻线重合,然后再下降平台,这时指示镜与指示管的刻线又不重合,此时再调节升降旋钮。总而言之,要保持指示镜的刻线始终与指示管的刻线重合(即让弹簧的弹力始终与液体表面张力相等)直到液膜破的一瞬时,读下此时的刻度,即为 L' 并填入表 4-2 中。

8）重复刚才步骤 3)至 7),测三次取平均值。

(4) 取下金属丝,用游标卡尺测量金属丝的长度 L,测三次,取平均值。

(5) 将测量的各值代入公式①中计算水的表面张力系数 α 的值。

(6) 将仪器恢复原位。

【实验记录】

表 4-1

次数 \ 测量值	L_{0i}	m	L_i	$K_i=\frac{m}{L_i-L_{0i}}$
1				
2				
3				
$\overline{K}=$				

表 4-2

测量值 次数	L_0'	L'	$L'-L_0'$	$\Delta(L'-L_0')$	L	ΔL
1						
2						
3						
平均值	/	/				

$$\alpha=\frac{K(L'-L_0')g}{2L}=$$

结果：
$$\alpha=\overline{\alpha}\pm\overline{\Delta\alpha}$$

【注意事项】

(1) 整个操作过程中，不要用手去摸金属丝，以免污染，影响测量精度。

(2) 烧杯的内径一定要大于宝盖形金属丝的长度 L，以免金属丝与烧杯壁相碰。

【思考题】

(1) 本实验中误差产生的最大因素是什么？

(2) 本实验中应注意哪些问题？

(3) 请写出计算 $\Delta\alpha$ 的过程。

方法二　用力敏传感器测量液体表面张力系数

【实验目的】

(1) 学习力敏传感器的定标方法。

(2) 观察拉脱法测液体表面张力的物理过程和物理现象。

(3) 掌握最小二乘法。

(4) 测量纯水和其他液体的表面张力系数。

【实验器材】

温度计、液体表面张力测定装置(包括硅压阻力敏传感器、显示仪器、固定支架、升降台、底板及水平调节装置等)、砝码、待测液体等。

【仪器描述】

液体表面张力测定装置(图 4-5)。

(1) 硅压阻力敏传感器：受力量程：0～0.098N；灵敏度：约 3.00V · N^{-1}(用砝码质量作单位定标)。

(2) 显示仪器：200mV 三位半数字电压表。

(3) 力敏传感器固定支架、升降台、底板及水平调节装置。

(4) 吊环：外径 3.496cm、内径 3.310cm、高 0.850cm 的铝合金吊环。

(5) 直径 12.00cm 玻璃器皿一套。

(6) 砝码盘及 0.5g 砝码 7 只。

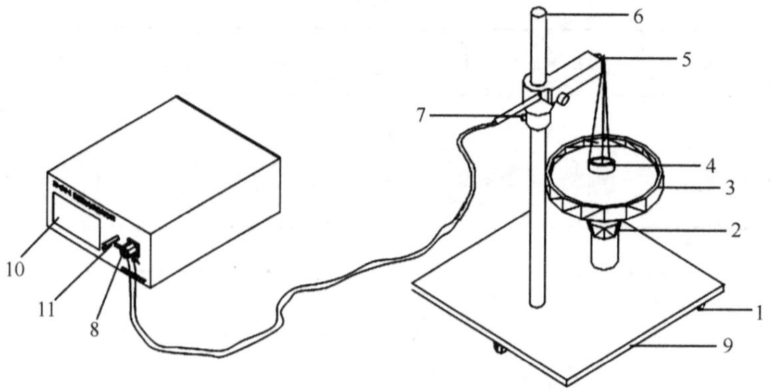

图 4-5 液体表面张力测定装置

1. 调节螺丝 2. 升降螺丝 3. 玻璃器皿 4. 吊环 5. 力敏传感器 6. 支架 7. 固定螺丝 8. 航空插头 9. 底座 10. 数字电压表 11. 调零旋钮

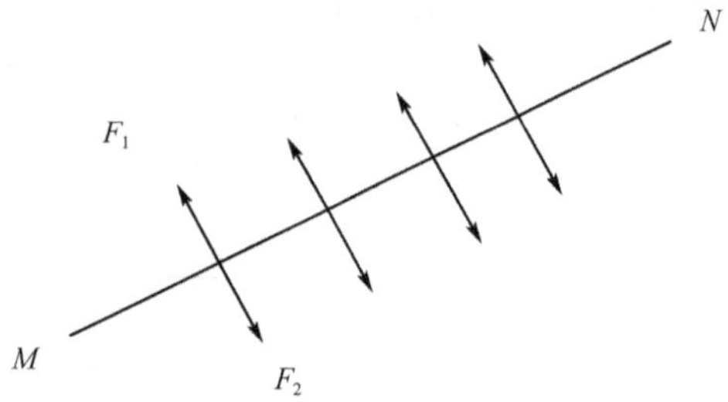

图 4-6

【实验原理】

在液体表面存在着使液体具有收缩倾向的张力。如果在液面上设想有一条分界线 MN(图 4-6),表面张力的方向和液面相切并垂直于选取的分界线,表面张力 F 的大小与液面设想的分界线的长度 L 成正比,即 $F=\alpha L$。式中 α 称为该液体的表面张力系数,

$$\alpha=\frac{F}{L} \quad ①$$

实验中将图 4-7 所示的圆环型金属吊片提升,使液体表面张力作用于硅压阻力敏传感器的输入端,传感器受到拉力(非电量)作用会产生一个相应的输出电压。起初,使吊片的底面浸在液面以下,然后缓慢向上拉动吊片,从液体中拉脱金属吊片的瞬间,输出电压会有一个显著的跳变,根据电压跳变的差值计算液体表面张力系数。

拉脱瞬间,可以认为圆环型吊片脱离液体表面的瞬间受力平衡(忽略带起的液膜的重量),平衡方程为

$$T=\alpha\cdot\pi(D_1+D_2)+mg \quad ②$$

式中,T 是传感器挂钩受到的拉力;D_1 和 D_2 分别为圆环底面的内外直径;mg 为吊片的重力。

另一方面,传感器受到的拉力和输出电压成正比

$$U_{out}=K\cdot T$$

式中,K 是力敏传感器的灵敏度系数,可由定标实验测定;T 为拉力。所以拉脱前后输出电压的跳变量 ΔU_{out} 可表示为

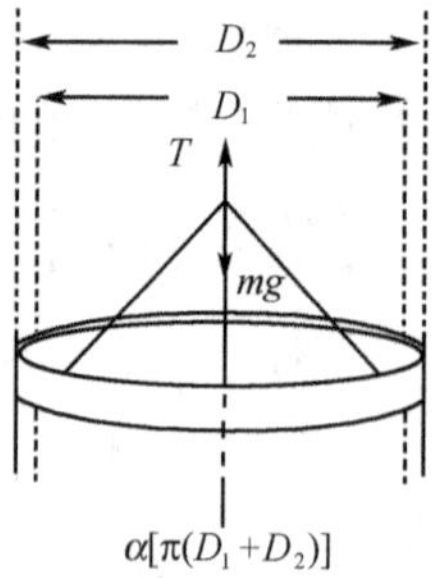

图 4-7

$$\Delta U_{out}=(U_{out})_1-(U_{out})_2=K\cdot T-K\cdot mg=K\cdot\alpha\cdot\pi(D_1+D_2)$$

测出吊环在拉脱瞬间时,即 $T=\alpha\cdot\pi(D_1+D_2)+mg$,电压表读数 $(U_{out})_1$,拉脱后,即 $T=mg$,数字电压表的读数 $(U_{out})_2$,于是液体表面张力系数可表示为

$$\alpha=\frac{\Delta U_{out}}{K\cdot\pi(D_1+D_2)}$$

【实验步骤】

(1) 对力敏传感器进行定标,用逐差法或最小二乘法作直线拟合,求出传感器灵敏度 K。

(2) 用游标卡尺测量金属圆环的内、外直径;并清洁圆环表面。

(3) 测水的表面张力系数。

将金属环状吊片挂在传感器的小钩上。调节升降台,将液体升至靠近环片的下沿,观察环状吊片下沿与待测液面是否平行,将金属环状吊片取下后,调节吊片上的细丝,使吊片与待测液面平行(注意:吊环中心、玻璃皿中心最好与转轴重合)。

(4) 调节容器下的升降台,使其渐渐上升,将环片的下沿部分全部浸没于待测液体。然后反向调节升降台,使液面逐渐下降。这时,金属环片和液面间形成一环形液膜,继续下降液面,测出环形液膜即将拉断前一瞬间数字电压表读数值$(U_{out})_1$和液膜拉断后数字电压表读数值$(U_{out})_2$(注意:液膜断裂应发生在转动的过程中,而不是开始转动或转动结束时,因为开始转动或转动结束时的振动较厉害;应多次重复测量)。

(5) 将实验数据代入公式,求出液体的表面张力系数。

(6) 测其他液体的表面张力系数(参考以上步骤)。

【数据记录与处理】

1. 力敏传感器定标

力敏传感器上分别加各种质量砝码,测出相应的电压输出值,实验结果填入表 4-3。

表 4-3　力敏传感器定标

物体质量 m(g)	0.500	1.000	1.500	2.000	2.500	3.000	3.500
输出电压 U_{out}(mV)							

用最小二乘法拟合得仪器的灵敏度。

2. 水和其他液体表面张力系数的测量(表 4-4)

表 4-4　纯水的表面张力系数测量　　水的温度______

测量次数	U_1(mV)	U_2(mV)	ΔU(mV)	$F(10^{-3}N)$	$\alpha(10^{-3}N \cdot m^{-1})$
1					
2					
3					
4					
5					
6					

【注意事项】

(1) 砝码应轻拿轻放。

(2) 实验前仪器开机预热 15min;依次用 NaOH 溶液、清水、纯净水清洗玻璃器皿和吊环。

(3) 玻璃器皿和吊环经过洁净处理后,不能再用手接触,亦不能用手触及液体。

(4) 对传感器定标时应先调零,待电压表输出稳定后再读数。

(5) 吊环保持水平,缓慢旋转升降台,避免水晃动,准确读取$(U_{out})_1$、$(U_{out})_2$。

(6) 实验结束后擦干、包好吊环,旋好传感器帽盖。

【思考题】

(1) 还可以采用哪些方法对力敏传感器灵敏度 K 的实验数据进行处理?

(2) 分析吊环即将拉断液面前的一瞬间数字电压表读数值由大变小的原因。

(3) 对实验的系统误差和随机误差进行分析,提出减小误差改进实验的方法措施。

方法三　毛细管法测定液体表面张力系数

【实验目的】

掌握利用毛细管中液柱的升高测量液体表面张力系数的原理和方法。

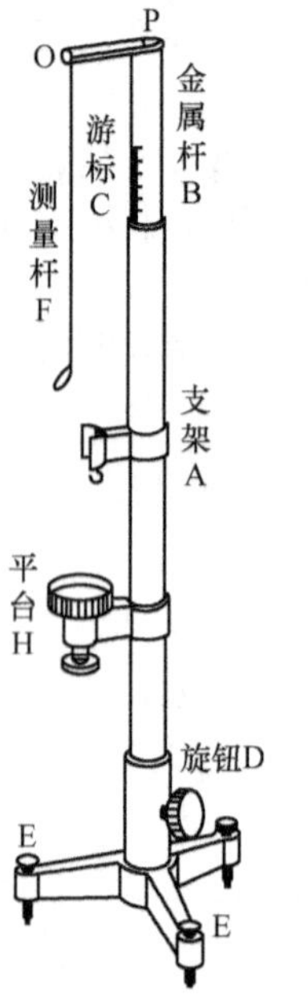

图 4-8　液面测高仪

【实验器材】

毛细管、毛细管架、烧杯、待测液(蒸馏水)、温度计、读数显微镜、液面测高仪等。

【仪器描述】

将焦利氏秤上的弹簧换成测量杆 F 后就成了一台液面测高仪。其结构示意如图 4-8 所示。A 为垂直圆筒形支架,圆筒里有一升降金属,B 杆的升降可通过旋钮 D 控制,升降的距离可通过杆上的主尺从 A 上的游标 C 读出,测量杆 F 连接在与 B 相连的横架 OP 上,可借助于旋钮 D 升降。毛细管通过丝线自由悬挂在支架 A 的金属钩子上。装待测液体的烧杯放在平台 H 上。若松开支撑平台套筒的夹子,平台的高低就可以上下升降(粗调)。调节平台下的螺丝 Q,可使平台缓慢升降(微调)。通过调节旋钮 E 来校准水平。

【实验原理】

设想在液面上有一线段,如图 4-9 所示,在此线段两边有沿着液面切线方向而垂直于此线段的力作用于对方,这个力就是液体表面所具有的张力称为表面张力。表面张力 f 的大小正比于线段 MN 的长度 L,即

$$f=\alpha L \tag{①}$$

其中,比例系数 $\alpha=\dfrac{f}{L}$ 叫作该液体的表面张力系数,在数值上,等于沿液体表面垂直作用于单位长度线段上的张力,它的单位为牛顿 · 米$^{-1}$($N\cdot m^{-1}$)。

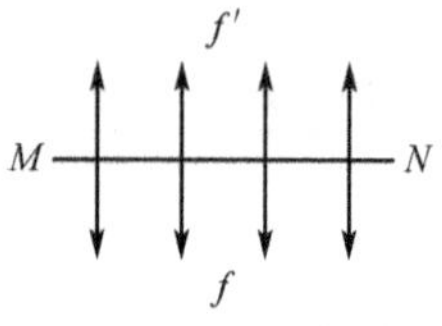

图 4-9　表面张力

液体表面的物理性质与张紧的弹性薄膜相似。当液体为曲面时,由于它有变平的趋势,因而弯曲的液面产生一个附加压强,对下层的液体施以压力。当液面呈凸面时,此压力为正,当液面呈凹面时,此压力为负。在图 4-10(a)中,由于毛细管中的液面是凹面,所以它对下层的液体施以负压,这时管内液面下方 B 点的压强小于液面上方的大气压,而管外与 B 同一水平面上的 C 点,它的压强等于大气压强,此时,液体压强不能平衡,液体将由管外流向管内,使管中液面升高,直至 B 点和 C 点的压强相等为止,如图 4-10(b)所示。

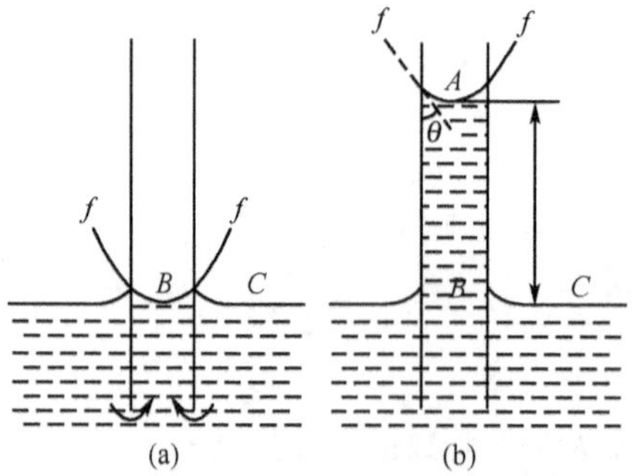

图 4-10　毛细现象

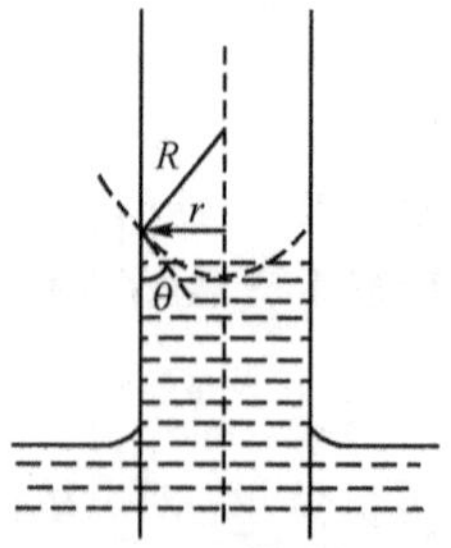

图 4-11　毛细管半径 r 与球曲率半径 R 间的关系

本实验中,将毛细管竖直插入水中,管中的水沿毛细管上升,因为毛细管很细,所以管内水面可近似地看成球面的一部分,如图 4-11 所示。毛细管半径 r 与球面曲率半径 R 间有下列关系:

$$R\cos\theta = r \tag{②}$$

式中 θ 为接触角。可以证明,球形水面的附加压强 P_s 与水的表面张力系数 α 、球形水面半径 R 有如下关系

$$P_s = \frac{2\alpha}{R} \tag{③}$$

假设水的密度为 ρ ,水沿毛细管上升的高度为 h ,则有

$$P_s = \rho gh \tag{④}$$

因为 $P_s = \frac{2\alpha}{R} = \frac{2\alpha}{r}\cos\theta$,所以

$$\alpha = \frac{\rho ghr}{2\cos\theta} \tag{⑤}$$

当液体对管壁完全浸润时, $\theta = 0$,则

$$\alpha = \frac{\rho ghr}{2} \tag{⑥}$$

在实验中,已知水的密度 ρ ,重力加速度 g;通过测定毛细管半径 r,以及水面上升高度 h,就可以根据上式求出水的表面张力系数 α 。

注:

(1) 纯净的水和清洁的玻璃间接触角 θ 近似为零。

(2) h 是 A、C 之间的高度差,而在此高度上,在凹面周围还有少量的水,当毛细管很细时,管中凹面呈半球形,在凹面周围的水的体积可近似地等于 $(\pi r^2)r - \frac{1}{2}\left(\frac{4}{3}\pi r^3\right) = \frac{r}{3}\pi r^2$,即等于 $\frac{r}{3}$ 高的水柱的体积。因此,上述讨论中的 h 值应增加 $\frac{r}{3}$ 的修正值,于是

$$\alpha = \frac{\rho gr}{2}\left(h + \frac{r}{3}\right) \tag{⑦}$$

当毛细管的内直径用 d 表示时,则有

$$\alpha = \frac{\rho gd}{4}\left(h + \frac{d}{6}\right) \tag{⑧}$$

当 $h \gg r$ 时,上式可近似地写为

$$\alpha = \frac{\rho ghr}{2} \quad 或 \quad \alpha = \frac{\rho ghd}{4}$$

(3) 水的表面张力系数与温度的关系,有下面的经验公式:

$$\alpha_t = (75.6 - 0.14t) \times 10^3 \quad (\mathrm{N \cdot m^{-1}}) \tag{⑨}$$

式中 α_t 为温度 t℃时的表面张力系数。

【实验步骤】

(1) 实验前准备。将浸在洗液中的毛细管取出,用蒸馏水充分冲洗后备用。用乙醇擦试烧杯,再用蒸馏水冲洗后烘干备用。注意:洗液是用重铬酸钾和浓硫酸配制而成的。配制和使用要注意安全,刚配好的洗液为黄色,使用过程中颜色逐渐变绿,当呈现深绿色时即失效。

(2) 安装调整。液面测高仪示意图见图 4-8。液面测高仪作为支架,把装蒸馏水(待测液体)的烧杯置于平台 H 上,毛细管放在支架 A 的钩子上,调节旋钮 E 使其垂直地插入液体中,并上下移动数次,使管壁充分浸润。注意,为了使液体充分浸润管壁,开始可把毛细管插深些,正式实验时再稍微提起。毛细管管径越小,凹面到达平衡时间越长。插入液体后至少需经过 2 ~ 3min 后才能进行测量。测量杆 F 装在可升降的横梁 OP 上,其下端焊有一薄片,当作读测时的“标记”。旋转升降杆上

的旋钮 D,使"标记"与水面对齐,记录初读数 x_0 于表 4-5 中。

(3) 测量毛细管内液柱的高度 h。旋转升降杆旋钮 D,将测量杆提起调节至"标记"对齐凹面下底,记录末读数 x',则液柱高 $h = x' - x_0$。重复五次,取 h 的平均值,并将相应的测量值记录于表 4-5 中。

(4) 用读数显微镜测定毛细管直径 d。将读数显微镜中的分划板中的十字叉丝对准管内径两端。测读出横向(x)和纵向(y)方向的管径,各测三次,并将相应的测量值记录于表 4-6 中,最后求出毛细管内径的平均值。

(5) 记录实验温度 t,查出该温度下蒸馏水密度 ρ。

(6) 将测量值 h、d 代入公式,计算出蒸馏水的表面张力系数及其误差。

【数据记录与处理】

表 4-5 毛细管内液体面高度的测量

待测溶液:____,实验温度:____℃, 该温度下待测液的密度:ρ = ____,长度单位:mm

	次数	初读数 x_0	末读数 x'_i	液柱高度 $h_i = x'_i - x_0$	平均液柱高度 $h = \frac{1}{5}\sum_{i=1}^{5} h_i$	绝对误差 $\Delta h_i = \lvert h_i - h \rvert$	平均绝对误差 $\Delta h = \frac{1}{5}\sum_{i=1}^{5}\Delta h_i$	测量结果 $h \pm \Delta h$
毛细管内液面的高度 h	1							
	2							
	3							
	4							
	5							

表 4-6 毛细管直径的测量

长度单位:mm

	次数	横向读数 x_i	纵向读数 y_i	直径 $d_i = \frac{1}{2}(x_i + y_i)$	平均直径 $d = \frac{1}{3}\sum_{i=1}^{3} d_i$	绝对误差 $\Delta d_i = \lvert d_i - d \rvert$	平均绝对误差 $\Delta d = \frac{1}{3}\sum_{i=1}^{3}\Delta d_i$	测量结果 $d \pm \Delta d$
毛细管直径 d	1							
	2							
	3							

计算:

表面张力系数:$\alpha_0 = \dfrac{\rho g h d}{4} =$

平均绝对误差:$\Delta\alpha = \dfrac{\rho g}{4}(h \cdot \Delta d + d \cdot \Delta h) =$

测量结果:$\alpha = \alpha_0 \pm \Delta\alpha =$

【注意事项】

(1) 正确使用液面测高仪和读数显微镜。

(2) 实验过程中要保持水、玻璃器皿、毛细管洁净。

【思考题】

(1) 为什么实验过程中要保持水、玻璃器皿、毛细管洁净?

(2) 实验时,毛细管如与水面不垂直,对测量 h 有否影响?

(3) 毛细管垂直放置在水中,如果毛细管在水面以上高度小于水在毛细管中可能上升的高度时,水是否将源源不断地流出毛细管?

实验五　模拟法测静电场分布

方法一　导 电 纸 法

【实验目的】

(1) 学习模拟实验方法及用电压表与检流计测绘等势线。
(2) 加强对电场强度和电位概念的理解，了解电场线与等势线之间的关系。
(3) 描绘同轴圆柱面电场。

【实验器材】

静电场模拟描绘仪、静电场描绘电源、电压表、检流计、单刀开关、单刀双掷开关、导线、滑动变阻器(电阻箱)、绘图用纸。

图 5-1　双层静电场描绘仪

【仪器描述】

双层静电场描绘仪分为上下两层，如图 5-1 所示。上层用来放置描绘等势点的坐标纸，下层可安装同轴电极系统，两电极之间布有黑色的导电纸。探针也分为上下两个，由手柄连接起来，两探针保证在同一铅垂线上(手动联动器)。移动手柄时，上探针在上层坐标纸上的移动和下探针在导电纸上的运动轨迹是一样的。下探针的针尖较圆滑，靠弹簧片的作用始终保证与导电纸接触良好。上探针则较尖，实验中，移动手柄由电压表的示数找到所要的等势点时，向下按压上探针，则在坐标纸上扎下一小孔便记录下了与导电纸中的位置完全相应的等势点。

【实验原理】

静电场是由电荷分布决定的，确定静电场的分布，对于研究带电粒子与带电体之间的相互作用是非常重要的。理论上讲，如果知道了电荷的分布，就可以确定静电场的分布。在给定条件下，确定系统静电场分布的方法，一般有解析法、数值计算法和实验法。在科学研究和生产实践中，随着静电应用、静电防护和静电现象等研究的深入，常常需要了解一些形状比较复杂的带电体或电极周围静电场的分布，这时，理论方法(解析法和数值计算法)是十分困难的。然而，对于静电场来说，要直接进行探测也是比较困难的。其一是，静电场中无电流，一般的磁电式仪表不起作用，只能用静电式仪表进行测量，而静电式仪表不仅结构复杂，而且灵敏度也较低；其二是，仪表本身是由导体或电介质制成的，静电探测的电极一般很大，一旦放入静电场中，将会引起原静电场的显著改变。

由于在一定条件下电介质中的稳恒电流场与静电场服从相同的数学规律，因此可用稳恒电流场来模拟静电场进行测量，这种实验方法称为模拟法。对电子管、示波管、电子显微镜等许多复杂电极的静电场分布都可用这种方法进行研究，这是电子光学中最重要的一种研究手段。本实验通过测绘简单电极间的电场分布学习模拟法的运用。

模拟法本质上是用一种易于实现、便于测量的物理状态或过程来模拟另一种不易实现、不便测量的物理状态或过程。其条件是两种状态或过程有两组一一对应的物理量，并且满足相同形式的数学规律。理论分析知，除静电场外，传热学中的热流向量场和理想流体的速度场都可用电流场来模拟。此外，模拟法还常常用于大量缩小和小量放大等情况。因此，模拟法是一种重要的实验研究方法。

电场既可以用电场强度 E 来描述，又可以用电势 U 来描述。由于标量的测量和计算比矢量简便，因此人们更愿意用电势来描述电场。静电场与稳恒电流场的对应关系为：

静电场	稳恒电流场
导体上的电荷 $\pm Q$	极间电流 I
电场强度 E	电场强度 E
介电常数 ε	电导率 σ
电位移 $\boldsymbol{D}=\varepsilon\boldsymbol{E}$	电流密度 $\boldsymbol{J}=\sigma\boldsymbol{E}$
无荷区 $\oint \varepsilon\boldsymbol{E}\cdot \mathrm{d}\boldsymbol{S}=0$	无源区 $\oint \sigma\boldsymbol{E}\cdot \mathrm{d}\boldsymbol{S}=0$
电势分布 $\nabla^2 U=0$	电势分布 $\nabla^2 U=0$

根据上表中的对应关系可知，要想在实验上用稳恒电流场来模拟静电场，需要满足下面三个条件：

(1) 电极系统与导体几何形状相同或相似。

(2) 导电质与电介质分布规律相同或相似。

(3) 电极的电导率远大于导电质的电导率，以保证电极表面为等势面。

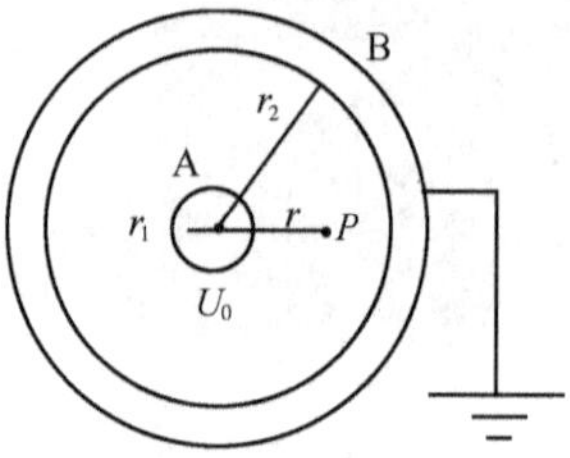

图 5-2　同轴柱状导体间的电场

为了分析实验探测的结果，我们以无限长同轴柱状导体间的电场为例。如图 5-2 所示，设真空静电场中圆柱导体 A 的半径为 r_1，电势为 U_0；柱面导体 B 的内径为 r_2，且 B 接地。导体单位长度带电 $\pm\eta$。

根据高斯定理，在导体 A、B 之间与中心轴距离为 r 的任意一点 P 的电场强度大小为

$$E=\frac{\eta}{2\pi\varepsilon_0 r} \tag{①}$$

电势为

$$U=\int_r^{r_2}\boldsymbol{E}\cdot \mathrm{d}\boldsymbol{r}=\frac{\eta}{2\pi\varepsilon_0}\ln\frac{r_2}{r} \tag{②}$$

导体 A 的电势可表示为

$$U_0=\frac{\eta}{2\pi\varepsilon_0}\ln\frac{r_2}{r_1} \tag{③}$$

于是有

$$U=U_0\frac{\ln\dfrac{r_2}{r}}{\ln\dfrac{r_2}{r_1}} \tag{④}$$

将 A、B 间充以电阻率为 ρ、厚度为 b 的均匀导电质，不改变其几何条件及 A、B 的电位，则在 A、B 之间将形成稳恒电流场。设场中距中心点的距离为 r 处的电势为 U'，在 r 处宽度为 $\mathrm{d}r$ 的导电质环的电阻为

$$\mathrm{d}R=\rho\frac{\mathrm{d}r}{S}=\rho\frac{\mathrm{d}r}{2\pi rb} \tag{⑤}$$

从 r 到 r_2 的导电质的电阻为

$$R_r = \int_r^{r_2} \mathrm{d}R = \frac{\rho}{2\pi b} \ln \frac{r_2}{r} \tag{6}$$

电极 A、B 间导电质的总电阻为

$$R = \int_{r_1}^{r_2} \mathrm{d}R = \frac{\rho}{2\pi b} \ln \frac{r_2}{r_1} \tag{7}$$

由于 A、B 间为稳恒电流场，则

$$\frac{U'}{U_0} = \frac{R_r}{R}$$

即

$$U' = U_0 \frac{\ln \frac{r_2}{r}}{\ln \frac{r_2}{r_1}} \tag{8}$$

比较式④和式⑧可知，电流场中的电势分布与静电场中完全相同，可以用稳恒电流场模拟描绘静电场。

本实验所使用的仪器如图 5-3 所示。在底盘上放有两个圆形电极，两电极之间放好导电纸，手动联动器的上下连杆分别有探针。探针端部成圆滑尖状，能保证在导电纸上滑动过程中接触良好。它的作用是通过与其连接在一起的电压表找到等电位点。位置找到后，可通过探针记录在上板的记录纸上。因为上下探针处于同一垂直线上，手按压上探针，把小孔一个个留在纸上，实验结束后可用笔把各小孔连成线，即得实验结果。

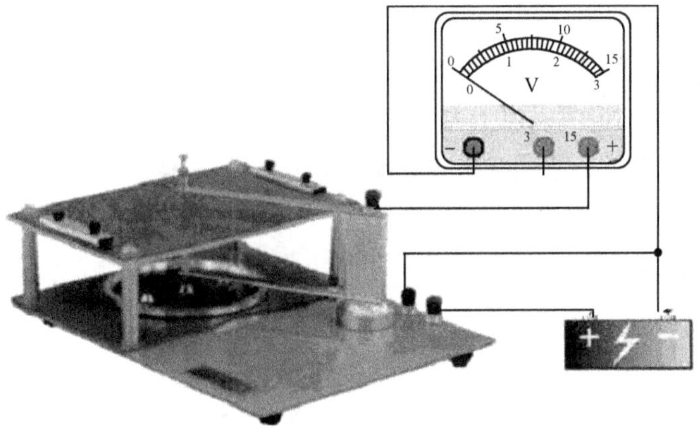

图 5-3　原理图

电压表一端与电源的正极相连，另一端在手动器上。显然，接通电源后，下探针与圆柱电极之间的导电纸上任一点接触时，在电压表上有一个指示值，该值就是这一点的电势值。当下探针沿导电纸滑动时，找出与电压表指示值相同的各点所构成的轨迹即等势线。这一等势线的位置可通过联动器上的上探针记录在纸上，电势大小可由电压表读出。用这种方法可以在坐标纸上绘出不同电势值的等势线。用电压表作指示测绘等势线，线路简单，直观易懂，测试方便，省时间。但是，由于电压表的接入，要引起测试点附近的测试场分布发生畸变，畸变大小取决于电压表内阻大小。这是造成较大系统误差的一个重要原因。

为排除由于电压表的引入使电场分布发生畸变的因素，本实验采取图 5-4 的连法。

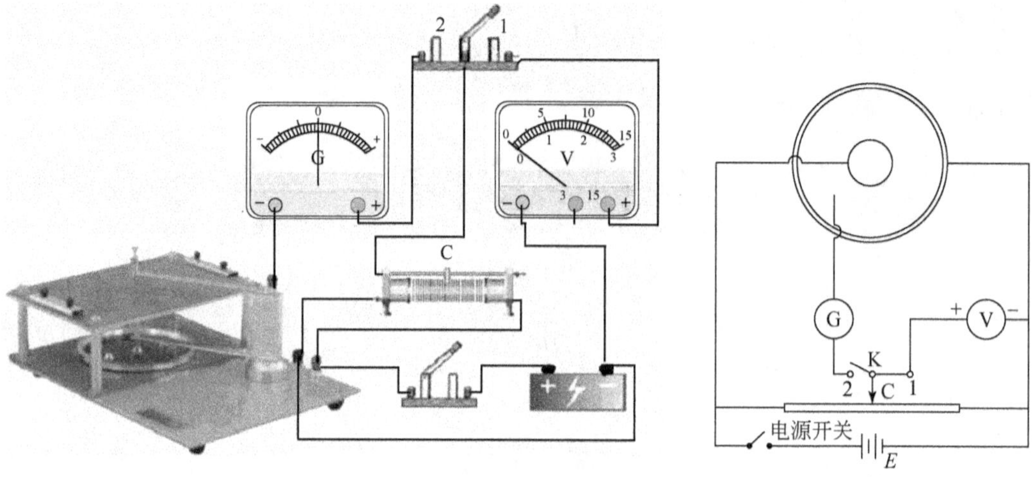

(a)　　　　(b)

图 5-4　实验接线图

【实验步骤】

(1) 按图 5-4 连好线路,经教师检查线路无误后,打开电源开关。

(2) 实验电源电压取 6V,要求测定 5V、4V、3V、2V 各等势线,每条等势线至少 16 个测试点。

(3) 将单刀双掷开关拨向"1"端,调节滑动变阻器的滑动端 C,使电压表指示为 5V(以测试 5V 等势线为例)。

(4) 将单刀双掷开关由"1"端拨向"2"端,手动联动器使检流计指针指示为零,这时用上探针在记录纸上记下该点的位置。

(5) 用以上方法将探针沿电极走一圈,找到 5V 等势线的其他各点(每个等势线至少测 16 个点)。

(6) 重复步骤(3) ~ (5),再找出 4V、3V、2V 的等势线。

(7) 用铅笔将等势点连接起来,根据等势线画电场线。将记录纸交予教师检查。

(8) 实验完毕,将仪器恢复原位。

【数据记录与处理】

测绘等势线。

【注意事项】

(1) 为避免接触电阻对探测的影响,下探针应与导电纸接触良好,而上探针应尽量与坐标纸面垂直且坐标纸一定要固定好,不要在测量过程中移动坐标纸。

(2) 等势点间距离不要太大,一般在 1 ~ 2cm,对于等势线曲率较大或靠近电极处应多测一些等势点。

【思考题】

(1) 用模拟法测量静电场分布的根据是什么?

(2) 本实验中模拟法的实验条件是什么?

方法二　导电微晶法

【实验目的】

(1) 了解模拟方法测绘具有相同数学形式的物理场的原理和条件。

(2) 学会用模拟法描述和研究二维静电场的方法。

(3) 用模拟法描绘等势线和电场线。

(4) 加深对电场强度和电势的概念及相互关系的理解。

【实验器材】

GVZ-3 型导电微晶静电场描绘仪(包括导电微晶、双层固定支架、同步探针、直流电源)、记录纸、曲线板、各种电极等。

【仪器描述】

GVZ-3 型导电微晶静电场描绘仪,如图 5-5 所示。

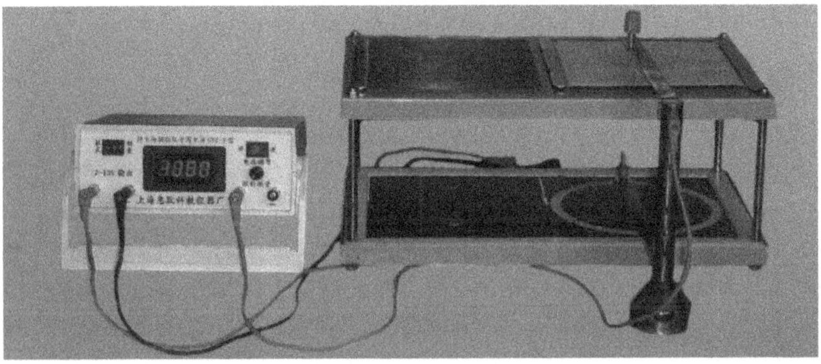

图 5-5　静电场描绘仪

支架采用双层式结构,上层放记录纸,下层放导电微晶。电极已直接制作在导电微晶上,并将电极引线接出到外接线柱上,电极间制作有导电率远小于电极且各项均匀的导电介质。接通直流电源(10V)就可进行实验。在导电微晶和记录纸上方各有一探针,通过金属探针臂把两探针固定在同一手柄座上,两探针始终保持在同一铅垂线上。移动手柄座时,可保证两探针的运动轨迹是一样的。由导电微晶上方的探针找到待测点后,按一下记录纸上方的探针,在记录纸上留下一个对应的标记。移动同步探针在导电微晶上找出若干电势相同的点,由此即可描绘出等势线。

【实验原理】

带电体在空间产生静电场。直接测量时,由于测量器件的引入,将使原来的静电场发生畸变,因而常采用模拟法测量静电场的分布。模拟法是物理学、工程学及其他学科常用的一种方法,用于难以测量的物理状态的研究。

模拟可分为物理模拟和数学模拟。所谓物理模拟就是用易于测量、便于观察的物理系统来研究与它在规律形式或数学表达式上相似的物理系统。数学模拟就是把不同本质的物理现象或过程,用同一个数学方程来描绘,若边界条件相似,其解是唯一的。

静电场和稳恒电流场是两种不同性质的场,但都遵守环路定理,在规律形式上相似,有相同的数学形式,即

$$\oint \boldsymbol{E}_{静} \cdot \mathrm{d}\boldsymbol{l} = 0$$

$$\oint \boldsymbol{E}_{稳} \cdot \mathrm{d}\boldsymbol{l} = 0$$

根据电场强度 $\boldsymbol{E}$ 与电势 V 的梯度关系,即

$$E = -\nabla V$$

场强 E 在数值上等于电势梯度，方向指向电势降落的方向。因此，可以用稳恒电流场模拟静电场。考虑到 E 是矢量，而电势 V 是标量，从实验测量来讲，测电势比测定场强容易实现，所以可先测绘出等势线（又称为等位线），然后根据电场线与等势线正交的关系，再画出电场线，这样就可以由等势线的间距确定电场线的疏密和指向，将抽象的电场形象地反映出来。即静电场用稳恒电流场来模拟。

模拟方法的使用有一定的条件和范围，不能随意推广。现将其条件归纳如下：

（1）稳恒电流场中的电极形状与被模拟的静电场中的带电体几何形状相同。

（2）稳恒电流场中的导电物质必须均匀分布，才能使静电场的带电体和电流场中电极的表面是等势面。

（3）模拟所用电极系统与被模拟电极系统的边界条件相同。

【实验步骤】

（1）描绘同轴电缆的静电场分布：利用图 5-6 所示的模拟模型，将导电微晶上内、外两个电极分别与直流稳压电源的正负极相连接，电压表正负极分别与同步探针及电源负极相连接，移动同步探针测绘同轴电缆的等势线簇。要求相邻两等势线之间的电位差为 1V，以每条等势线上各点到原点的平均距离 r 为半径画出等势线的同心圆簇。然后根据电场线与等势线正交性质，再画出电场线，并指出电场强度方向，得到一张完整的电场分布图。在坐标纸上作出相对电势 U_r/U_a 和 $\ln r$ 的关系曲线，并与理论结果比较，再根据曲线的性质说明等势线是以内电场中心为圆心的同心圆。

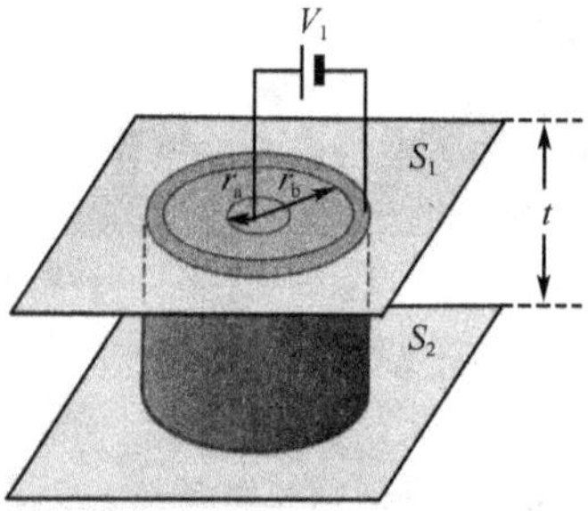

(a)

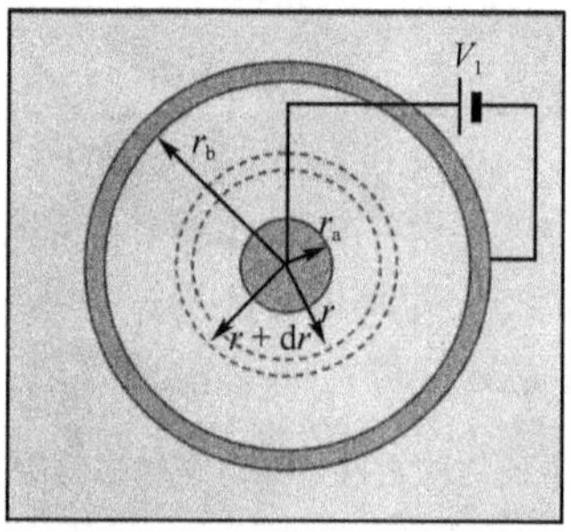

(b)

图 5-6　同轴电缆的模拟模型

（2）描绘一个劈尖电极和一个条形电极形成的静电场分布，如图 5-7 所示。

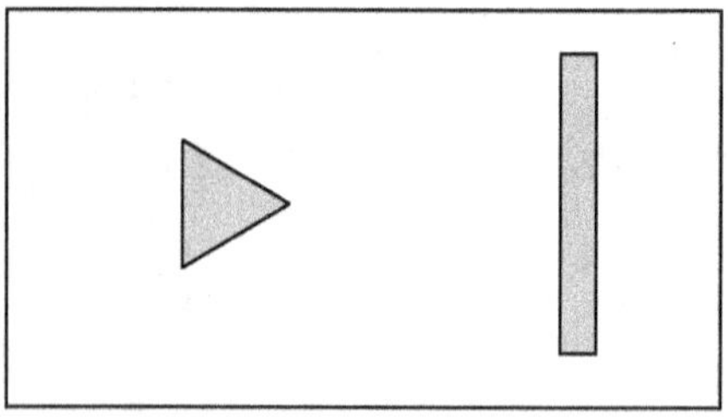

图 5-7　尖三角形电极

将直流电压调到 10V，将记录纸铺在上层平板上，从 1V 开始，平移同步探针，用导电微晶上的探针找到等势点后，按一下记录纸上方的探针，测出一系列等势点，共测 9 条等势线，每条等势线上找 10 个以上的点，在电极端点附近应多找几个等势点。画出等势线，再作出电场线，作电场线时要注意：电场线与等势线正交，导体表面是等势面，电场线垂直于导体表面，电场线发自正电荷而终止于负电荷，疏密要表示出场强的大小，根据电极正、负画出电场线方向。

（3）描绘聚焦电极的电场分布：利用图 5-8 所示模拟模型，测绘阴极射线示波管内聚焦电极间的电场分布。要求测出 7 至 9 条等势线，相邻等势线的电势差为 1V。该场为非均匀电场，等势线是一簇互不相交的曲线，每条等势线的测量点应取得密一些。画出电场线，可了解静电透镜聚焦场的分布特点和作用，加深对阴极射线示波管电聚焦原理的理解。

【数据记录与处理】

(1) 根据测绘所得等势线和电场线的分布，分析场强的强弱分布。

(2) 在描绘同轴电缆的等势线簇时，正确确定圆形等势线簇的圆心，正确描绘圆形等势线。

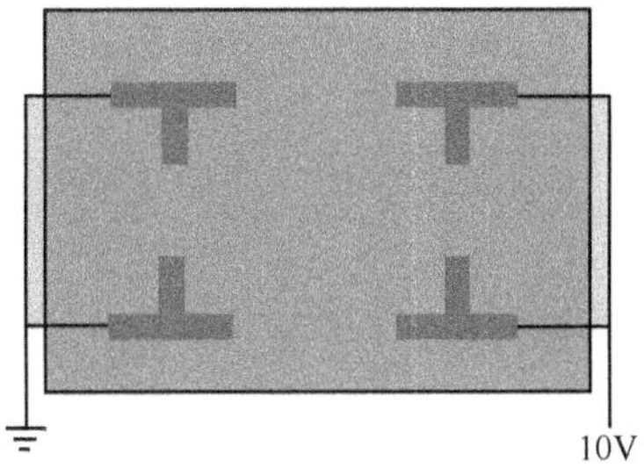

图 5-8　静电透镜聚焦场的模拟模型

【注意事项】

由于导电微晶边缘处电流只能沿边缘流动，因而等势线必然与边缘垂直，使该处的等势线和电场线严重畸变，这就是用有限大的模拟模型去模拟无限大的空间电场时必然会受到的“边缘效应”的影响。若要减小这种影响，则要使用“无限大”的导电微晶进行实验，或者人为地将导电微晶的边缘切割成电场线的形状。

【思考题】

(1) 用电流场模拟静电场的理论依据是什么？

(2) 用电流场模拟静电场的条件是什么？

(3) 等势线与电场线之间有何关系？

(4) 如果电源电压 V_1 增加一倍，等势线和电场线的形状是否发生变化？电场强度和电势分布是否发生变化？为什么？

(5) 试举出一对带等量异号线电荷的长平行导线的静电场的“模拟模型”。这种模型是否是唯一的？

实验六　电位差计的使用

方法一　测量电动势和电位差

【实验目的】

(1) 了解电位差计的工作原理、结构及特点。

(2) 学会使用电位差计并用电位差计测量电动势和电位差。

【实验器材】

电位差计、电阻箱、万用电表、直流稳压电源、单刀双掷开关、保护电阻、标准电池、被测电池、灵敏电流计、导线。

【实验原理】

用伏特计测量未知电动势时,必须有电流流过伏特计。需要取用电池中一定大小的电流。电池是有内阻的,有电流通过时,就会引起内部电势降落。实际上伏特计的测量值是电池的极间电位差,比电动势小。用电位差计测量时,可以避免上述情况,其原理如图6-1所示。*AB* 间为一根均匀细长的电阻丝,由于电池 *E* 的作用,在电阻丝上将产生均匀的电压降落。设 U_0 为电阻丝上单位长度的电势降落,经过调整电阻箱 *R*,改变主电路中电阻丝 *AB* 的电流大小,可以校正 U_0 为所希望的值,所以 U_0 为已知量。因此,当我们测出 *CD* 间电阻丝长度 L_x 时,则 *CD* 间的电位差应为

$$U_x = U_{CD} = U_0 \cdot L_x$$

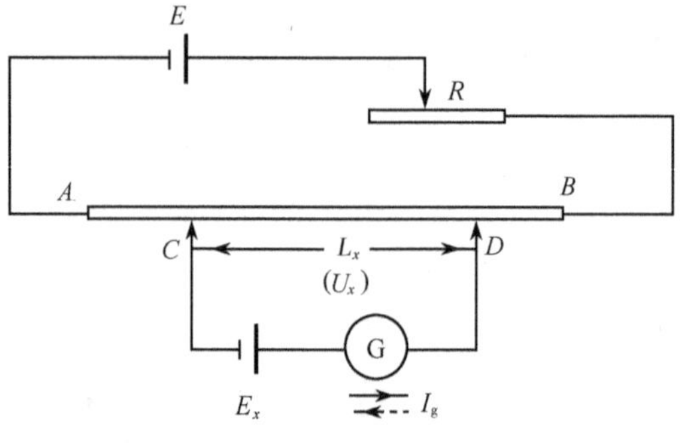

图6-1　电位差计原理图

只要此式右边都为已知量时,电阻丝上任意两点分压大小都为已知。

当把一待测电源 E_x 按图6-1接入 *CD* 后,当滑动头 *CD* 改变时,可有三种情况产生:

(1) 如果 $E_x < U_x$,G中的电流 I_g 向左流动,如图中虚线箭头所示(电流计指针偏向正方向)。

(2) 如果 $E_x > U_x$,情形与上述相反。

(3) 如果 $E_x = U_x$,G中无电流流过,这时称为电位差计平衡,此时 U_x 与 E_x 成极性对抗连接。

在电位差计平衡时,按 $E_x = U_0 \cdot L_x$ 测出的值,正是待测电池的电动势。因此,所谓电位差计就是一个分压装置,它的任意两点间的分压大小都为已知量。将一个未知电动势和已知分压相平衡,从而测出未知电动势。

综上所述,本实验采用如图 6-2 所示的连接线路,根据原理,本实验所使用的电位差计总是相应地分为两步进行:①校准电位差计:就是使电阻丝AB流过的电流准确地达到标准值 I_0,方法如图 6-2将单刀双掷开关 K 倒向 E_s,根据标准电池的电动势 E_s 的大小,取 CD 间电阻为 R_s,使 $E_s=I_0 \cdot R_s$,调节 R,使检流计指针无偏转,电路达到补偿,由于 E_s、R_s 都准确地已知,所以 I_0 被精确校准到标准值。②测量未知电动势 E_x:如图 6-2 将单刀双掷开关倒向 E_x,只要 $E_x \neq I_0 \cdot R_{AB}$,则调节 CD 间的电阻值,一定能找到一个位置使检流计再次无偏转,则 $E_x=I_0 \cdot R_x$,从表盘上直接读出 E_x 的大小,本实验所用的电位差计是根据 $I_0=10\text{mA}$ 时,R_x 与 I_0 的乘积的值标在电位差计的表盘上,所以从表盘上可直接读出 U_x 的值。

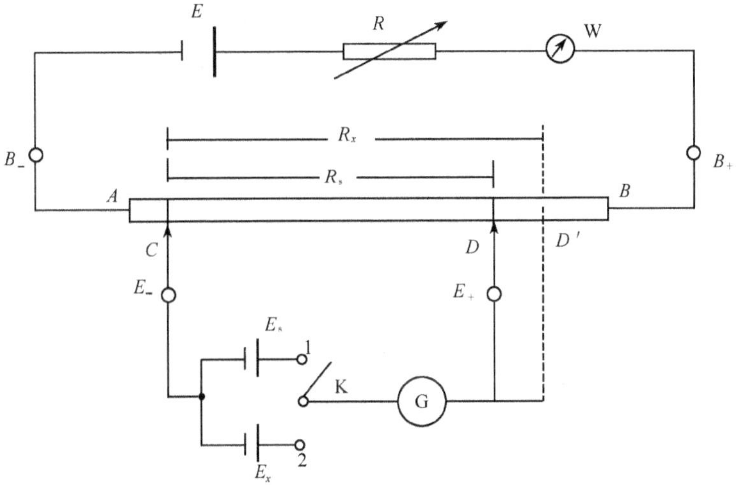

图 6-2　连接线路图

【实验步骤】

(1) 按图6-2 连好线路,把直流稳压电源 E(6V),电阻箱(约 440Ω)和万用电表 W(用25mA 挡)接入电位差计的 B_+、B_- 接线柱上(先不要打开电源开关)。

(2) 经教师检查线路后,方可打开电源开关。

(3) 将单刀双掷开关 K 立起,即不合向"1"端,也不合向"2"端,打开电源开关,观察万用表是否指向 10mA,如果不是,请把电阻箱 R 作调整,使万用表指向 10mA。

(4) 调节电位差计上的步进旋钮和微调旋钮,使两旋钮的指示值正好是1. 0186V。

(5) 因为标准电池 E_s 的电动势正好是 1. 0186V,此时将单刀双掷开关倒向"1"端,检流计应该指示为零,若检流计不指示零,则说明通过电阻丝 AB 的电流不是 10mA,此时可微调变阻箱 R,使检流计指示为零。

(6) 将单刀双掷开关倒向"2"端,调节电位差计的步进旋钮和微调旋钮,使检流计指示为零,此时,从电位差计刻度盘上读出的值即为 E_x 的值。

(7) 重复步骤(3)至(6),测量五次 E_x 取平均值。

(8) 将仪器恢复原位。

【数据记录与处理】

次数	1	2	3	4	5	平均值
E_x						
ΔE_x						

结果:　　　　$E_x=\overline{E_x}+\overline{\Delta E_x}=$

【注意事项】

先关电源开关,后拆线。

【思考题】

(1) 本实验中,标准电池 E_s 的作用是什么?

(2) 在连接线路时,为什么要预先把电阻箱 R 放在 440Ω 左右?校准好电位差计后,R 还能改变吗?为什么?

方法二 测量电动势和电位差

【实验目的】

(1) 了解电位差计的工作原理、结构及特点。

(2) 掌握电位差计的使用方法,学会使用电位差计测量电动势及电位差。

(3) 巩固温差电动势及接触电势差的概念。

【实验仪器】

电位差计、热电偶、温度计、烧杯。

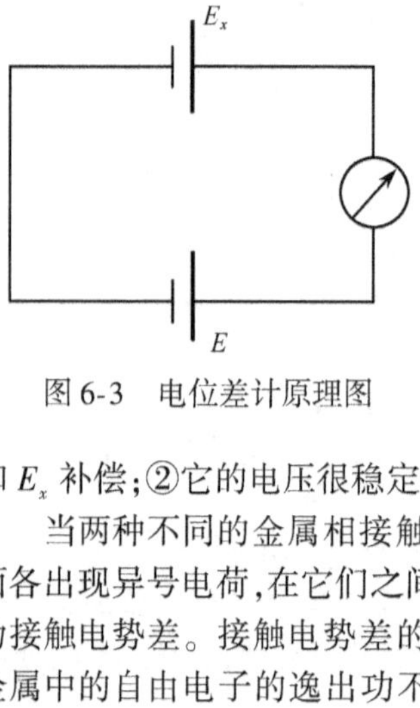

图 6-3 电位差计原理图

【实验原理】

如果要测量未知电动势 E_x,可依图 6-3 安排电路,其中 E 为可调节电压的电源,当电路接通,调节 E 使检流计指零时,表示该回路中两电源 E 和 E_x 的电动势必然大小相等,方向相反,在数值上有 $E=E_x$,此时我们称电路达到补偿。

在补偿条件下,如果 E 的数值可知,则 E_x 即可求出,依此原理构成的测量电动势或电位差的仪器称为电位差计。可见,电位差计需要存在一个 E,而且 E 要满足两个条件:①它的大小便于调节,使 E 和 E_x 补偿;②它的电压很稳定,能准确地读出电压值。

当两种不同的金属相接触时,两种金属相接触表面各出现异号电荷,在它们之间形成电势差,我们称其为接触电势差。接触电势差的产生有两个原因:一是金属中的自由电子的逸出功不同;二是相互接触的两端金属内部的自由电子密度不同。接触电势差的大小还与温度有关,如图 6-4 所示,将两种不同的金属 A、B 连成闭合回路后,若金属各处的温度都相同,则回路中总电动势为零,回路中无电流。但当两接触面处于不同的温度情况下,分别为 T_1 和 T_2 时,回路中则存在电动势,我们称之为温差电动势,它的大小为

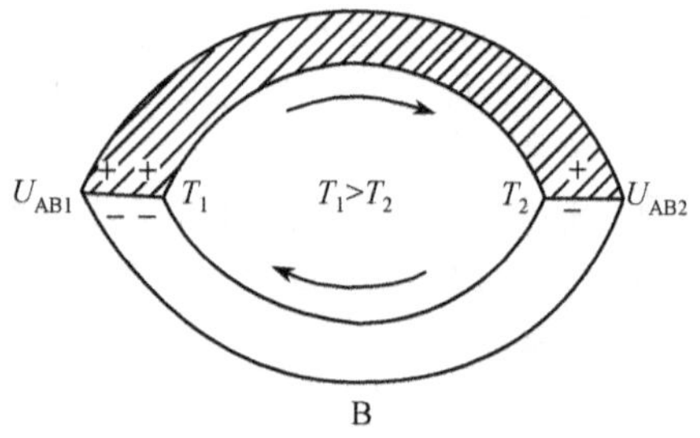

图 6-4 温差电动势示意图

$$E=\frac{k}{e}(T_1-T_2)\ln\frac{n_A}{n_B}$$

式中 k 为玻耳兹曼常量,e 为单位电荷电量,n_A、n_B 分别为两种不同金属的自由电子密度。

在此实验中,我们就是利用箱式电位差计来测量两端处于不同温度情况下的热电偶的温差电动势。为了使温差电动势更加明显,我们一般将多个热电偶串联成温差电堆进行测量。电堆的构造如

图 6-5 所示。

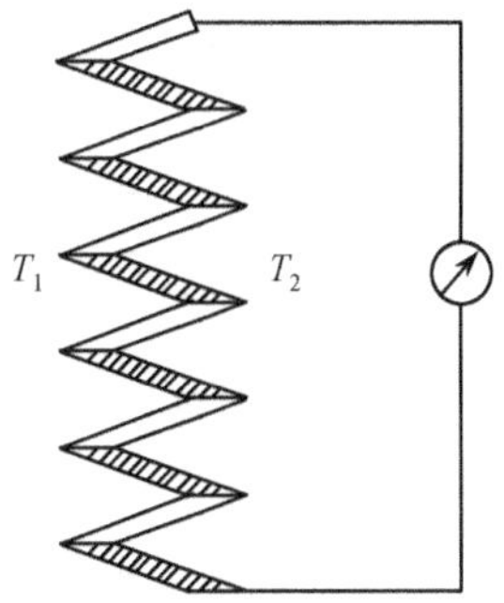

图 6-5　电堆的构造

【实验步骤】

(1) 打开电位差计后盖,按极性装入电池,将倍率开关由“断”旋到所需倍率挡,等待 2min,待电路稳定。

(2) 调节“调零”旋钮,使检流计指针指零,并将“测量-输出”开关置于“测量”位置。

(3) 将扳键开关扳向“标准”,调节“粗”、“细”工作电流旋钮,使检流计指零。

(4) 将热电偶的两端分别置于热水和冰水混合物中,把热电偶引出的导线按极性接入电位差计的“+”、“-”未知旋钮。

(5) 扳键开关扳向“未知”,调节Ⅰ、Ⅱ、Ⅲ测量盘,使检流计指零,被测电动势即为测量盘读数之和与所选倍率的乘积,记录此时热水的温度。

(6) 重复步骤(3)、(5),测量多组数据,填入表格,研究温差电动势变化的规律,得出结论。

(7) 热电偶擦拭干净,取出电位差计内的电池,将仪器用具恢复原位。

【数据记录与处理】

T_1	T_2	E

【注意事项】

(1) 注意温度计的使用安全,在读数时勿使温度计底端离开热水。

(2) 在测量过程中,随着电池的消耗,工作电流会产生变化,因此连续使用的过程中,每次测量“未知”电动势之前,先要检查“标准”工作电流,使测量精确。

【思考题】

(1) 在实验室为何要保证工作电流的稳定?

(2) 电位差计的工作电流不稳定时,对实验结果是否有影响?

(3) 观察电位差计滑盘读数,分析这样标定的优点。

(4) 若实验时,指针始终偏向一侧,试分析这是什么原因?

实验七　惠斯通电桥的原理和使用

【实验目的】

(1) 掌握惠斯通电桥的原理和使用方法。

(2) 了解半导体体温计的原理和标度方法。

【实验器材】

惠斯通电桥(箱式或滑线式)、万用电表、检流计、带标准温度计的可调式恒温箱、标准电阻箱、热敏电阻、标准电阻、变阻器、电源、单刀单掷开关、单刀双掷开关、导线等。

【实验原理】

1. 电桥基本原理

惠斯通电桥的原理如图 7-1 所示。其中 R_1、R_2、R_3、R_4 四个电阻连成四边形 $ACBD$、构成电桥的四个臂，A、B 两点经可变电阻 R、开关 K 与电源 E(内阻计入 R 之中)相接通，C、D 两点之间连接一个检流计 G，作为比较 C、D 两点电位的桥梁，“桥”的名称由此而来。

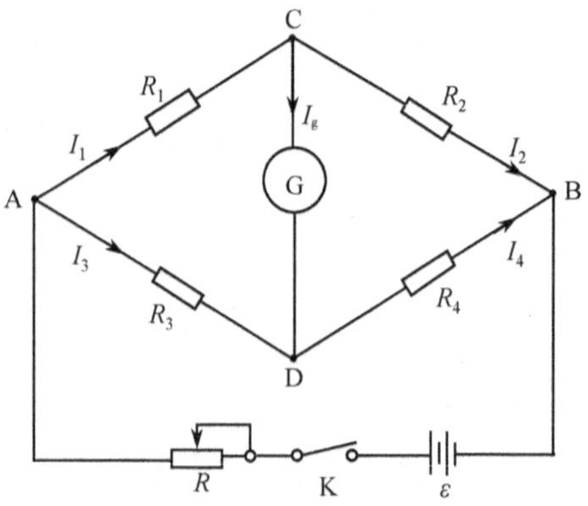

图 7-1　惠斯通电桥原理图

合上开关 K，调节四个臂中的任一个(或几个)臂的电阻值，可以使通过检流计的电流 $I_g=0$，此时 $U_C=U_D$，我们称其为平衡电桥。由 $I_g=0$ 知道，$I_1=I_2$，$I_3=I_4$；由 $U_C=U_D$ 得

$$I_1R_1=I_3R_3$$
$$I_2R_2=I_4R_4$$

联立解之，可得

$$\frac{R_1}{R_2}=\frac{R_3}{R_4} \qquad ①$$

式①即电桥平衡条件，它常被用来测定中等范围($1\sim10^6\Omega$)内的电阻值。用待测电阻 R_x 代替任一个臂的电阻(如 R_1)，把电桥调平衡，就有

$$R_x=\frac{R_3}{R_4}R_2$$

一般情况下，合上开关 K 后，在检流计中有电流 I_g 流过(此电流也许很大，要注意检流计的保护)，我们称之为不平衡电桥。对于不平衡电桥通过检流计的电流可应用基尔霍夫定律求得

$$I_g=\frac{R_2R_3-R_1R_4}{\Delta}\varepsilon$$

其中

$$\Delta=R_1R_2(R_3+R_4)+R_3R_4(R_1+R_2)+R_g(R_1+R_2)(R_3+R_4)$$

揭示了 I_g 与电路中各元件值之间的关系，它在测量和自动控制中有着广泛的应用。

2. 电阻 R_x 的测量

（1）采用滑线式惠斯通电桥：图 7-2 为其实物示意图，图中 A、B、C 为三条铜片，A、B 的下方接一根 1m 长的电阻丝，在电阻丝下面放置一根米尺，在电阻丝上面有一个滑动触头 D，铜片上的 1、2、3、4、5、6、7 均为接线柱。接线柱 2、3 之间跨接待测电阻 R_x，5、6 之间跨接已知电阻（标准电阻箱）R_0，1、7 之间跨接电源 ε、开关 K 和变阻器 R，检流计的一端接在铜片 C 的接线柱 4 上，另一端经一可变保护电阻 r 与触头 D 相接。其电路如图 7-3 所示，当触头 D 的电阻丝 AB 上变换接触点位置时，也就改变了电阻丝左、右两段的长度之比$\dfrac{L_{AD}}{L_{DB}}$，也就是改变了左、右两段导线的电阻比值$\dfrac{R_3}{R_4}$。调节触头 D 的位置，使电桥平衡，就有

$$R_x=\frac{R_3}{R_4}R_0=\frac{L_{AD}}{L_{DB}}R_0$$

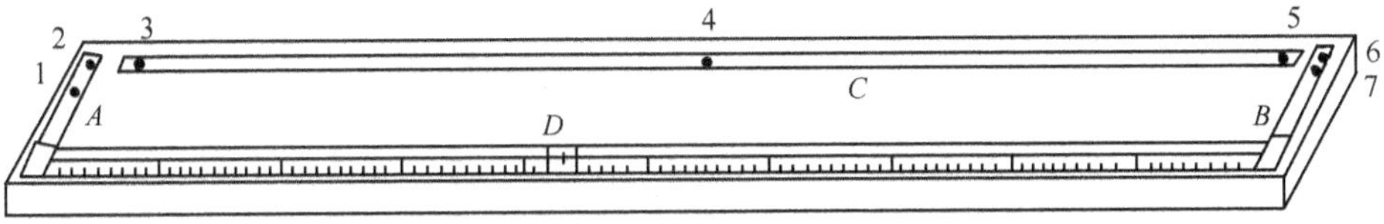

图 7-2　滑线式惠斯通电桥

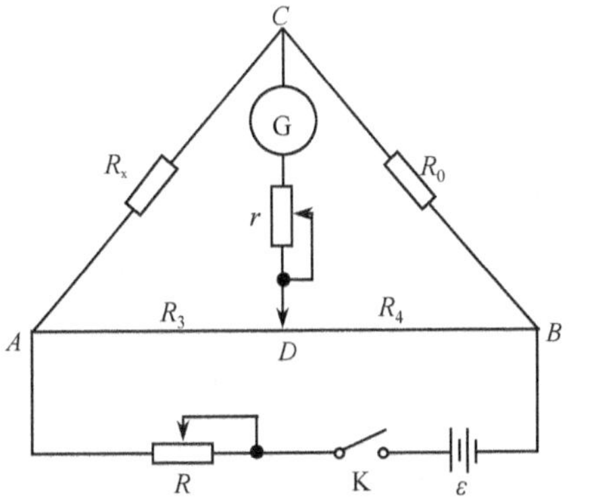

图 7-3　滑线式惠斯通电桥电路图

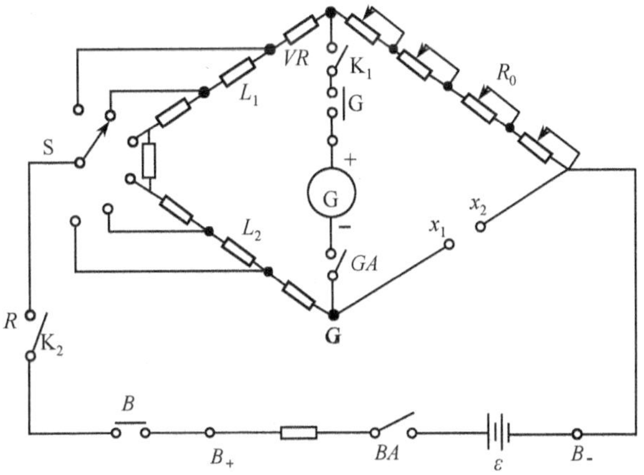

图 7-4　箱式惠斯通电桥电路简图

（2）采用箱式惠斯通电桥：以 QJI 型直流电桥为例，电路简图如图 7-4 所示，整个装置集中于一个箱内，其面板如图 7-5 所示，右边为标准电阻 R_0 的四个调节旋钮，称为调节臂，R_0 可取 1 ~ 9999Ω 的任一整数值，中间上方有一个比率臂 S 的调节旋钮，用它调节$\dfrac{L_2}{L_1}$的比值，其比值分为 0.001、0.01、0.1、1、10、100 等六挡。比率臂选取的原则是尽可能使调节臂的四个旋钮都能起到作用（取四位有效数字）。测量时，先用万用电表粗测待测电阻值 R_x，再选取比率臂 S，使得 $S\times1000$ 的数量级与 R_x 相同。面板中间有一个检流计 G，检流计上面有一保护锁扣 1 和零点调节旋钮 2，使用时要拨下锁扣，指针自由摆动，待其平稳时若指针不指零点，则可旋动调节旋钮使之指零。下面的 GA、G、BA、B，左边的 K_1、K_2 分别是检流计电路与电源电路的开关和按钮，它们的作用参见图 7-4。当在右下方接线柱 x_1、x_2 之间接上待测电阻 R_x 后，调节调节臂，使电桥平衡，根据测得的标准电阻值 R_0，就可得到 R_x，

$$R_x=\frac{L_2}{L_1}R_0=SR_0$$

3. 半导体温度计的标度

热敏电阻是一个半导体变阻元件，它的电阻值随温度 t 的升高而降低，且两者有一一对应的关

系。现在把它作为感温元件，接入电桥的 AC 臂，即为 R_1，如图 7-6 所示。保持电阻 R_2、R_3、R_4 和 R 以及电源电动势 ε 等值不变，则微安计 μA 中流过的电流值 I 将只随 R_1 的变化而变化，且 I 与 R_1 之间有一一对应的关系 $I=I(R_1)$［在实验中，我们对具体的函数形式并不关心，所以尽管图 7-6 中用的是分压线路，本质上仍和图 7-1 一样，只是 $I(R_1)$ 的表达式与 I_g 不同罢了］，而 $R_1=R_1(t)$，这样，微安计的读数 I 就与温度 t 成一一对应关系。如果把微安计的读数标成相应的温度值，就成了一个直读式温度计了。

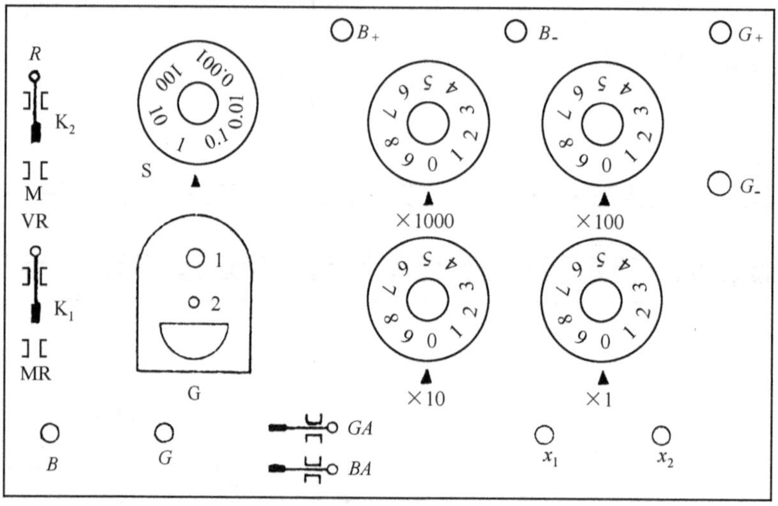

图 7-5　QJI 型箱式惠斯通电桥面板图

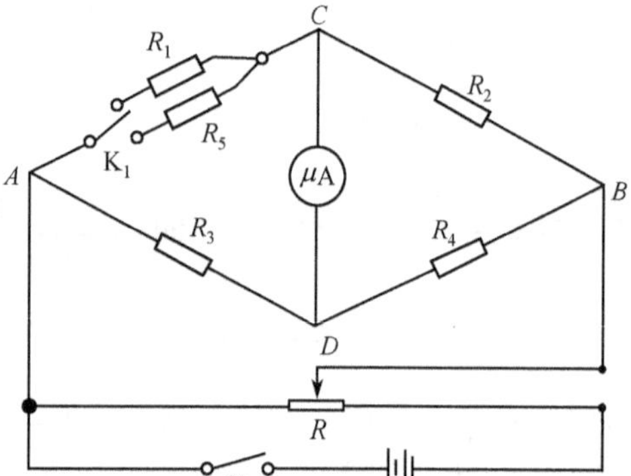

图 7-6　半导体温度计原理

对于半导体体温计，为了充分利用表头，使刻度尽可能精细，热敏电阻的工作温度被限制在 35～42℃，其阻值也在 $R_{35} \geqslant R_1 \geqslant R_{42}$ 之间变化，且当所用热敏电阻一定时，它们的值也一定。在 $t=35$℃ 时，$R_1=R_{35}$，微安计指针不偏转（零点处的刻度就为 35℃），此即电桥平衡状态，有 $\frac{R_{35}}{R_3}=\frac{R_2}{R_4}$，只要适当选择 R_2、R_3、R_4 的值，使上式成立即可。一般在设计制作时就已选定 $R_2=R_3=R_4=R_{35}$，不必再调。在 $t=42$℃ 时，$R_1=R_{42}$，微安计应达满偏（满偏刻度为 42℃），此时，因为 R_{42}、R_2、R_3、R_4 都已确定，所以只有靠调节可变电阻 R 来使 $I=I(\varepsilon,R)$ 达到满偏。又因为 ε、R 值并非总是恒定，R_{42} 又非随时可得，所以在半导体体温计中选用一阻值 $R_5=R_{42}$ 的标准电阻与热敏电阻 R_1 并入 AC 臂（图 7-6），通过单刀双掷开关 K_1 转换。每次启用体温计时，把 K_1 掷向 R_5，调节可变电阻 R 使微安计达到满偏。此即所谓启用前的"校准"。R 一经调定，不能再动，以确保 $I=I(R_1)$ 的关系恒定。

使用体温计时，把 K_1 掷向 R_1 端，在 35℃ $\leqslant t \leqslant$ 42℃（$R_{35} \geqslant R_1 \geqslant R_{42}$）范围内，流经微安计的电流 I 必在零与满偏电流之间变化，对于 35～42℃ 每一个温度，只有一个相应的电流值，指针也偏转一个相应的角度。把热敏电阻置于标准恒温箱内，调节恒温箱的温度，就可以对半导体体温计进行标度。

【实验步骤与内容】

1. 测热敏电阻的二态阻值 R_{35}、R_{42}

（1）用滑线式惠斯通电桥测：

1）将热敏电阻 R_1 置于恒温箱中，温度调到 $t=35℃$，用万用电表粗测得 R'_{35}，将标准电阻箱取值 $R_0=R'_{35}$。

2）按图 7-3 接好线路，其中 R_x 为置于 $t=35℃$ 恒温箱中的热敏电阻，R_0 为标准电阻，并把 R、r 调到最大值。

3）接通开关 K，将 D 触头在电阻丝 AB 中点附近与之瞬时接触（接触轻而牢靠，不能在 AB 上划动），视检流计的偏转情况调节触点位置，直至 $I_g=0$。

4）先逐渐调小 R，后逐渐调小 r，直至 $r=0$，找到使 $I_g=0$ 时 D 的精确位置。读取 L_{AD}、L_{BD}的值，可算出 $R''_{35}=\dfrac{L_{AD}}{L_{BD}}R_0$。

5）将热敏电阻与标准电阻互换位置，用同样方法测得 L'_{AD}、L'_{BD}，可算出 $R'''_{35}=\dfrac{L'_{AD}}{L'_{BD}}R_0$。

6）求出二次测量的平均值即为 R_{35}。

7）将恒温箱的温度调到 42℃，重复步骤（1）～（6），可测得 R_{42}。

8）拆除装置，整理好器材。

注：在测电阻（如 R_{42}）时，也可将 D 触头调在 AB 的中点，微调标准电阻箱的电阻值，使电桥平衡。此时有 $R_{42}=R_0$。

（2）用箱式惠斯通电桥测：

1）将热敏电阻 R_1 置于恒温箱中，温度调到 35℃，用万用电表测得 R'_{35}，再将热敏电阻接于面板上两接线柱 x_1x_2 之间。选择比率臂 S 使得 $S\times1000$ 的数量级与 R'_{35} 相同，利用调节臂四个旋钮把 R_0 调至 R'_0，使 $R'_0\times S=R'_{35}$。

2）先将闸刀开关 BA、GA 依次闭合，将两闸刀开关 K_1、K_2 依次掷向 VR、R 一边。

3）先揿按钮 B、后揿按钮 G（断开时应先放按钮 G，后放按钮 B，以免冲击电流过大，损坏检流计），视检流计的偏转情况，依次调节×100、×10、×1 诸旋钮，直至电桥平衡。此时有 $R_{35}=S\times R_0$（一般这时的 R_0 与开始时选定的 R'_0 不同）。

4）将恒温箱温度调到 42℃，重复上述步骤，测得 R_{42}。

5）拆下热敏电阻，将面板上检流计锁扣推上（以免震断悬丝），各闸刀拉开，各旋钮复原指零。整理好现场。

注：（1）如果待测电阻 R_x 未经粗测，则可将比率臂选为最小挡 0.001，调节臂调至 $R_0=1000\Omega$，合上各闸刀开关后，揿动按钮 B、G 先行试调：瞬时揿下按钮 G 后，若检流计指针摆动剧烈，立即松开 G、B，然后逐级增大比率 S，再试调，直至指针偏转方向开始反向，即可选定前一次的比率 S 来进行测量，调节臂的调节也应从×1000 旋钮开始，逐级调节到×1 旋钮，使电桥平衡，有 $R_x=SR_0$。

（2）若待测电阻的阻值超过 100kΩ，则要用电动势大一些的外接电源和高灵敏度的外接检流计，它们分别接在面板右上角的 B_+、B_- 和 G_+、G_- 等接线柱上。此时，BA、GA 不可合闸，以确保内电源和内检流计与此测量线路分开，这时 K_1，K_2 分别起了测量线路中的电源电路和检流计电路的开关作用。

2. 半导体体温计的定标

（1）根据前面测得的 R_{35}、R_{42}，选择适当的电阻 R_2、R_3、R_4、R_5。一般取 $R_2=R_3=R_4=R_{35}$。但是这条件很难满足，为消除阻值误差带来的影响，可在 BC 臂上加串一个可变电阻 r，接成图 7-7 所示电路。当 R_2、R_3、R_4 不完全相等时，微调 r 可使电桥达到平衡。$R_5=R_{42}$ 一定要精确。可用上述步骤中标注的办法测得的 R_0 代替 R_5。

（2）置热敏电阻 R_1 于恒温箱中，保持温度 $t=35℃$，K_1 掷向 R_1，调节 r 使电桥平衡，平衡后保持 r 不变。

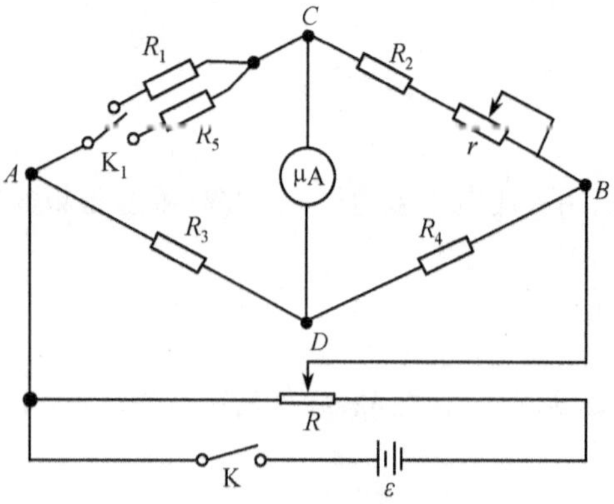

图 7-7　半导体体温计线路图

（3）调节恒温箱温度为 $t=42℃$，调节变阻器 R，使微安计达满偏，并保持 R 不变，把 K_1 掷向 R_5。此时微安计也应达满偏。否则，要检查原因，重新确定 R_5。

（4）使恒温箱逐渐降温，每隔 1℃（或更小，如 0.5℃、0.1℃等）停留一次，列表记下指针偏转的角度位置，直到 $t=35℃$ 为止。

（5）使恒温箱逐渐升温，重复实验步骤（4）的做法，直到 $t=42℃$ 为止。

（6）取两次记录的平均值，作为该温度所对应的偏转值，在表面上该处刻上该温度值，就完成了体温计的定标工作。

（7）拆除装置，整理好器材。

注：由于在微安计表面上的指针偏转处一一刻上与此相对应的温度值比较困难，故改为利用微安计原有刻度作标准曲线的办法来间接定标。方法是取正交坐标系的横轴为温度 t 轴，纵轴为指针偏转格数，将步骤（6）所得的一组组数据在方格纸上描点，再连成一光滑曲线。利用这一标准曲线，测得偏转的格数，就可得到一个相应的温度值。

【注意事项】

（1）测电阻时，注意检流计的保护。

（2）使用惠斯通电桥时，注意电阻丝的保护。

（3）测量时，如果发现检流计摆动不灵敏或是微安计调不到满偏，是因为电源不足，此时应更换新电源。更换时注意电源极性。

【思考题】

（1）推导电桥的平衡条件。

（2）利用基尔霍夫定律求图 7-6 中通过微安计的电流 I，并说明 $I=I(R_1)$ 和 $I=I(\varepsilon、R)$ 的条件是什么？

（3）本实验在什么情况下有可能损坏检流计，如何保护？

（4）在测量电阻 R_x 时，是否可能损坏滑线式电桥，如何保护？

（5）在使用箱式惠斯通电桥时，为什么要使调节臂的四个旋钮都起到作用？

（6）半导体体温计启用前，变阻器 R 的阻值应调得大些，还是小些（图 7-6），为什么？

（7）为什么半导体体温计每次启用时都要调整 R 值来校准，校准后为什么不得再变动 R 的值？

实验八　电表改装与万用电表的使用

【实验目的】

(1) 掌握将微安表改装成电流表、电压表和欧姆表的原理和方法。
(2) 学会正确使用万用电表测量直流电流和交、直流电压及导体电阻。
(3) 了解数字万用电表的正确使用方法。

【实验器材】

微安表、万用电表、数字万用电表、测量电路板、二极管、电阻箱、干电池两节、电阻两只。

【仪器描述】

万用电表是由表头、选择旋钮和测量电路等三个主要部分所组成。表头的读数盘上有两条常用的刻度线。标有 Ω 的刻度线是表示电阻的刻度;另一条刻度线标有 ≃mA · V 等符号,表示交直流电压、直流毫安的刻度。

选择旋钮是用来选择万用电表所测量的项目和量程的。例如,当选择旋钮旋到 Ω 区的"×10"档时,测得的电阻值等于指针在刻度线上的读数×10。又如,当选择旋钮转到 V 区的 25V 档时,表示指针偏转到满刻度的电压为 25V。此时如果指针指在图 8-1 所示位置,从满刻度为 250V 的标尺上读得是 75V。由于实际量程为 25V,所以实际读数应为 $75\times\frac{25}{250}=7.5\text{V}$。若从第二行满刻度为 100V 标尺读得 30V,则实际读数为 $30\times\frac{25}{100}=7.5\text{V}$,两次结果相同。以此类推。如果选择旋钮指在 mA 区 2.5mA 档时,则图示的读数应为 $75\times\frac{2.5}{250}=0.75\text{mA}$。测量交流电压时,读数的方法相同。当然,读得的是交流电压的有效值。

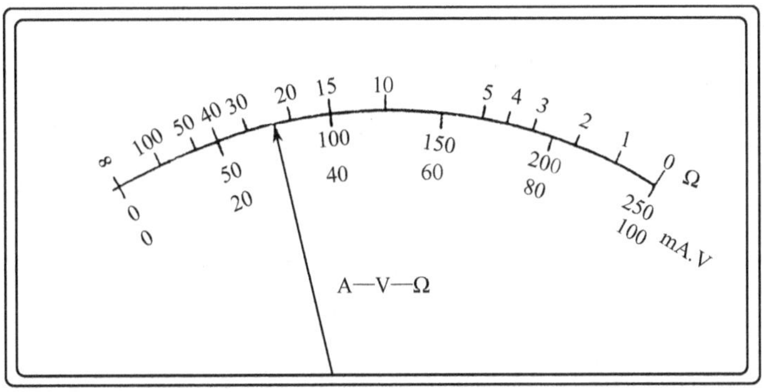

图 8-1　万用电表表头指针刻度原理图

测量前如发现指针偏离刻度线左端的零点时,可转动机械调零螺丝进行调整。

【实验原理】

1. 用微安表改装成较大量程的电流表的原理

(1) 电流表量程的扩大:如果要把量程为 I_g 的微安表(也称表头)改装成量程为 I 的电流表即安

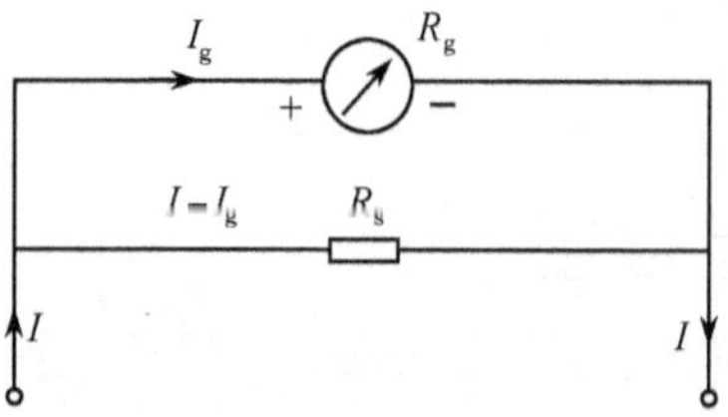

图 8-2 电流表扩大量程的原理图

培计,我们可根据并联电路的分流作用来扩大量程,如图 8-2 所示。图中 R_s 为并联低电阻,称为分流电阻。根据欧姆定律 $I_gR_g=(I-I_g)R_s$ 得

$$R_s=\frac{I_gR_g}{I-I_g}=\frac{R_g}{n-1} \quad ①$$

式中,R_g 为表头的内阻;$n=I/I_g$,是量程扩大的倍数。由式①可知,改装后电流表的量程越大,并联的分流电阻值越小。

例如,表头的量程为 $I_g=100\mu A=0.0001A$,$R_g=1000\Omega$,若要改装成量程为 1A 的电流表,则 $n=1\div0.0001=10\ 000$,根据式①,得出

$$R_s=\frac{1000}{10\ 000-1}\approx 0.1\Omega$$

显然,电流表的总内阻 R_A 等于 R_s 和 R_g 的并联值,可用并联电阻公式算出 $R_A\approx0.1\Omega$。可见,电流表的总内阻是很小的。用电流表测量电路中的电流时,总是把它串联在电路里,由于 R_A 甚小,串入电路后,实际上不会改变原电路的电流。

(2) 多量程电流表的原理:通常把表头和几个不同的分流电阻并联,组成多量程电流表。图 8-3 为两量程电流表的线路图。图中 c 为公共端,若用 a、c 两端时,量程为 I_2;用 b、c 两端时,量程为 I_1。现计算分流电阻 R_1 和 R_2 的值。设 $R_s=R_1+R_2$,由图 8-3 得出

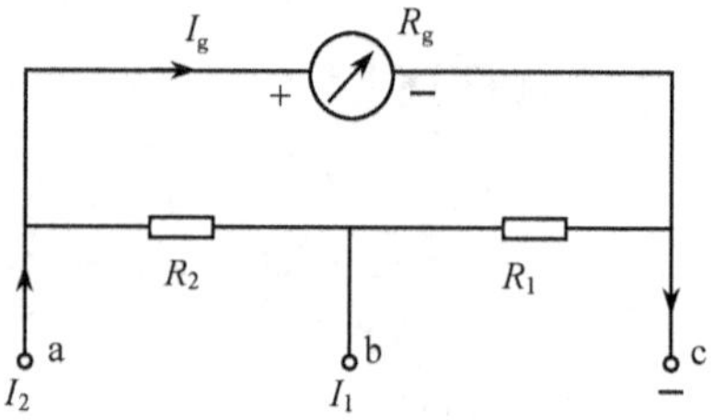

图 8-3 多量程电流表的原理图

$$(I_1-I_g)R_1=I_g(R_g+R_2)$$

化简得

$$R_1=\frac{I_g}{I_1}(R_g+R_S) \quad ②$$

又由

$$(I_2-I_g)R_S=I_gR_g$$

化简得

$$R_2=\frac{I_g}{I_2}(R_g+R_S)-R_1 \quad ③$$

万用电表的电流档有若干个量程就是根据这个原理设计的。

2. 用微安表改装成电压表

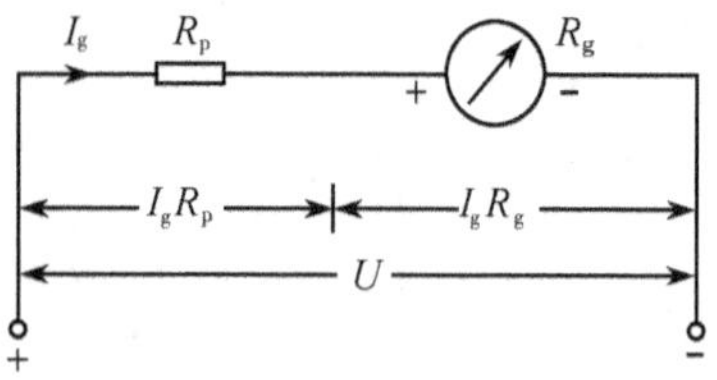

图 8-4 改装成伏特计的原理

(1) 微安表改装成电压表的原理:电压表即伏特计可用表头串联一只高电阻 R_p 组成(图 8-4)。设改装后电压表的量程为U,当表头的指针偏转到满刻度时,通过表头的电流为 I_g,所以降落在表头两端的电压 $U_g=I_gR_g$,而大部分电压 $U-U_g$ 却降落在串联的高电阻 R_p 上,因此 R_p 称为分压电阻。

根据欧姆定律 $U-U_g=I_gR_p$ 可得

$$R_p=\frac{U}{I_g}-R_g \quad ④$$

例如,表头的 $I_g=0.0001A$,$R_g=1000\Omega$,把它改装成量程为 $U=50V$ 的电压表,所需串联的高电阻为

$$R_p=\frac{U}{I_g}-R_g=\frac{50}{0.0001}-1000=499\ 000\Omega$$

电压表的总内阻为 $R_V=R_p+R_g=500\ 000\Omega$

可见电压表的内阻是很高的。用电压表测量电压时，总是把它并联在被测电路中，红表棒搭在高电位，黑表棒搭在低电位。由于 R_V 甚大，并联后实际上不会改变原电路的电压。

(2) 多量程电压表的原理：把表头配上不同的分压电阻，就可构成不同量程的电压表。如图 8-5 就是有两量程(U_1 和 U_2)电压表的原理图。分压电阻的值可用下列公式计算

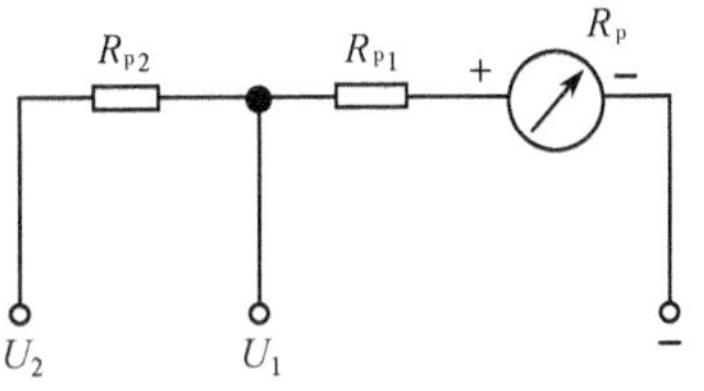

图 8-5　两量程电压表电路

$$R_{p1}=\frac{U_1}{I_g}-R_g,\quad R_{p2}=\frac{U_2}{I_g}-(R_g+R_{p1}) \qquad ⑤$$

(3) 交流电压表的原理：直流电压表采用磁电式表头，不能直接用来测量交流电压，必须配以整流器，将交流电变成直流电后，方能在表头上指示出来，图 8-6 所示为用晶体二极管 D 作为半波整流电路的交流电压表。由于交流电压在实用上是用有效值来表示的，所以电表的刻度也是有效值。

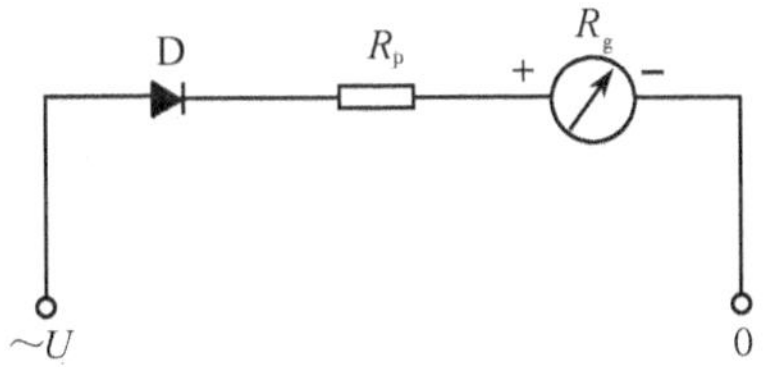

图 8-6　交流电压表的原理图

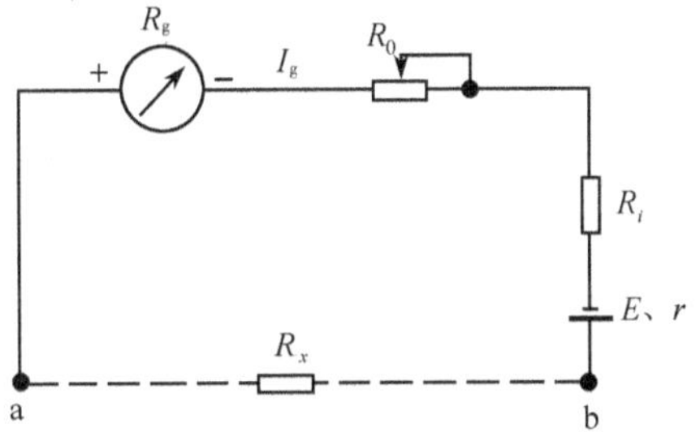

图 8-7　欧姆表的原理图

3. 用微安表改装成欧姆表

图 8-7 是欧姆表的原理电路，它由表头、电池、电阻 R_i 和调零电阻 R_0 组成。在 a、b 两端即红、黑两表棒之间可接入待测电阻 R_x。测量前，先把两表棒短路即 $R_x=0$。调节调零电阻 R_0 使表头指针指到刻度线右端的满刻度，即欧姆表的零点。此时，电路中的电流

$$I=I_g=\frac{E}{R_g+R_0+R_i+r}=\frac{E}{R_z} \qquad ⑥$$

式中 $R_z=R_g+R_0+R_i+r$ 称为欧姆表的综合电阻。这一步骤称为欧姆表的调零。

测量未知电阻 R_x 时，将它接入两表棒之间，则电路中的电流为

$$I=\frac{E}{R_z+R_x} \qquad ⑦$$

从上式可见，当 E 和 R_z 恒定时，I 仅随 R_x 而变。它们之间有一一对应的关系。如果在刻度线上不同位置刻出相应的电阻值，那么在测量未知电阻时就可以在刻度线上直接读出被测电阻的数值。从式⑦还可以看出，R_x 越大、I 越小，表头指针偏转的角度越小，刻度的间隔也越小。当 $R_x\to\infty$，即 a、b 间开路时，$I\to 0$，指针在刻度线左端位置不动，所以刻度线左端的欧姆刻度为 ∞。当 $R_x=R_z$ 时，$I=\frac{E}{2R_z}=\frac{1}{2}I_g$，指针将在刻度线的中央，所以 R_z 又称为中值电阻。

综上所述，当 R_x 在 0 到 ∞ 之间变化时，指针将在刻度线右端到左端位置间变化，正好与电流表、电压表的刻度相反。另外，标尺的刻度是不均匀的，R_x 越大，刻度越密。读数时必须注意。

为了精细地读数，万用电表中欧姆档都有多种档位。不同档次的中值电阻是不同的，档位之间

通常采用十进制。具体线路较复杂，不在这里讲述了。测量时，究竟应选择哪一档，这要看被测电阻的值而定。原则上应尽量选用 R_x 在该档的中值电阻附近。

应该指出，由于新旧电池内阻 r 的变化，或者在换档使用时，由于电路参数的变化，式⑥的条件往往不能满足。就是说，当 $R_x=0$ 时，电路中的电流将不等于 I_g，表头的指针并不指在刻度线右端的零欧姆处，产生了系统误差。因此，测量前必须通过调零，以改变 R_0 的阻值来满足式⑥的要求，从而达到 I 与 R_x 的函数关系式⑦不变的目的。

4. 数字万用电表的使用

数字万用电表比指针式万用电表使用起来要方便。它读数准确，在强磁力作用下也能正常工作，并且还有过荷输入显示器，因此，它的使用越来越广泛。

数字万用电表的板面如图 8-8 所示。

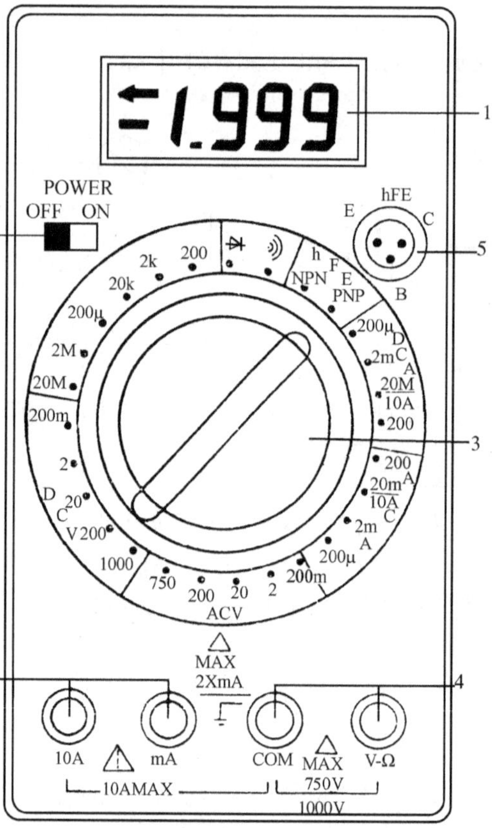

图 8-8 DT-831 数字万用电表

1. 液晶显示 2. 电源开关 3. 选择旋钮 4. 输入插孔 5. 测 hFE 插座

测量直流电压(或交流电压)时，先将选择旋钮旋至 DCV(或 ACV)区域的适当量程。将黑表棒接入公共(COM)插孔，红表棒连接于 V-Ω 插孔。从显示窗直接读数。

在测量直流电流(或交流电流)时，若待测值小于 200mA，则将红表棒接在 mA 插孔，黑表棒与公共插孔相连接，选择旋钮置于相应量程处。若待测值超过 200mA，则将红表棒改接在 10A 插孔，选择旋钮旋至 20m/10A 位置，显示窗上读数即为测量值。

测量电阻时，两表棒插孔的位置与测电压时相同，将选择旋钮旋到 Ω 区域的适当量程，然后直接从显示窗中读出电阻值。

值得注意的是在测量时，先要估计被测值，不要让它超出测量范围。若显示“1”或“-1”时，表明测量值超出测量范围。

【实验步骤与内容】

1. 万用电表的使用

（1）直流电压测量：

1）测量方法：先把转换开关调至 $\underset{\sim}{\mathrm{V}}$ 范围内的合适的档位上，再把万用电表并联在待测电压的两端，红色测试棒搭在高电位，黑色测试棒搭在低电位。如估计不出被测电压的大约数值和待测电压两端电位的高低时，可把转换开关调至直流电压的最大档，再把测试棒在待测电压两端接触一下，观察指针偏转方向是否正确，然后根据指针指示值的大小，调到合适的量程档进行测量。

2）测量内容：在限流分压装置 EH 的两端接上直流电压 24V（图 8-9）分别测量 EF、EG、EH、FG、GH 的电压数据，记录在后面的表格内。

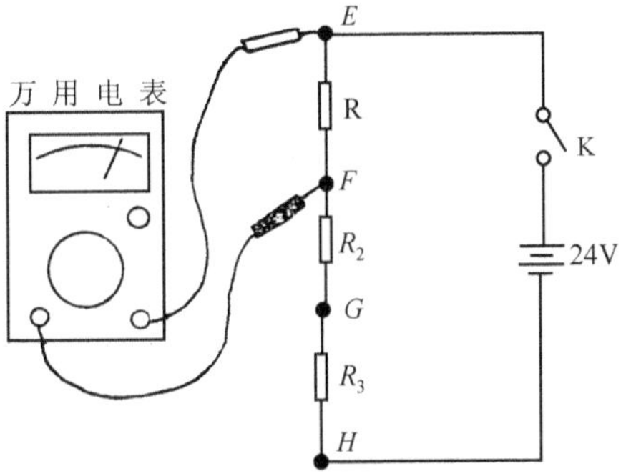

图 8-9　限流分压装置

（2）交流电压测量：

1）测量方法：先根据待测电压的大约数值，把转换开关调至 $\underset{\sim}{\mathrm{V}}$ 区的合适档位上，如果待测电压大于 10V，则利用≂V 标度线进行读数，如果待测电压小于 10V，则利用“$\underset{\sim}{\mathrm{10V}}$”档标度线进行读数。

2）测量内容：在限流分压装置 EH 的两端接上交流电压 24V，分别测量 EF、EG、EH、FG、GH 的电压数据，记录在后面的表格内。

（3）直流电流测量：

1）测量方法：先把转换开关调至 mA 或 μA 范围内的合适的档位上，再把万用电表串联在待测电路内。要注意电路中电流方向，应使电流从红色测试棒进，从黑色测试棒出。利用≂A、mA 标度线读数。

2）注意事项：

A. 先估计电路中电流的大约数值，是否在万用电表的量程内。

B. 万用电表的转换开关调在电流档时，不能并联到产生电压的电路两端，以免在电表中通过大电流而烧坏万用电表。

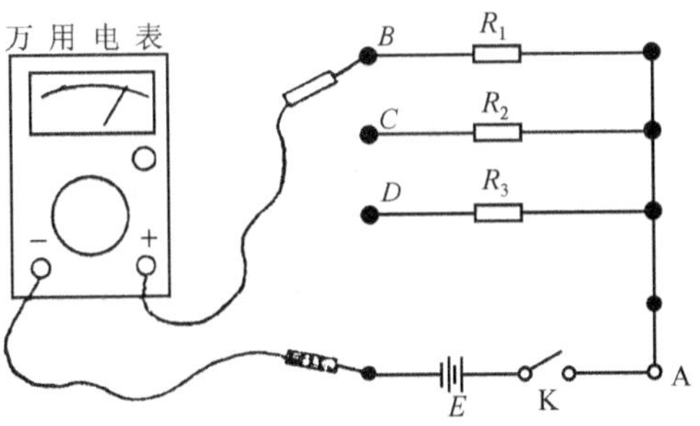

图 8-10　测量直流电流接线图

3）测量内容：将限流分压装置 R_1、R_2、R_3 的一端与电池盒另一端和万用电表连接，如图 8-10 所示。用万用电表分别测出通过 R_1、R_2、R_3 的直流电流数据，记录在后面的记录表内。

（4）电阻测量：

1）测量方法：

A. 先把转换开关调至测量电阻 Ω 范围内的某挡上，如“×1k”档，再把两根测试棒相互接触，指针即顺时针偏转，调节“电阻调零旋钮”，使指针指在电阻标度线的零位上（如换档，则调零工作需要重新进行）。

B. 把两根测试棒搭在欲测电阻两端，就可在电阻标度线上读得指针所指的数值，再乘以转换开关所指的倍数（如“×1k”即读数乘以 1 000）就得到所测电阻的阻值。

2）注意事项：

A. 在测量电阻时，人的两只手不要同时和测试棒一起搭在内阻的两端，以避免人体电阻的并入。

B. 若使用“×1”档测量电阻时，应尽量缩短万用电表使用时间，以减少万用电表内电池的电能消耗。

C. 调电阻零位时，如果指针调不到零位，表明电池的电能不足，需调换电池。

D. 在电路中测量某一电阻的阻值时，应切断电源，并将电阻的一端断开。

3）测量内容：

测量限流分压装置上的电阻 R_1、R_2、R_3、R_4、R_5、R_6 的数值，将测得数据记录在下面表 8-1 ~ 表 8-4内。

表 8-1　直流电压测量

测量点		E、F 点间	E、G 点间	E、H 点间	F、G 点间	G、H 点间
使用量程						
数据	1					
	2					

表 8-2　交流电压测量

测量点		E、F 点间	E、G 点间	E、H 点间	F、G 点间	G、H 点间
使用量程						
数据	1					
	2					

表 8-3　直流电流测量

测量点		接通 B 点	接通 C 点	接通 D 点
使用量程				
数据	1			
	2			

表 8-4　电阻测量

电阻		R_1	R_2	R_3	R_4	R_5	R_6
使用量程							
数据	1						
	2						

2. 电表的改装

（1）将量程为 1mA 的电流表改装成量程为 10mA 的电流表：

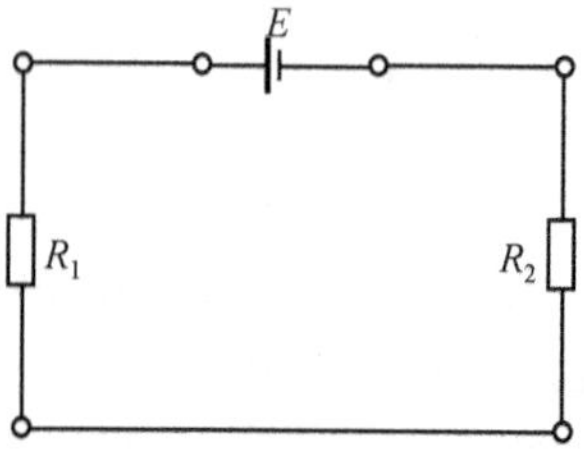

图 8-11

1）根据电流表的内阻 R_g 及式①算出并联分流电阻 R_s 的值。

2）在电阻箱上选好阻值 R_s，将它并联到电流表的两端，即可得到量程为 10mA 的电流表。

3）用改装后的电流表串联在电路板的电路里（图 8-11）测出电流值。再用万用电表测量，比较两次的结果。

（2）将 1mA 的电流表改装成量程为 2V 的电压表

1）按式④算出所需串联电阻 R_p 的阻值。

2）在电阻箱上选好阻值 R_p，将它与电流表串联，即成一只量程为 2V 的电压表。

3）用改装好的电压表测量电路板上电阻两端的电压值，再用万用电表测量，比较其结果。

【思考题】

（1）为什么不同档的欧姆表可使用同一条刻度线？

（2）一只内阻为 R_g，量程为 U 伏的电压表，如何改装成量程为 $I\left(I\geqslant\frac{U}{R_g}\right)$ 的电流表？

实验九　简谐振动合成的演示

【实验目的】

(1) 更生动形象地理解简谐振动及合成。
(2) 使用简谐振动合成仪演示不同方向上的两振动的合成。

【实验器材】

简谐振动合成仪、记录纸、水彩笔。

【仪器描述】

简谐振动合成仪其外形和结构如图 9-1 和图 9-2 所示。图 9-1 是仪器的正面外形,图 9-2 是仪器的背面外形。

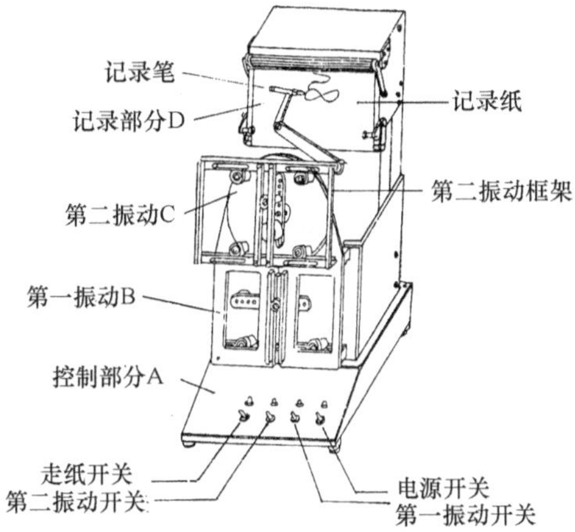

图 9-1　简谐振动合成仪正面图

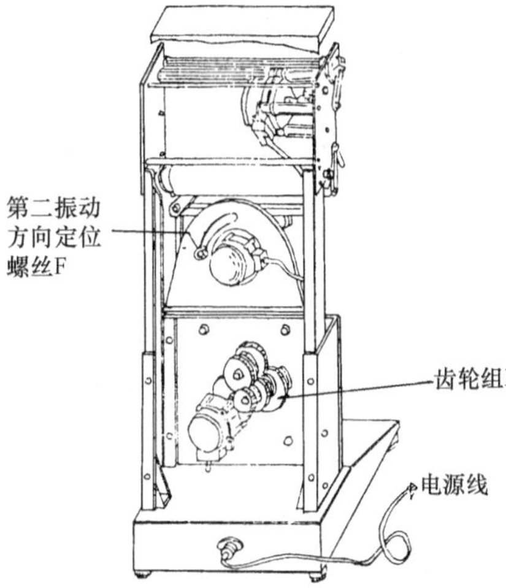

图 9-2　简谐振动合成仪背面图

简谐振动合成仪主要由两个振动部分构成,B 为第一振动部分,C 为第二振动部分,两个振动部分均是根据旋转矢量在某轴上的投影来表示简谐振动的方法制造而成的。

从实验中可以看到,第一振动部分 B 旋转振动的结果是:它的旋转矢量只能沿 X 方向进行投影(即记录笔在记录纸上留下的轨迹是水平方向来回走动),所以,我们得知第一振动部分只能产生 X 方向的分振动。第二振动部分 C 既可以产生 X 方向的分振动,也可以产生 Y 方向的分振动。那么如何控制第二振动部分的振动方向呢? 做法如下:首先将图 9-2 所示的螺丝 F 即第二振动的振动方向定位螺丝,(此螺丝位于第二振动基板背面)旋松,此时第二振动框架如图 9-1,可以沿水平方向或竖直方向旋转,当把第二振动框架水平放置时,如图 9-3 所示,再将螺丝 F 旋紧,这样第二振动就可以产生 X 方向的分振动。当把第二振动框架竖直放置时,如图 9-4 所示,则第二振动就可以产生 Y 方向的分振动。

【实验原理】

简谐振动合成仪的控制部分 A,上面分别有四个控制开关。电源控制开关打开时,仪器将进入工作状态。第一振动控制开关打开,则第一振动部分开始工作,即第一振动将产生 X 方向的分振动;

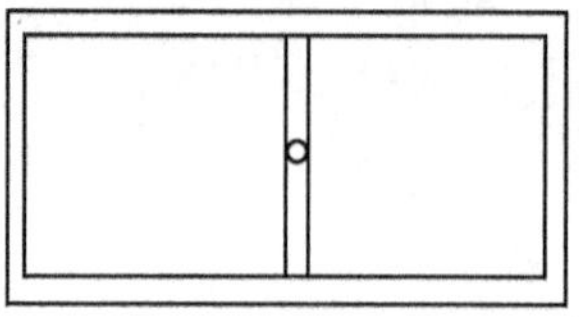
图 9-3

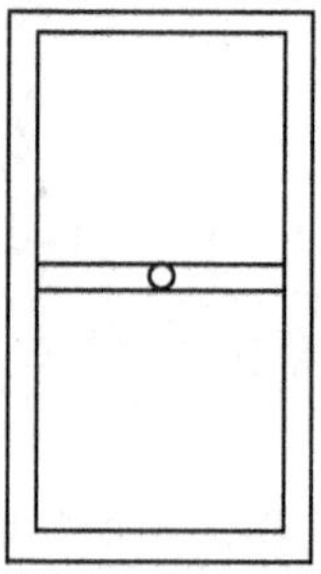
图 9-4

第二振动控制开关打开,则第二振动部分开始工作,通过改变第二振动框架的水平放置或竖直放置即可以让第二振动产生 X 方向或 Y 方向的分振动;走纸开关打开,则记录部分的记录纸开始往上走,这样可以使振动在时间轴上展开。

从图 9-2 简谐振动合成仪的背面图形可以看到,在第一振动部分后面有一套相互咬合的齿轮组 E,通过改变齿轮相互之间的不同咬合,来调节同步电机带动的齿轮的齿轮比,从而达到改变第一、第二两个振动部分的振动频率比的目的。本仪器通过调节齿轮的不同咬合可产生第一、第二两振动频率之比分别为 1∶2、8∶7、1∶1和 2∶3 等四种情况。

【实验步骤】

1. 观察同方向上两个简谐振动的合成

(1) 旋松第二振动方向定位螺丝 F,转动第二振动框架,将框架调成如图 9-3 所示,使第一振动方向与第二振动方向一致,然后旋紧螺丝 F。

(2) 手拉调速机构的齿轮组 E(图 9-2),一边左右微微转动,一边轻轻拉,如果齿轮咬合太紧,略松一下滑动齿轮卡丝。将齿轮拉到搭配为 1∶1 的齿轮上。

(3) 将第一振动开关打开,走纸开关打开,最后将电源开关打开,则第一振动画出的图形如图 9-5(a)所示。

(4) 关闭第一振动开关,将第二振动开关打开,走纸开关打开,再将电源开关打开,此时第二振动画出的图形如图 9-5(b)所示。

(5) 将第一振动及第二振动的初相位调成 $\varphi_A=\varphi_B=0$ 的情况,即 $\Delta\varphi=0$ 时,再将第一振动、第二振动的走纸开关等都打开,最后将电源开关打开,这时将画出如图 9-5(c)所示的图形。

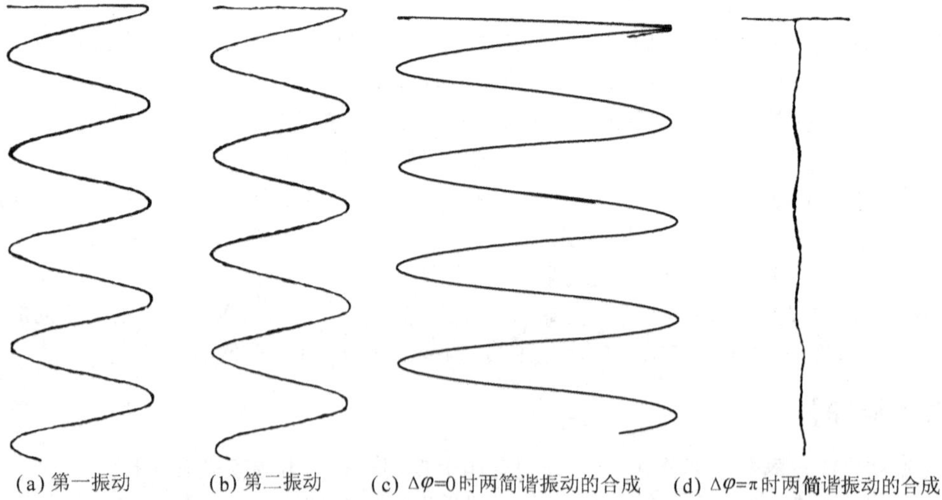
(a) 第一振动 (b) 第二振动 (c) $\Delta\varphi=0$ 时两简谐振动的合成 (d) $\Delta\varphi=\pi$ 时两简谐振动的合成

图 9-5

(6) 将第一振动、第二振动的相位差 $\Delta\varphi$ 调成反相，即 $\Delta\varphi=\pi$，再将第一振动、第二振动的走纸开关打开，最后将电源开关打开，则将画出如图 9-5(d) 所示的图形。

2. 观察互相垂直方向上的两个简谐振动的合成

(1) 旋松第二振动定位螺丝 F，转动第二振动框架，将框架调成如图 9-4 所示，使第二振动方向与第一振动方向相互垂直，然后旋紧螺丝 F。

(2) 将第一振动开关打开，第二振动开关打开，调节两振动的相位差，再打开电源开关，这时，在记录纸上就可以得到 $\omega_x : \omega_y = 1 : 1$ 的各种不同相位差的李萨如曲线，如图 9-6 所示。

(3) 调节齿轮的不同咬合，即可得到不同频率比的及各种不同相位差的两个相互垂直方向上的简谐振动的合成，即李萨如图形，如图 9-6 所示。

【数据记录与处理】

1. 同方向同频率的两简谐振动的合成

$$\omega_x : \omega_y = 1 : 1$$

2. 相互垂直方向上两简谐振动的合成

在图 9-6 中，李萨如图形上的“点”表示在 $t=0$ 时，物体(记录笔)在坐标中的位置；箭头表示从起始时刻开始，物体(记录笔)运动的方向。

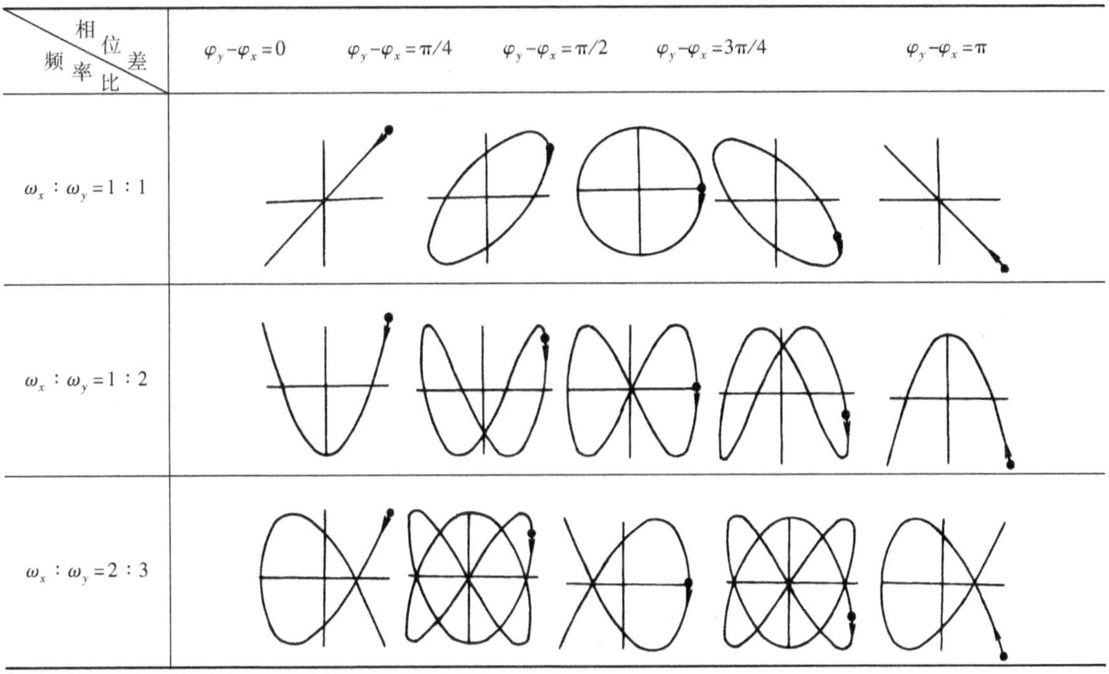

图 9-6

【注意事项】

看李萨如曲线时，走纸开关必须关闭。

【思考题】

(1) 如何判断第一振动方向与第二振动方向相同？

(2) 如何判断第一振动方向与第二振动方向相互垂直？

(3) 误差产生的最大原因是什么？

实验十　用显微镜测量微小物体长度

【实验目的】

(1) 了解显微镜的构造及各部分功能。
(2) 掌握显微镜的正确使用方法。
(3) 学会借助于显微镜,利用微尺测量微小物体长度的方法。

【实验器材】

OLYMPUS CHC-W 型显微镜、玻璃微尺、微小物体切片。

【仪器描述】

本实验所用显微镜是日本 OLYMPUS 公司生产的 CHC 高级显微镜,其构造如图 10-1 所示。主要包括:目镜 A、物镜 B、载物台 C、光阑 D、反射镜 E 等,物镜盘 F 上装有三种不同放大倍数的物镜;G、H 均是调焦旋钮,一个是粗调,一个是微调,M、N 旋钮可以使载物台上的切片前后、左右移动;整个显微镜系统装在支柱 L 上,支柱 L 固定在底座 P 上。

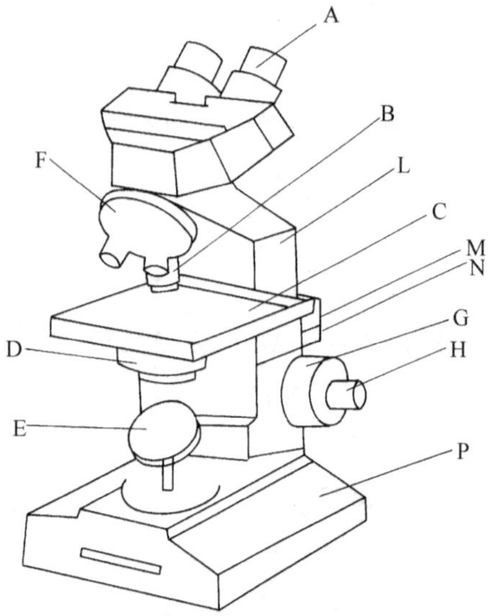

图 10-1　显微镜外形图

【实验原理】

一般情况下,物体空间大小的测量采用常见的测长工具,诸如米尺、游标卡尺、螺旋测微计、读数显微镜等,但对于长度小于 1mm 的微小物体,应用上述测长工具一般是无法直接测量出其真实长度的,此时必须借助于显微镜先对微小物体进行放大,再利用微尺(其大小刻度≤0.1mm)间接测得微小物体的大小。本实验的待测物是一段长度小于 1mm 的头发丝或金属丝。测长工具是两个微尺,其一装在显微镜的目镜之中,该微尺每一分格的大小未知,称之为目镜微尺;其二装在玻璃片中,其每一分格大小已知为 0.1mm,称其为玻璃微尺,两个微尺配合使用即可测出待测物体的长度。

采用的方法是,首先对未知分格大小的目镜微尺进行刻度,如图 10-2 所示。

将玻璃微尺放在显微镜载物台上进行放大,在目镜中同时看到目镜微尺和玻璃微尺清晰的像,并将两微尺调成平行紧密接触状态。如设目镜微尺每一格大小为 m(未知),玻璃微尺每一格大小为 n(已知 $n=0.1\text{mm}$),观察图 10-2,如果具体数出玻璃微尺的 p 个格恰与目镜微尺的 q 个格对齐,则有关系式 $p\cdot n=q\cdot m$ 成立,由此得到目镜微尺每一格大小为

$$m=\frac{p}{q}\cdot n=\frac{p}{q}\times 0.1=\frac{p}{10q}(\text{mm}) \qquad ①$$

这样,就已知了目镜微尺每格之长,完成了对其的刻度值的确定工作。

第二步,即可测量待测微小物体的长度。将微小物体切片通过显微镜进行放大,在目镜中同时看到微小物体和目镜微尺清晰的像如图 10-3 所示,将两者调成平行紧密接触状态,如果测得微小物

体的像恰好占目镜微尺的 x 格,则即可得到微小物体之长为

$$L = mx(\text{mm}) \quad ②$$

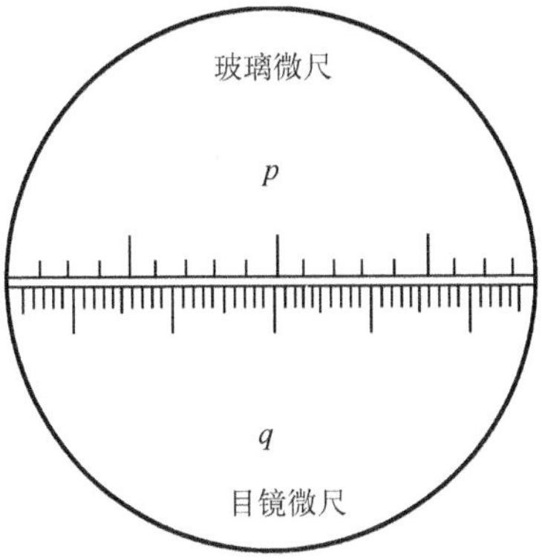

图 10-2

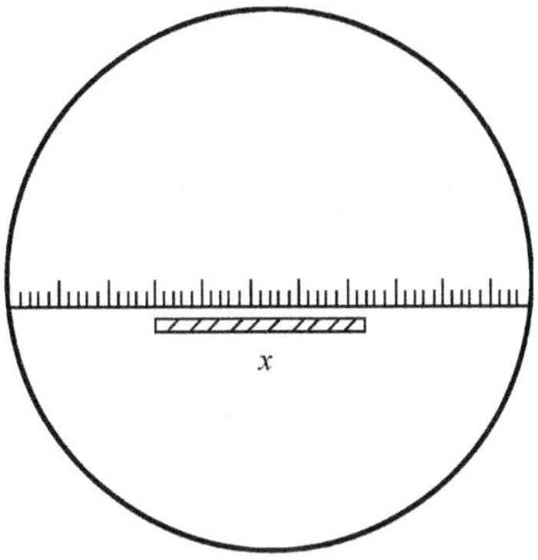

图 10-3

【实验步骤】

1. 确定目镜微尺每一分格的大小

(1) 把固定在切片上的玻璃微尺放在载物台上,调节显微镜的调焦旋钮,找出玻璃微尺清晰的像,即清楚地看到玻璃微尺的每一分格的刻线(注意:调焦时,要使载物台由上而下移动,千万不要让物镜压碎玻璃微尺,详见"注意事项"一栏)。

(2) 旋转目镜镜筒,将目镜中的目镜微尺与玻璃微尺调成平行紧密接触状态(与旋钮 M、N 配合调节),即调成如图 10-2 所示状态。

(3) 读出玻璃微尺的 p 个格和其所对应的目镜微尺的格数 q(注意:读玻璃微尺的 p 个格数时,要在视野范围内取最可能多的格数)。

(4) 读两次 p、q 的值,代入式①算出 m 值,取平均值填入表 10-1 中。

2. 测量微小物体的长度

(1) 把固定在切片上的微小物体放在载物台上,配合旋钮 M、N 及调焦旋钮,直到清楚地看到被测物,即微小物体。

(2) 旋转目镜镜筒,使目镜中的目镜微尺与被测物平行紧密对齐(与旋钮 M、N 配合调节),调成如图 10-3 所示状态。

(3) 测定微小物体所占格数 x,测三次取平均值,填入表 10-2 中。

【数据记录与处理】

表 10-1　确定 m 值

次数	玻璃微尺 p	目镜微尺 q	m	m 平均值(mm)
1				
2				

表 10-2　测量微小物体的长度

次数	1	2	3	平均值	$L=mx$
x					$\bar{L}=$
Δx					$\overline{\Delta L}=$

$$L = \bar{L} \pm \overline{\Delta L} =$$

【注意事项】

(1) 一切物品要轻拿轻放,以免摔碎。

(2) 光学元件表面要用镜头纸擦,严禁用手或其他物品直接摸擦。

(3) 在寻找被测物或玻璃微尺的像时,应先将载物台升至最高点,升到不碰到物镜为准,然后再由上向下降低载物台,寻找其像。

【思考题】

(1) 本实验中,玻璃微尺的作用是什么?

(2) 取玻璃微尺的格数 p 时,为何要在视野范围内取最多的格数?

实验十一　示波器的原理与使用

【实验目的】

(1) 了解示波器的主要结构和工作原理。
(2) 掌握示波器各旋钮的作用和使用方法。
(3) 掌握用示波器观察电信号的波形和李萨如图形的方法。
(4) 学会用示波器测量电信号的幅度、周期(或频率)的方法。

【实验器材】

CALTEK CA9020 20MHz 示波器、DF1620 功率函数信号发生器、信号线、小型变压器。

【仪器描述】

示波器能够正确地显示电信号变化过程的波形,可以观察和测量电学量、磁学量及非电量转换的电信号。

一般来说,示波器由电源、示波管、扫描发生器、整步电路及水平轴和垂直轴放大器五部分组成,如图 11-1 所示。

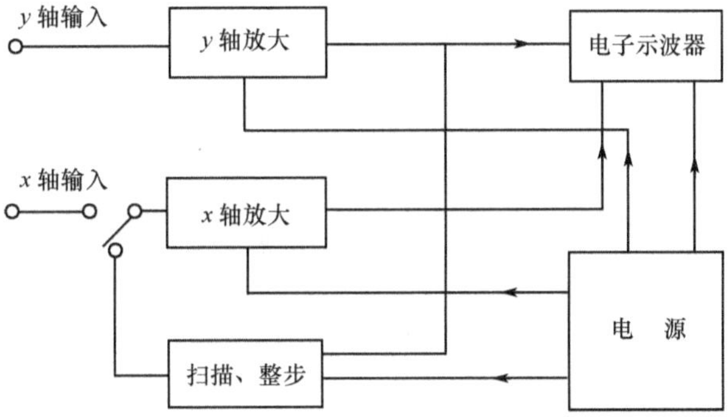

图 11-1　示波器结构图

示波管是示波器的核心部件。如图 11-2 所示,在高真空玻璃泡内,封装有电子枪、水平偏向板和垂直偏向板及荧光屏。

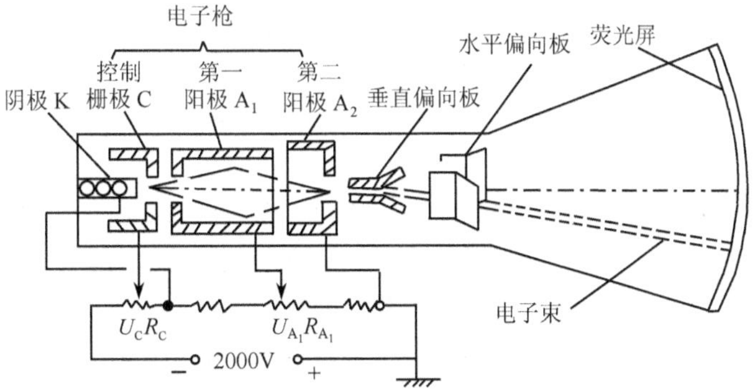

图 11-2　示波管结构图

电子枪是由发射电子的炽热阴极、圆筒状的控制栅极以及第一阳极和第二阳极组成。栅极相对于阴极是负电位，改变栅极电位可以控制发射电子数目，通过调节电位器（即"辉度"旋钮）来实现。电子自阴极射出后，穿过控制栅极的小孔，经过高电位的第一阳极加速后获得极高的速度，同时由于第一、第二阳极之间有电位差，它们所产生的电场能使不同方向射来的电子恰好都会聚在荧光屏上，这叫做聚焦作用。改变第一阳极电位的电位器旋钮是面板上的"聚焦"旋钮。

垂直、水平偏向板控制电子束上下及左右的偏转。由电子枪射出的电子束，在荧光屏上只能显示出一个清晰的亮点。若在垂直偏向板间加一电压，则电子束就会在两板之间的电场作用下发生偏移，使电子的位置将在 y 轴上发生偏移。若垂直偏向板间加一周期性的交变电压，则电子束在荧光屏上将扫描出一条竖直（沿 y 轴）的直线。同理，若水平偏向板间加一周期性的交变电压，电子束将在荧光屏上扫描出一条水平（沿 x 轴）的直线。

荧光屏涂有荧光物质，当电子射到荧光屏上时会显示出荧光，其亮度决定于撞击到屏上的电子数目和速度。因此，控制栅极的电位就控制了荧光屏上发光点的亮度。

本实验所用示波器面板及其说明见附录。

【实验原理】

1. 示波器的示波原理

如果只在水平偏向板上加锯齿波电压，如图 11-3(a) 所示，该电压由 $-U_x$ 起随时间正比地增加，到 U_x 时突然降为 $-U_x$。这过程中，电子束在荧光屏上的亮点由左端匀速地向右运动，到右端后立即回扫到左端，然后再重复上述过程。在荧光屏上显示一条水平扫描线，该锯齿波电压也称为扫描电压或时基电压。

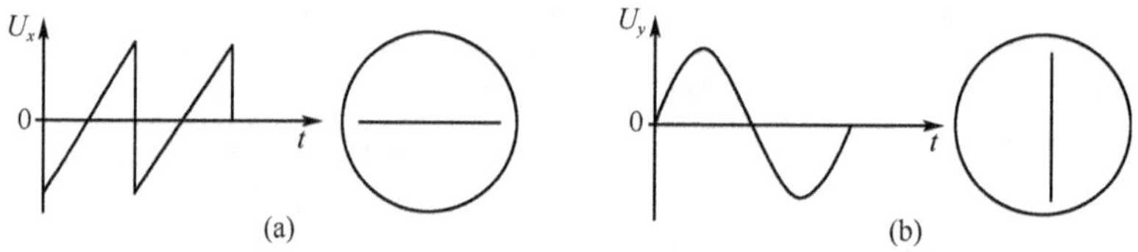

图 11-3　示波器的示波原理

如果在垂直偏向板上加正弦电压，则电子束的亮点在纵向做简谐振动，如图 11-3(b) 所示，在荧光屏上显示一条竖直亮线。

如果在垂直偏向板上加待测的正弦变化电压，同时在水平偏向板上加锯齿形电压，而且两者的周期之比是整数，即 $\frac{T_x}{T_y}=n, n=1,2,3,\cdots$，每次扫描总是从正弦电压的同一点开始。于是，亮点在荧光屏的原来位置上重复描绘，在荧光屏上将显示稳定的正弦波形。这就是示波器的示波原理。

2. 李萨如图形

如果输入示波器的 y 轴和 x 轴的都是正弦电压，电子束将同时参与两种运动，那么在荧光屏上将显示两个互相垂直的正弦运动的合成图形，称为李萨如图形，如图 11-4 所示。

如果在某一李萨如图形上任意作一条水平直线和一条垂直直线，并找出它们各自与图形相交的最多的交点数，则加在 y 轴上的信号频率 f_y 与加在 x 轴上的信号频率 f_x 之比，等于水平直线的交点数与垂直直线的交点数之比。即有

$$\frac{f_y}{f_x}=\frac{\text{水平直线上的交点数}}{\text{垂直直线上的交点数}} \tag{①}$$

如果这两个信号频率中有一个是已知的，则可由上式求出另一未知频率。如图 11-5 所示，为两频率值之比为某些整数时的几种李萨如图形。

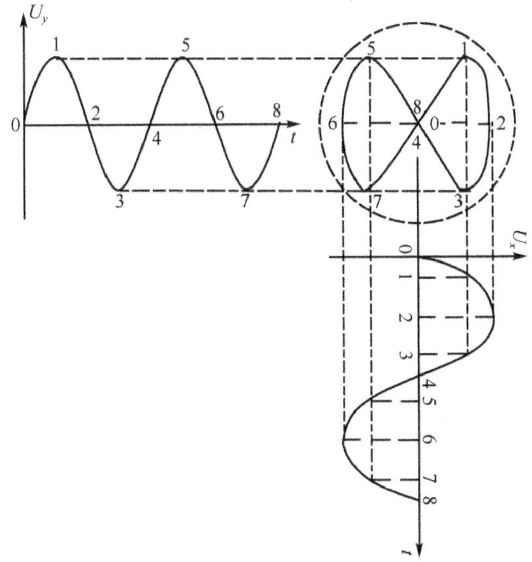

图 11-4　李萨如图形的合成

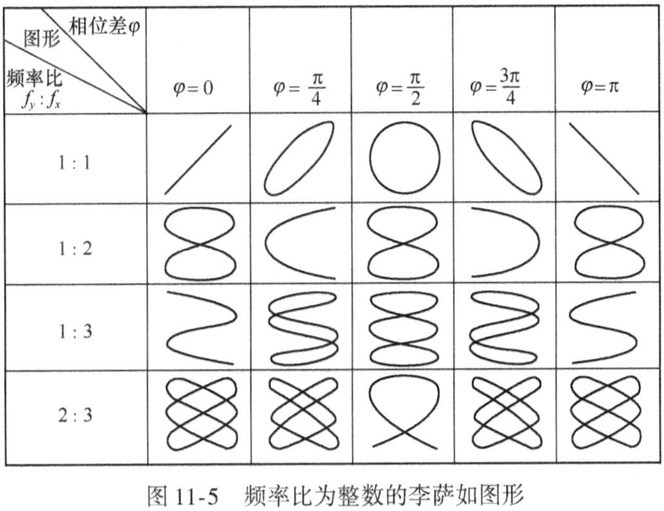

图 11-5　频率比为整数的李萨如图形

【实验步骤】

1. 调节示波器,观察正弦波波形

(1) 首先观察示波器面板上各旋钮,熟悉它们的名称、作用和使用方法。了解示波器所用的电源电压,插上电源,打开电源开关,预热约 1 分钟后开始操作。

(2) 触发方式选择自动,设置水平扫描速度开关为一中间数值(非 x-y 即可),适当调节垂直位移和水平位移,屏幕出现一条亮线。调节"辉度"与"聚焦",使屏上出现的水平直线要清晰。垂直轴输入信号的方式选择交流,垂直方式选择 CH1 或 CH2,垂直衰减开关调节到最大,通过探头将信号源的正弦信号接入示波器 CH1 或 CH2,调整水平扫描速度和垂直衰减开关,荧光屏上呈现稳定的大小适当的正弦波形。若图形不稳定时,可调节触发电平使图形稳定。然后把交流电的正弦波形描绘下来。

2. 测定小变压器三端电压

(1) 将已知试验电压 $U_0(\underset{\sim}{1\text{V}})$ 接于"CH1(x)输入"端,调节"CH1 衰减开关"和"CH1 微调"使荧

光屏上波形幅度为 L_0，然后拆除试验电压并保持 x 轴灵敏度不变。

（2）将电源变压器的输出端或其他待测电压接入“CH1（x）输入”端，接通电源，观察并记录波形幅度 L，则待测电压为：

$$U = \frac{L}{L_0} U_0 \tag{②}$$

若待测电压过大，可调整垂直衰减开关，计算时应乘上所衰减的倍数。

3. 利用李萨如图形测定信号频率

调整水平扫描速度开关到 x-y 位置，将显示精确的信号发生器产生的频率为 f、幅度大小适中的正弦信号，接入示波器的“x 轴输入”，将被测的未知正弦信号接入示波器的“y 轴输入”。再改变信号发生器的频率，使示波管的荧光屏上显示出李萨如图形，可参考图 11-6 和式①推算出被测信号的频率。

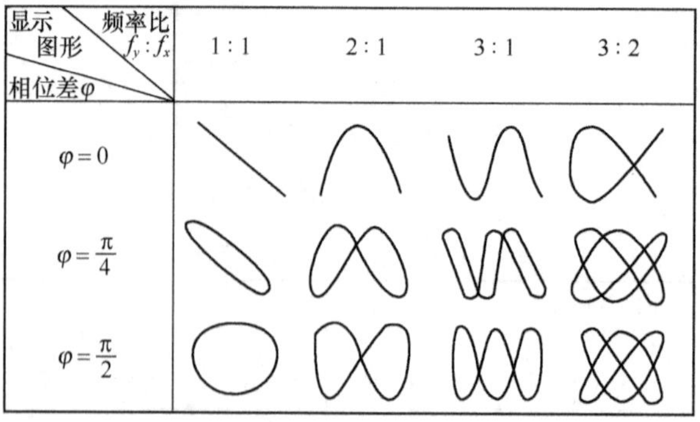

图 11-6

【数据记录与处理】

（1）调节示波器，观察正弦波波形，描绘交流电的正弦波形。

（2）测定电压：自行设计表格（表 11-1），测量小变压器的三端电压。

表 11-1　测定电压

	电压 U	波形幅度 L	垂直灵敏度（V · div^{-1}）
标准			
待测电压 1			
待测电压 2			
待测电压 3			

（3）利用李萨如图形测定信号频率（表 11-2）。

表 11-2　李萨如图形测定信号频率　　f_x =________Hz

李萨如图形	
水平线的交点数 N_x	
垂直线的交点数 N_y	
f_y	

【注意事项】

（1）荧光屏上的光点亮度不能太强，而且不能让光点长时间停留在荧光屏的某一点，尽量将亮度调暗些，以看得清为准，以免损坏荧光屏。

(2) 示波器通过调节"辉度"和"聚焦"旋钮使光点直径最小以使波形清晰，减小测试误差。

(3) 示波器的所有开关及旋钮均有一定的转动范围，操作面板上各旋钮时动作要轻。当旋到极限位置时，只能往回旋转，不能硬扳。

(4) 应避免经常启闭电源。暂时不用时，不必断开电源，只需调节"辉度"旋钮使亮点消失，到下次使用时再调节使亮点再现，以免缩短示波管的使用寿命。

(5) 示波器输入信号的电压不要超过规定的最大值。

【思考题】

(1) 简要说明示波器的功能和各旋钮作用。

(2) 为什么屏上亮点不宜太强？不能长时间停留在一个位置上？

(3) 如果示波器良好，在正常工作时屏上仍无亮点，应怎样调节才能找到亮点？

(4) 当 y 轴输入端有信号，但屏上只有一条垂直亮线是什么原因？如何调节才能使波形沿 x 轴展开？

(5) 如何用示波器测量待测信号的峰-峰值？

(6) 怎样用李萨如图形测量正弦波的频率？

附录　本实验所用示波器面板图(附图 11-1)及其说明

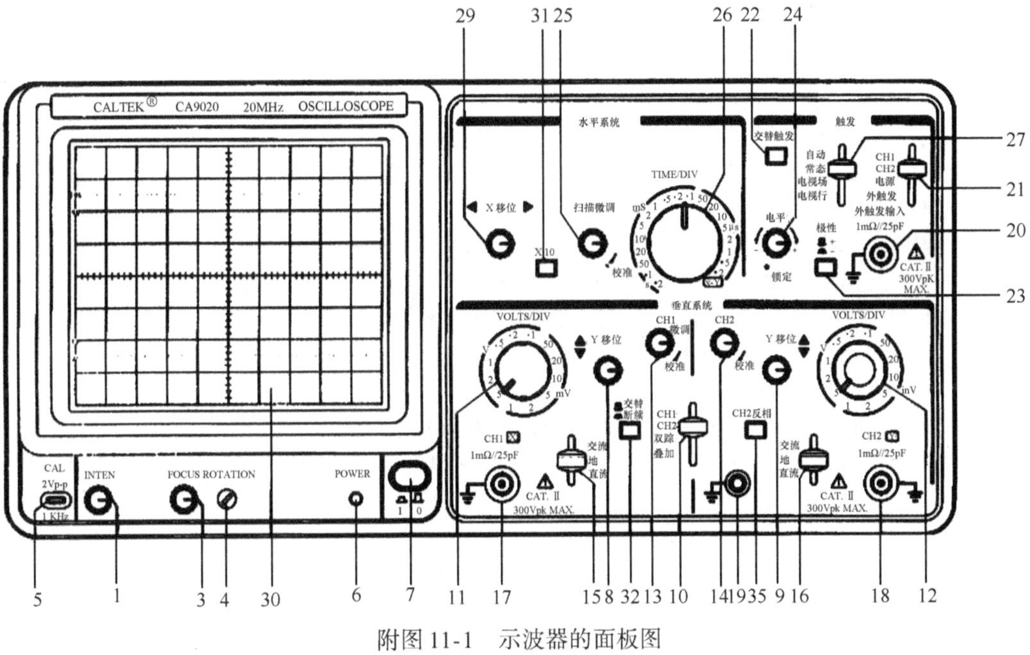

附图 11-1　示波器的面板图

1. CRT

(7) 电源：主电源开关，档位开关开启时发光二极管(6)发亮。

(1) 亮度：调节光迹或亮点的亮度。

(3) 聚焦：调节光迹或亮点的清晰度。

(4) 轨迹旋转：半固定电位器用来调整水平轨迹与刻度线的平行。

(30) 滤色片：使波形显示效果更舒适。

2. 垂直轴

(17) CH1(X)输入：Y1 通道输入端，在 X-Y 模式下，作为 x 轴输入端。

(18) CH1(Y)输入:Y2 通道输入端,在 X-Y 模式下,作为 y 轴输入端。

(15)、(16)交流-地-直流(AC-GND-DC):选择垂直轴输入信号的输入方式。

交流(AC):交流耦合。

地(GND):垂直放大器的输入端接地,输入端断开。

直流(DC):直流耦合。

(11)、(12) 垂直衰减开关:调节垂直偏转灵敏度(从 1 ~5mV · div^{-1}分 12 档)

(13)、(14) 垂直微调:微调比≥2.5 : 1,在校正位置时,灵敏度校正为标示值。

(8)、(9) 垂直位移:调节光迹在屏幕上的垂直位置。

(10) 垂直方式:选择 CH1 与 CH2 放大器的工作模式。

CH1 或 CH2:通道 1 或通道 2 单独显示。

双踪(DUAL):两个通道同时显示。

叠加(ADD):显示两个通道的代数和 CH1+CH2。按下 CH2 反相(INV)(35)按钮,为代数差 CH1-CH2。

(32) 交替/断续(ALT/CHOP):在双踪显示时,放开此键,通道 1 与通道 2 交替显示(通常用于扫描速度较快的情况);当按下此键时,通道 1 和通道 2 同时断续显示(通常用于扫描速度较慢的情况)。

(35) CH2 反相(INV):通道 2 信号反相,当按下此键时通道 2 的信号及通道 2 的触发信号同时反相。

3. 触发

(20) 外触发输入端:用于外部触发信号。当使用该功能时,触发源选择开关应设置在 EXT 的位置上。

(21) 触发源选择:选择内(INT)或外(EXT)触发。

CH1:当垂直方式设定在 DUAL 或 ADD 状态下,选择通道 1 作为内部触发信号源。

CH2:当垂直方式设定在 DUAL 或 ADD 状态下,选择通道 2 作为内部触发信号源。

电源(LINE):选择交流电源作为触发信号。

外触发(EXIT):外部触发信号接于(20)作为触发信号源。

(22) 交替触发(TRIG ALT):当垂直方式设定在 DUAL 或 ADD 状态下,而且触发源开关(21)选择在通道 1 或通道 2 上,按下此键时,则交替选择通道 1 和通道 2 作为内触发信号源。

(23) 触发信号的极性选择:“+”上升沿触发,“-”下降沿触发。

(24) 触发电平:显示一个同步稳定波形,并设定一个波形的起始点。向“+”(顺时针)旋转,触发电平增大,向“-”(逆时针)旋转,触发电平减小。

(27) 触发方式:选择触发方式。

自动(AUTO):当没有触发信号时,扫描在自由模式下。

常态(NORM):当没有触发信号时,踪迹在待触发状态(并不显示)。

电视场(TV-V):适用于观察一场电视信号。

电视行(TV-H):适用于观察一行电视信号。

(仅当同步信号为负脉冲信号时,方可同步电视场和电视行)

(24) 触发电平锁定:将触发电平旋钮(24)向逆时针方向旋转到底且听到“咔嗒”一声后,触发电平被锁定在一个固定的电平上,这时改变扫描速度或信号幅度时,不需要再调节触发电平,即可获得同步信号。

4. 时基

(26) 水平扫描速度开关:扫描速度从 0.2μs · div^{-1} ~0.2s · div^{-1}分为 19 档(当设置到 X-Y 位置时,该开关不起作用)。

(25) 水平微调:微调水平扫描时间,使扫描时间被校正到与面板上 TIME/DIV 指示的一致。TIME/DIV 扫描速度可连续变化,当顺时针转到底为校正位置,整个延时可达到 2.5 倍甚至更多。

(29) 水平位移:调节光迹在屏幕上的水平位置。

(31) 扫描扩展开关:按下时扫描速度扩展 10 倍。

5. 其他

(5) CAL:提供幅度为 2Vp-p 频率为 1kHz 的方波信号,用于校正 10 : 1 探头的补偿电容器和检测示波器垂直和水平的偏转因数。

(19) GND:示波器机箱的接地端。

实验十二　旋光仪测量糖溶液的浓度

方法一　用比较法测量糖溶液浓度

【实验目的】

(1) 观察旋光现象，通过直观认识加深对偏振光的理解。

(2) 掌握用三荫板式旋光仪测溶液浓度的方法。

【实验器材】

WXG-4 旋光仪、糖溶液试管(包括已知浓度和未知浓度两种)。

【仪器描述】

旋光仪基本原理是在偏振化方向相互垂直的起偏器和检偏器之间放入旋光物质，通过观察检偏器一侧视场由黑暗变成有一定亮光，经转动检偏器后，又由有一定亮光恢复至原来的黑暗这一过程来实现测定旋光角 φ 的。但实际上，人眼对视场的黑暗、有一定亮光、重新恢复到原来的黑暗的判断是比较困难的，对两黑暗程度是否完全一致是很难准确反映的，这样就会给测量带来较大误差。为解决这个矛盾，人们设计了三荫板式旋光仪，其构造示意图如图 12-1 所示。

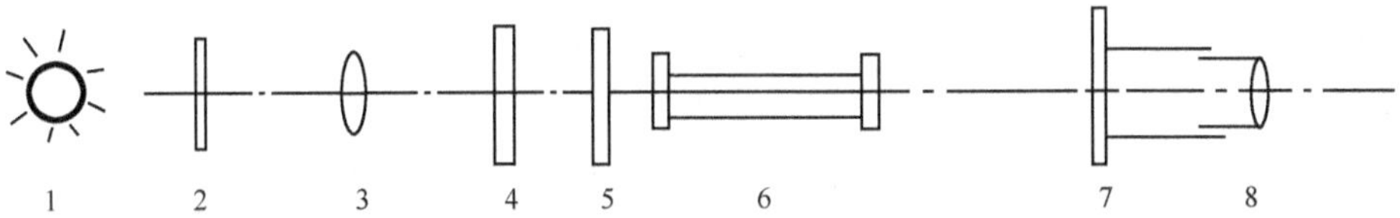

图 12-1　三荫板式旋光仪构造图

1. 光源　2. 滤光片　3. 透镜　4. 起偏器　5. 三荫板　6. 玻璃试管　7. 检偏器　8. 目镜

在起偏器 4 后面设置一块三荫板 5，三荫板是由两个玻璃片与条形石英片胶合而成的透光片，如图 12-2 所示。当偏振光通过三荫板时，透过玻璃的光，其振动方向保持不变，而透过石英的光由于旋光作用使光的振动方向旋转了一个角度 β，如图 12-3 所示。

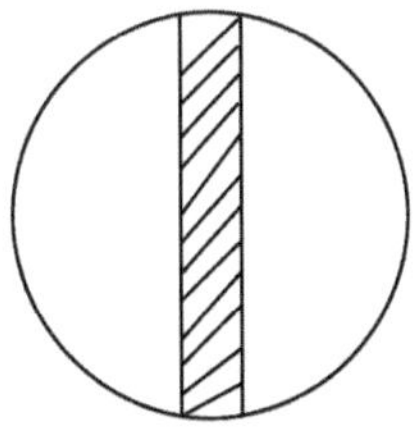

图 12-2　三荫板

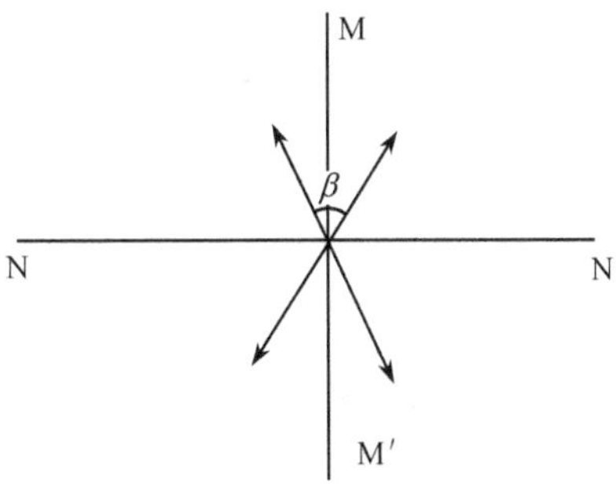

图 12-3

这时如果玻璃管 6 中无旋光物质，调节检偏器 7 的位置，使之与起偏器的偏振化方向垂直时，则三荫板中由左右两块玻璃透出的光完全不能透过检偏器，而中间石英可以透过一部分光，这样从目镜 8 中观察视场时，会出现左、右黑暗中间稍亮的情形，见图 12-4(a)；当旋转检偏器，使它的偏振化方向与中间石英条透出的光的振动方向垂直时，则中间光线完全不能透过检偏器，而左、右两块玻璃片透出的光可部分透过检偏器，这样视场中出现中间石英片全暗，左、右两边稍亮的情形，见图 12-4(b)。特别注意：当使检偏器的偏振化方向 NN′垂直于 β 角的平分线 MM′时(图 12-3 所示)，三荫板左、中、右三部分光振动的振幅在 NN′方向上的分量均相同，则通过检偏器的光强在左、中、右三部分均相同，视场呈均匀明亮程度，如图 12-4(c)所示，这时，左、中、右三部分的分界线消失，这一情况人眼容易判断，找出视场呈如图 12-4(c)情形是本实验关键所在，找出此情形即可进行测量。

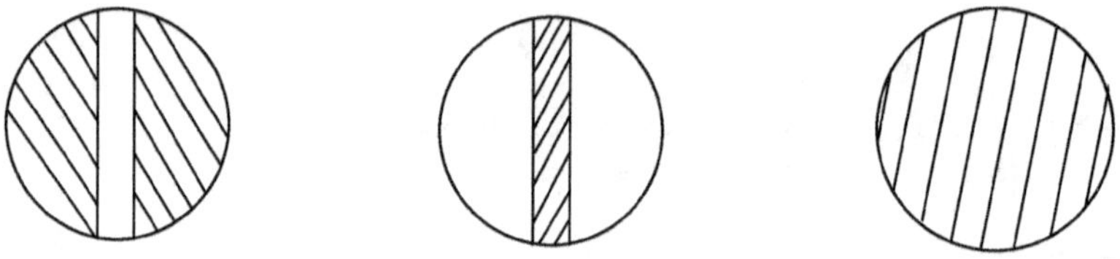

(a) 左　右暗、中间亮　　(b) 左　右亮、中间暗　　(c) 界线消失、均匀照亮

图 12-4　三种视场

【实验原理】

当偏振光通过某些物质，如石英晶体或含有有机物质的溶液(如本实验的糖溶液)时，光的偏振面会以光的传播方向为轴旋转一定的角度，这种现象就是旋光现象。能产生旋光现象的物质称为旋光物质，诸如糖溶液、石英、石油、松节油等都是旋光物质。

如图 12-5 所示：一束自然光经过起偏器后成为偏振光，当检偏器与起偏器的偏振化方向相互垂直时，无光透过检偏器，用眼在另一侧观察时，视场是黑暗的。如果此时在起偏器与检偏器之间放入旋光物质(本实验使用糖溶液)，则可发现视场中会有一定亮光，这说明偏振光通过旋光物质后振动面以传播方向为轴旋转了一个角度 φ，使得通过旋光物质后的偏振光的偏振方向与此时的检偏器的偏振化方向不垂直了，所以就有一部分光透过检偏器，使得视场中又有了一定强度的光。如果这时旋转检偏器使之以相同方向转过 φ 角，则检偏器偏振化方向又和透过旋光物质的偏振光的偏振方向垂直，此时视场重新恢复黑暗。若测出检偏器旋转角度 φ，也就测出了偏振光的偏振方向经旋光物质后旋过的角度 φ，旋光仪正是应用了这一原理。

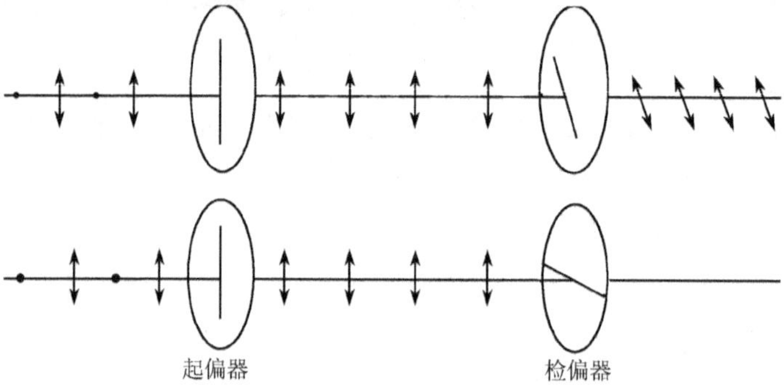

图 12-5

同一种旋光物质对不同波长的光，其振动面的旋转角度是不同的。实验发现，对于一定波长的单色偏振光通过旋光物质后，振动面旋转的角度 φ 与物质的厚度 d 成正比，即

$$\varphi=\alpha \cdot d \quad (\alpha \text{ 称为旋光率})$$

特别地，对于溶液，振动面旋转的角度除与通过溶液的厚度 d 成正比外，还与溶液的浓度 C 成正比，即

$$\varphi=\alpha \cdot C \cdot d \qquad ①$$

本实验采用比较法，测量两种不同浓度的糖溶液对同一偏振光所旋过的角度 φ，从而利用式①

算出待测糖溶液的浓度。

首先,把一个已知浓度为 C_0 的糖溶液装入玻璃试管中,试管的长度为 d_0,让偏振光透过该溶液,使用旋光仪测量其振动面旋过的角度 $\Delta\varphi_0$。根据式①,有

$$\varphi_0=\alpha\cdot C_0\cdot d_0 \tag{②}$$

改用同种溶质、不同浓度 C_x(待测),厚度为 d_x 的另一种糖溶液,其旋光率仍为 α,重复进行上述实验步骤,测得其旋过的角度为 φ_x,根据式①有

$$\varphi_x=\alpha\cdot C_x\cdot d_x \tag{③}$$

比较式②与式③,有

$$\frac{\varphi_0}{\varphi_x}=\frac{\alpha C_0 d_0}{\alpha C_x d_x}$$

即

$$C_x=\frac{\varphi_x\cdot d_0}{\varphi_0\cdot d_x}\cdot C_0 \tag{④}$$

若取 $d_x=2d_0$,则 $C_x=\dfrac{\varphi_x}{2\varphi_0}C_0$ 这样,就可求出待测糖溶液浓度的大小。

【实验步骤】

(1) 接通电源使钠光灯发光,待钠光灯稳定后再进行测量。

(2) 不放入旋光物质,缓慢的转动刻度盘调整检偏器的位置,找到左右黑暗、中间稍亮的情形(图 12-4(a))之后,反方向稍微(幅度很小的)转动刻盘,立即出现左右稍亮、中间黑暗的情形(图 12-4(b)),在(a)、(b)情形之间,微调刻度盘,找准分界线消失视场均匀亮度的情形(图 12-4(c)),这时记下刻度盘左游标及右游标的位置读数 φ_1、φ'_1,填入表中(如果仪器校准得好,此时读数应为零度)。

(3) 放入已知浓度的糖溶液试管,参照步骤(2),先找情形(a),再微调刻度盘,找情形(b),最后在(a)、(b)之间找到分界线消失的情形(c),此时记下刻度盘位置读数 φ_2,φ'_2;此时 $\varphi_2-\varphi_1$ 或 $\varphi'_2-\varphi'_1$ 即是偏振光通过已知浓度的糖溶液时旋转的角度 φ_0。

(4) 取出已知浓度的糖溶液试管,仍不放入任何旋光物质,重做步骤(2),并记录数据 φ_1 及 φ'_1。

(5) 放入未知浓度的糖溶液试管,参照步骤(3),并记录数据 φ_x 及 φ'_x,这时即可求得偏振光通过未知浓度的糖溶液时旋过的角度 φ_x。

(6) 重复步骤(2)至(5)三次,填入表中。

(7) 利用式④,即可求得未知糖溶液浓度 C_x。

【数据记录与处理】

表 12-1　已知浓度糖溶液

要求 测量值 次数	左游标				右游标			
	φ_1	φ_2	$\varphi_2-\varphi_1$	$\varphi_2-\varphi_1$ 的平均值	φ'_1	φ'_2	$\varphi'_2-\varphi'_1$	$\varphi'_2-\varphi'_1$ 的平均值
1								
2								
3								
4								
5								

表 12-2　未知浓度糖溶液

要求 测量值 次数	左游标				右游标			
	φ_1	φ_x	$\varphi_x-\varphi_1$	$\varphi_x-\varphi_1$ 的平均值	φ_1'	φ_x'	$\varphi_x'-\varphi_1'$	$\varphi_x'-\varphi_1'$的平均值
1								
2								
3								
4								
5								

结果：

$$\overline{\varphi_0}=\frac{1}{2}[(\overline{\varphi_2-\varphi_1})+(\overline{\varphi_2'-\varphi_1'})]$$

$$\overline{\varphi_x}=\frac{1}{2}[(\overline{\varphi_x-\varphi_1})+(\overline{\varphi_x'-\varphi_1'})]$$

未知糖溶液浓度

$$C_x=\frac{\overline{\varphi_x}}{2\overline{\varphi_0}}C_0=$$

【注意事项】

(1) 钠光灯点燃后需待数分钟后才能使用，钠光灯寿命较短，不准随意短时间内开关钠光灯多次，用前做好准备，使用时间要集中。

(2) 旋光仪要保持清洁，注意不要将玻璃试管跌落在地。

【思考题】

(1) 三荫板的作用是什么？

(2) 写出未知糖溶液浓度 C_x 的绝对误差$\overline{\Delta C_x}$的计算过程。

方法二　φ-C 曲线直接测定法

【实验目的】

(1) 观察偏振光振动面的旋转现象。

(2) 了解旋光计的构造原理。

(3) 了解旋光性物质溶液浓度与旋光度的关系。

(4) 了解半荫板(或三荫板)的作用。

【实验器材】

WXG-4 旋光计(偏振计，袖珍旋光计或糖量计)、钠光灯(可由磨砂灯泡加滤光片代替)、盛液管两支、吸管、不同浓度的葡萄糖溶液。

【仪器描述】

测量物质旋光度的装置叫做旋光计，其结构如图 12-6 所示。测量时先不放入测试管 6，确定旋光计的零点。

光源 1 射出的光线，经过聚光镜 2、滤色片 3，经起偏器 4 成为平面偏振光，在半荫板 5(或三荫板)处产生二分(或三分)视场。通过检偏器 7 及物、目镜组 8、10 可以观察到如图 12-7 所示的三种情况。转动检偏器，只有在零度时，视场中的两（或三）部分界线消失，亮度相等且较暗，如图12-7（b）。如果视场太亮，可调节起偏器，使视场较暗。

当放进盛有被测溶液的试管6后，由于溶液具有旋光性，使平面偏振光旋转了一个角度，零度视场便发生了变化，如图12-7（a）、12-7（c）所示。转动检偏器一定角度，能再次出现亮度一致的视场，这个转角就是溶液的旋光度。它的数值可通过放大镜从刻度盘上读出。

仪器刻度盘采用双游标读数，以消除刻度盘偏心差。度盘分360格，每格1°，游标分20格，等于刻度盘19格，用游标直接读到0.05°，如图12-8所示。刻度盘9和检偏器7固为一体，借手轮13能做粗、细转动。游标窗12前方有两块4倍的放大镜11，供读数时用。

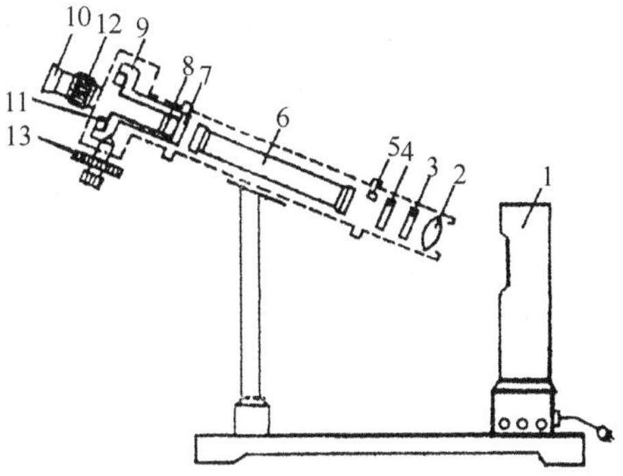

图12-6　旋光计示意图

1. 光源　2. 聚光镜　3. 滤色片　4. 起偏器　5. 石英片半荫板　6. 测试管　7. 检偏器　8. 望远镜物镜　9. 刻度盘　10. 望远镜目镜　11. 放大镜　12. 游标窗　13. 手轮

因为人的眼睛难以准确地判断视场是否最暗，故多采用半荫板，用比较视场中相邻两光束的强度是否相同来确定旋光度。半荫板是一个半圆形的玻璃片与半圆形石英板胶合成的透光片，如图12-9（a）所示。当从起偏器得到的偏振光通过半荫板时，透过玻璃半圆形的部分其振动方向保持不变，而透过石英半圆部分的光由于石英的旋光作用使振动方向旋转了某个角度β，因此，通过半荫板的这束偏振光就变成振动方向不同（两振动面夹角为β）的左、右两半了。

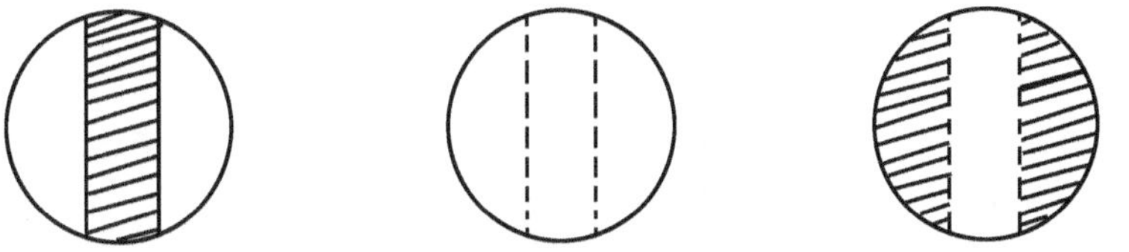

图12-7

（a）大于（或小于）零度视场　（b）零度视场　（c）小于（或大于）零度视场

有些仪器不采用半荫式，而采用所谓三荫式，即把石英片做成条状，位于三荫板中间部分，其原理与半荫式完全相同，不过比较的是条状部分与左右两部分之间界线消失的情况，如图12-9（b）所示。

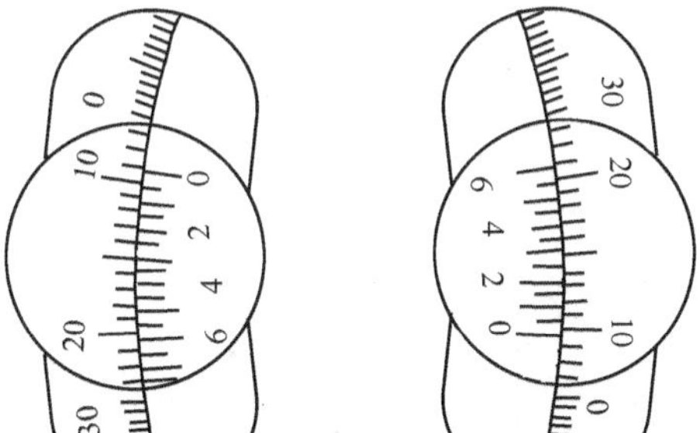

图12-8

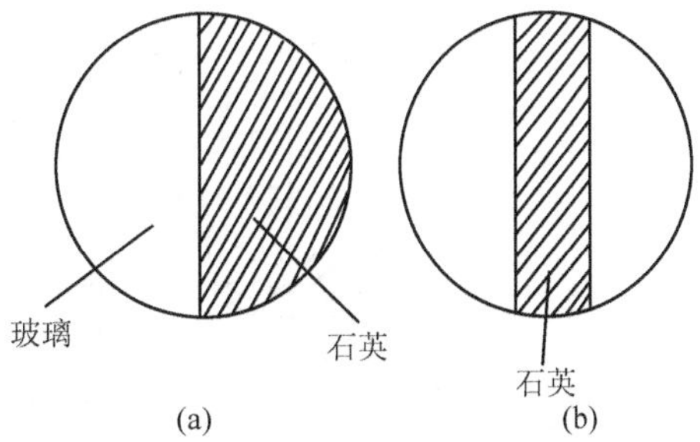

图12-9　石英片两种安装法

当从起偏器得到的平面偏振光通过三荫板时,透过两侧玻璃片的偏振光,其振动面方向保持不变,而通过中间石英片的偏振光,由于石英的旋光作用,使振动面旋转了某一个角度 β。因此,透过三荫板的平面偏振光,就变成偏振面不同的两部分,即 AA' 和 BB',如图 12-10 所示。当检偏器的振动轴调整到与透过玻璃片的偏振光振动面(AA')垂直的位置(NN')时,则两侧的偏振光全部不能通过检偏器,而透过石英片的偏振光有一部分通过检偏器,故两侧最暗中间稍亮,如图 12-7(c)所示;如果将检偏器振动轴的方向调整到与透过石英片的偏振光的振动面方向(BB')垂直的位置(NN'),则透过石英片的偏振光完全不能通过检偏器,而透过玻璃片的偏振光(AA')与检偏器振动轴平行的分量能通过检偏器,故中间最暗两侧稍亮,如图 12-7(a)所示;当将检偏器的振动轴调整到 β 角的平分线位置(OO')或与角平分线垂直的位置(PP')时,则两侧和中间透过检偏器偏振光的强度相等,故两侧和中间亮度均匀,分界线消失,如图 12-7(b)所示。

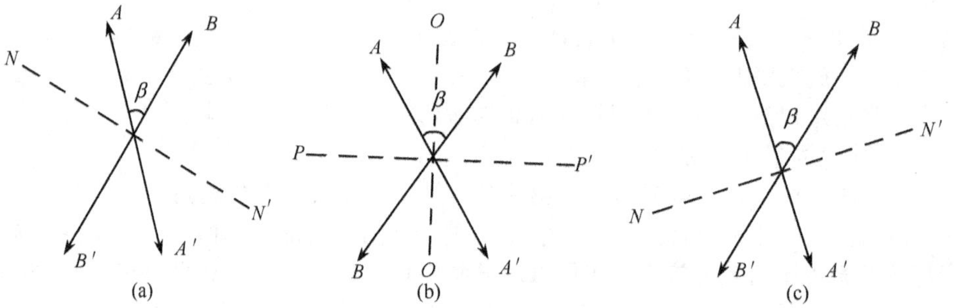

图 12-10　旋光计三荫板

【实验原理】

当平面偏振光通过某些物质后,偏振面要发生旋转,这种现象称为旋光现象。偏振面所旋转的角度称为旋光角。具有旋光性的物质叫旋光物质。

旋光物质按其振动面旋转的方向可分为左旋及右旋两类,如图 12-11 所示。对固体来说,旋转的角度与光透过物质的厚度成正比,而对液体来说,除了厚度以外,还与液体的浓度成正比。同时,旋转的角度,与溶液的温度 t 以及光的波长 λ 有关。实验指出,在给定波长(单色光)和温度下,如旋光物质为溶液,则旋光角由下式表示

$$\varphi = [\alpha]_{\lambda}^{t} Cl \quad ①$$

式中,l 为溶液的厚度,单位为分米(dm);C 为溶液的浓度,单位为($g \cdot cm^{-3}$),$[\alpha]_{\lambda}^{t}$ 为旋光率(又称比旋度),它表示偏振光通过单位厚度、单位浓度的溶液后引起振动面旋转的角度。

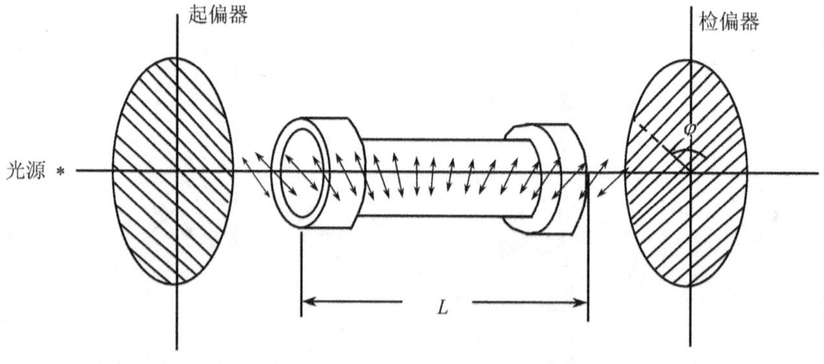

图 12-11　观察偏振光的振动面旋转的实验原理图

一般习惯以百分比浓度来表示溶液的浓度。式①可写成

$$\varphi=[\alpha]_D^t \frac{C}{100} l \qquad ②$$

式中，D 为钠黄光的 D 线，t 为测定时的温度，C 为 100mL 溶液中含有溶质的克数(g)。

对于已知旋光率的物质，用旋光计测得旋光度，即可由式②得出旋光性溶液的浓度，这是在医药学中常用的分析方法，其方法有比较法和直接测定法。下面介绍 φ-C 曲线直接测定法。

待测溶液的浓度可由 φ-C 曲线查出。其方法是，在旋光性溶液厚度和温度不变时，依次改变溶液的浓度 C，测出相应的旋光度 φ，然后画出 φ-C 曲线(旋光曲线)，则得到一条直线，其斜率为 $\alpha \cdot l$。根据这条直线可以从测得溶液的旋光度查出该溶液的浓度，并从直线的斜率计算出旋光率 α。

【实验步骤】

1. 旋光计的调整和使用

(1) 调节旋光计的目镜，使能看到视场中两(或三)部分的分界线(即调节目镜的焦距)。

(2) 转动检偏器，观察并熟悉视场明暗变化的规律。检查零点(暗均匀视场)位置，记下刻度盘上相应读数——零点校正值。

(3) 将溶剂(如蒸馏水)注满测试管，然后放进旋光计的暗盒中，检验溶剂是否具有旋光现象。

2. 测定旋光性溶液的旋光率和浓度

(1) 记录旋光物质的温度和光波波长(温度最好在 20℃±2℃，用 λ=5893Å 钠光测定)。

(2) 将纯净的待测物质(葡萄糖)事先配制成不同百分浓度的溶液，分别注入同一长度的测试管中。测出不同浓度下的旋光度 φ，然后在坐标纸上作 φ-C 曲线(要求光滑)，并由此算出该物质的旋光率 α。

(3) 改变不同浓度的葡萄糖溶液，改换不同长度的盛液管，重复上述实验，测定其旋光度。

(4) 用标准浓度的溶液作对比测定，求未知溶液的浓度。

【数据记录与处理】

要求实验者自行设计表格。

【注意事项】

(1) 将旋光计接于 220V 交流电源，开启电源开关，待 5min 后，钠光灯发光正常才可开始实验。

(2) 溶液应装满测试管，不能有气泡。

(3) 为降低测量误差，测定旋光度 φ 时应重复测读五次，取其平均值。

(4) 测定旋光物质：转动刻度盘、检偏器，在视场中觅得亮度一致的位置，再从刻度盘上读数，读数是正的为右旋物质，读数是负的为左旋物质。

(5) 采用双游标读数法可按下列公式求得结果：

$$\varphi=\frac{A+B}{2}$$

式中，A 和 B 分别为两游标窗读数值。如果 $A=B$，而且刻度盘转到任意位置都符合等式，则说明仪器没有偏心差，可以不用对顶读数法。

【思考题】

(1) 旋光度与哪些因素有关？在实验中，我们考虑了哪些因素？忽略了哪些因素？

(2) 在某次测定中，视野中出现明暗一致(暗均匀)的视场，读数为右旋 10°，也可说为左旋 170°，那么你怎样判断应取哪个为对？也就是如何判断是右旋还是左旋物质。

(3) 实验中选取的试管长度对实验结果(旋光率和浓度)有无影响？为什么？

实验十三　用分光计测定三棱镜的折射率

【实验目的】

(1) 了解分光计的用途，掌握分光计的调节方法。
(2) 利用分光计测定棱镜的顶角、最小偏向角，计算棱镜的折射率。

【实验器材】

分光计、单色光源(钠光灯或汞灯)、平面反射镜、玻璃三棱镜、小照明灯、照明放大镜等。

【仪器描述】

分光计是用来准确测量角度的仪器。在光学测量中需要测量的角度很多，如测量反射角、衍射角或最小偏向角等。分光计与衍射光栅、三棱镜配合可观察衍射光谱、散射光谱，可以测量光波波长。

分光计由五个部分组成，即底座、望远镜、载物台、平行光管和读数圆盘。图 13-1 是分光计外形和结构。

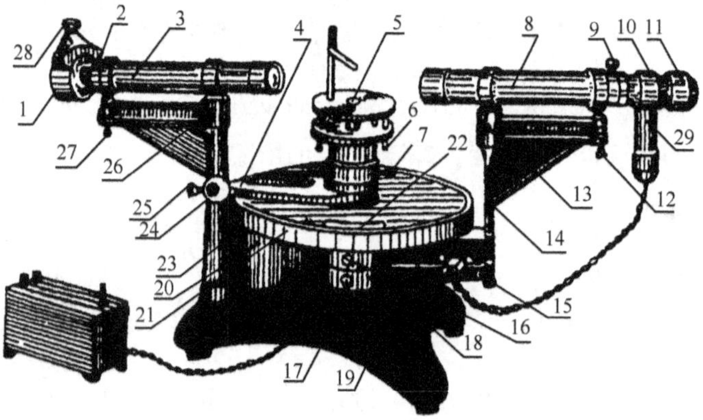

图 13-1　分光计结构图

1. 狭缝装置　2. 狭缝装置锁紧螺旋　3. 平行光管部件　4. 制动架(二)　5. 载物平台　6. 载物台调平螺旋(3 只)　7. 载物台锁紧螺旋　8. 望远镜部件　9. 目镜锁紧螺旋　10. 阿贝式自准直目镜　11. 目镜视度调节手轮　12. 望远镜光轴高低调节螺旋　13. 望远镜光轴水平调节螺旋　14. 支臂　15. 望远镜微调螺旋　16. 转座与度盘止动螺旋　17. 望远镜止动螺旋　18. 制动架(一)　19. 底座　20. 转座　21. 刻度圆盘　22. 游标盘　23. 立柱　24. 游标盘微调螺旋　25. 游标盘止动螺旋　26. 平行光管轴水平调节螺旋　27. 平行光管轴高低调节螺旋　28. 狭缝宽度调节手轮　29. 目镜照明电源

1. 平行光管

它的作用是产生平行光。管筒固定在架座的一只脚上，管筒一端装有一个消色差的凸透镜，另一端装有一个带狭缝的套管，调节狭缝螺丝可以改变狭缝的宽度。若用光源把狭缝照明，转动伸缩螺丝使套筒前后移动，改变狭缝和透镜的距离，使狭缝落在透镜的主焦面上，就可以发出平行光，另外可通过调节螺丝，使其光轴与分光计的中心轴相垂直。

2. 望远镜

望远镜由物镜和目镜组成。为了调节和测量，在物镜和目镜之间靠近目镜焦点附近装有一块十字形分划板，紧靠分划板一侧，装有一个透光十字窗的全反射小棱镜。为照亮十字窗，特在目镜筒侧边设有一个专用照明光管，这种结构称为阿贝式目镜。当日镜内十字窗被照明后，通过物镜向外射出的光线被载物台上与望远镜光轴垂直的平面反射镜反射后，再进入望远镜所成的十字像不但清晰可见，且与物平面（分划板的十字线）重合，如图 13-2 所示。则望远镜已被调好，这种利用阿贝目镜凭自身发出的平行光束进行调准的称为自准望远镜，另外可通过调节倾斜螺丝使望远镜的光轴与中心轴垂直。

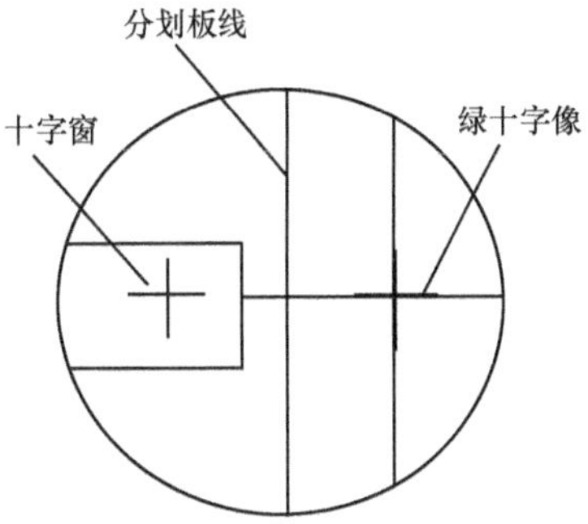

图 13-2　阿贝目镜

3. 载物平台

在刻有若干同心圆的小圆台上，附有夹具簧片，用来固定光栅、平面镜或三棱镜等物体。平台下方有三个能调整台面与分光计中心轴相垂直的调平螺丝。整个台面又可由调节升降螺丝来调节高度，以适应不同的被测对象。

4. 读数圆盘

圆盘可绕转轴运动，圆盘的边缘有两个角游标。这两个角游标与望远镜固定连接。当望远镜固定时，若圆盘绕轴转过一个角度，可以从游标读出这个转角的数值。反之，若圆盘固定，望远镜转动，也可以从游标读出望远镜的转角。圆盘有固定螺丝来止动。测量转角时必须同时读两边读数，再按下式计算转角 φ

$$\varphi=\frac{(\theta_1'-\theta_1)+(\theta_2'-\theta_2)}{2}$$

式中 φ 为望远镜相对圆盘转轴实际转动的角度，θ_1，θ_2 是第一次游标 1 和游标 2 的角度读数值（起始值），θ_1'，θ_2'是转动望远镜之后（游标 1 和游标 2）两游标的角度读数值（注意：θ_1'，θ_1'是为一个游标的读数值，θ_2，θ_2'是为另一个游标的读数值，不能混淆）。采用这种读数法，可以消除由于圆盘的游标不同心所引起的误差（即偏心差）。

分光计的读数

游标盘的读数和游标卡尺很像，角度刻度盘的外盘分为 360°，最小分格数为 0.5°，即 30′，游标盘被等分为 30 格，最小分格为 1′。

在游标盘的主尺上读到最小单位度，角度的读法以角游标的零线为准，从外盘上找到与游标零线相对应的地方，读出“度”数，再找到游标上与外盘刻线刚好重合的刻线，读出“分”数。游标盘读数加上游标读数之和为最终读数，不需要估读。

5. 三脚架座

三脚架座是整个分光计的底座，架座中心有一垂直方向的转轴，望远镜和读数盘可绕该轴转动。

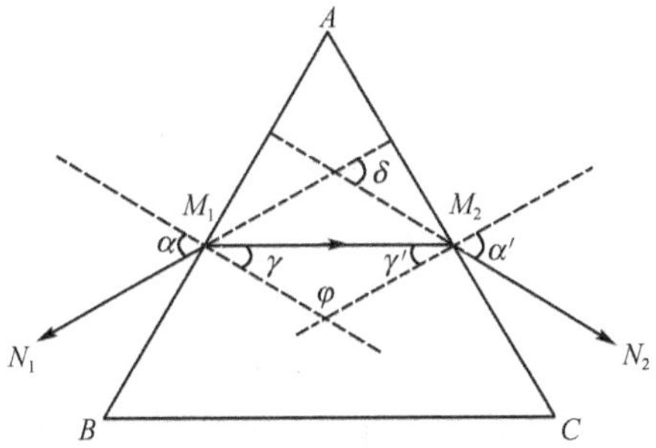

图 13-3　三棱镜的折射

【实验原理】

当光从空气中射到折射率为 n 的媒质分界面时发生偏折，入射角与折射角之间遵从折射定律。如图 13-3 所示，即有

$$n=\frac{\sin\alpha}{\sin\gamma} \qquad ①$$

当光线 N_1M_1 入射到三棱镜上，经三棱镜的两次折射，出射光线为 N_2M_2，N_1M_1 与 N_2M_2 之间夹角 δ 称为偏向角。当光线 M_1M_2 平行三棱镜的底面 BC 时。偏向角 δ 为最小，称 δ 是最小偏向角。由图 13-3 可推出，当偏向角最小时，图中各角有如下关系

$$\gamma=\gamma',\quad \alpha=\alpha'$$

所以
$$\delta=2(\alpha-\gamma) \quad ②$$
而
$$\varphi=180°-A=180°-2\gamma$$
所以
$$\gamma=\frac{A}{2}$$
由式②得
$$\alpha=\frac{\delta}{2}+\gamma=\frac{\delta}{2}+\frac{A}{2}=\frac{\delta+A}{2}$$
所以
$$n=\frac{\sin\frac{\delta+A}{2}}{\sin\frac{A}{2}} \quad ③$$

由此，在三棱镜折射率的测量中，只要测量出三棱镜的顶角 A 和最小偏向角 δ，就可以计算出 n。

【实验步骤】

1. 测量三棱镜的顶角

(1) 分光计的调节：为了精确测量，必须将分光计调好，分光计经过调节后，必须满足下述两个要求，入射光和出射光应为平行光，即平行光管发出平行光，望远镜接收平行光；平行光管和望远镜的光轴都与仪器的转轴垂直。注意在调节前先用眼睛估计一下，使各部件位置尽量合适，然后分别对各部分进行调节。

1）调节望远镜：

A. 使望远镜聚焦于无穷远

a. 将平行平面镜放在载物台两调平螺丝 B、C 的中垂线上，并用夹具弹簧片固定。如图 13-4 所示。

b. 接通电源，从目镜观察被照亮的十字窗及分划板上的黑色双十字线(又称十字叉丝)，前后移动目镜使十字线成像清晰(图 13-2)。

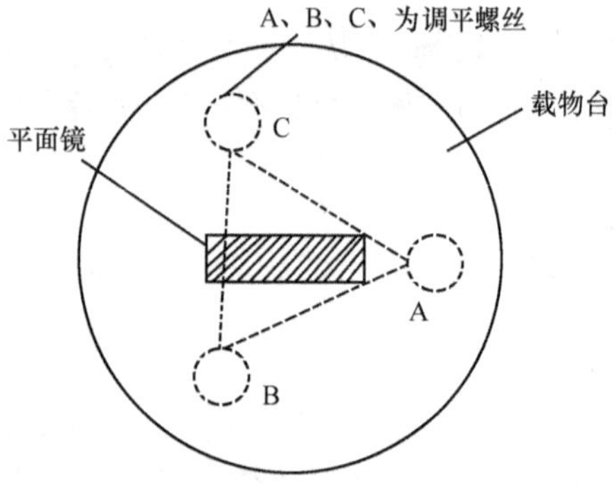

图 13-4 平面镜的位置

c. 调节载物台的升降螺丝，使平面镜中心与望远镜光轴等高，镜面尽量与光轴垂直。再放松游标盘止动螺丝，慢慢左右转动载物台，从望远镜观察被平面镜反射回来的“绿十字像”。若找不到，则应反复调节望远镜倾斜螺丝和平台的调平螺丝，并左右转动望远镜，直到找到为止。接着调节目镜叉丝和物镜距离(利用望远镜伸缩螺丝)，使绿十字像在视场内既清晰，又无视差(把头左右移动，观察不到十字像与分画线的相对移动)。这时望远镜已被调焦于无穷远处。

B. 使望远镜光轴垂直于仪器转轴

a. 观察由平面镜的一个表面 A 反射回的十字像，并准确估计十字像横线距分划板十字线横线的距离 S'，转动平台 180°，仔细观察由另一表面 B 反射的十字像，并准确估计十字像横线与分划板十字线横线的距离 S''，然后调节载物台调平螺丝 B 或 C，将从 B 表面反射的十字像移至新的位置，使它与十字线横线的距离 $S=\frac{S'-S''}{2}$(十字像在十字线横线上方，S,S',S''为“+”，在下方为“-”)。

b. 调节望远镜倾斜螺丝，使十字像横线与分划板上的十字线横线重合。

这样望远镜光轴已调节得垂直于转轴了。

2）调节目镜，将分划板十字线调成水平和垂直。左右转动望远镜，观察十字像是否水平地移动，如果分划板的水平横线与十字像的移动方向不平行，就要转动目镜使两者平行（注意，不要破坏望远镜的调焦）。然后将目镜锁住。

3）调节平行光管：

A. 调节平行光管使产生平行光：将已聚焦于无穷远的望远镜作为标准，这时平行光射入望远镜必聚焦在分画线平面上。调节时，取下平面镜，将已调好的望远镜对准平行光管，并开灯照亮狭缝，同时伸缩狭缝套筒致使望远镜中看到既清晰，又与分划板无视差的狭缝的像，这时平行光管发出的光即为平行光。

B. 使平行光管光轴与仪器转轴垂直：也用已调好的望远镜光轴为标准，只要平行光管光轴与望远镜光轴平行，则平行光管光轴与仪器转轴也必定垂直。

把狭缝转到水平位置，使其像与分划板的水平线相重合，若不重合，则调节平行光管的倾斜螺丝，即可达到要求。转动望远镜使其狭缝正好被分划板的纵轴所平分。然后使狭缝转 90°与分划板纵轴重合，即表示平行光管轴与望远镜光轴平行，再适当调节缝宽。

（2）调节三棱镜的主截面垂直于仪器转轴：将三棱镜放在平台上，调节待测顶角 A 的两个侧面与仪器转轴平行，即与已调节完的望远镜光轴垂直。为了便于调节，可以将三棱镜三边垂直于平台下三个螺丝的连线位置，如图 13-5 所示，转动平台使 AB 面正对望远镜，此时读数圆盘的内盘应与平台固定在一起。在平台转动时，内盘同时转动。调节螺丝 D_2 使 AB 面与望远镜光轴垂直（不可再调节望远镜下面的螺旋，否则望远镜和分光计系统将重新调节）。然后转动平台使 AC 面正对望远镜，调节螺丝 D_3 使 AC 面与望远镜光轴垂直，直到由两个侧面（AB 和 AC）反射回来的亮十字像都与分划板上方十字线重合为止。这样，三棱镜的镜面 AC 和 AB 就与仪器转轴平行，也就是三棱镜的主截面垂直于仪器转轴了。

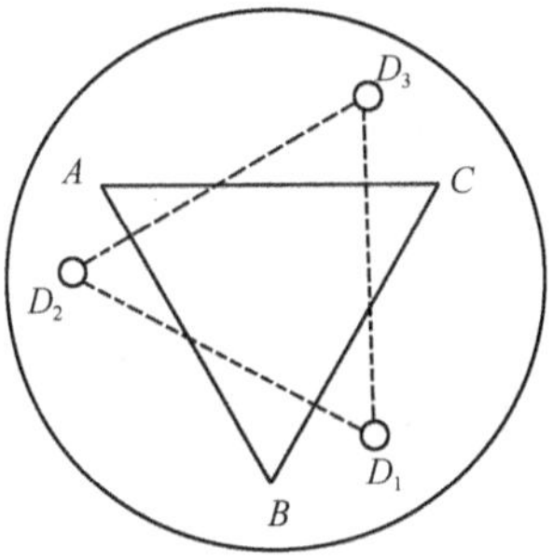

图 13-5

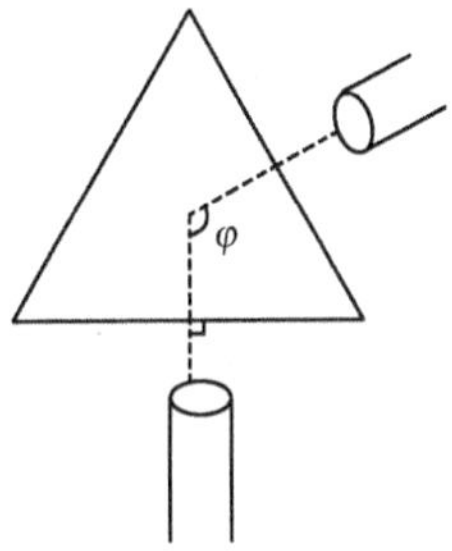

图 13-6

（3）测三棱镜顶角 A：利用望远镜自身产生平行光，用灯光照亮分划板，转动望远镜或平台，先使望远镜对准 AB 面使反射的亮十字像与分划板上方的十字线重合，固定望远镜和平台，记下刻度盘上两边的游标读数 θ_1 和 θ_2，如图 13-6 所示。然后再转动平台（望远镜固定，或者转动望远镜将平台固定），使 AC 面正对望远镜，使反射亮十字像与分划板上方十字线重合，固定平台（或望远镜），记下刻度盘游标读数 θ_1' 和 θ_2'（注意 θ_1 和 θ_2 不能颠倒），两次读数相减得 A 角的补角 φ，故 $A=180°-\varphi$，可以证明

$$\varphi=\frac{1}{2}(\varphi_1+\varphi_2)=\frac{1}{2}[(\theta_1-\theta_1')+(\theta_2-\theta_2')]$$

所以

$$A=180°-\frac{1}{2}[(\theta_1-\theta_1')+(\theta_2-\theta_2')]=180°-\frac{1}{2}[(\theta_1+\theta_2)-(\theta_1'+\theta_2')]$$

令

$$\theta_1+\theta_2=\theta,\quad \theta_1'+\theta_2'=\theta'$$

则

$$A=180°-\frac{\theta-\theta'}{2}$$

2. 测三棱镜的最小偏向角

(1) 接通单色光源(钠光灯或汞灯),照亮平行光管的狭缝。转动平台,寻找单色光经棱镜折射后的狭缝像。

(2) 固定望远镜,松开平台,使棱镜随平台一起转动,此时谱线向一方移动。当平台上的棱镜转至某一位置时,虽然棱镜继续向原方向转动,而谱线却停止移动,以后又向反方向移动。谱线停止移动的这个特定位置便是最小偏向角位置。固定平台,仔细调节望远镜的水平调节螺丝,使谱线与分划板上十字线的竖线重合,同时记录左、右游标上的读数 θ_1 和 θ_2。

(3) 保持平台不动,取下三棱镜,转动望远镜,直接找到平行光管狭缝的像,使其与分划板十字刻线的竖线重合,记下游标上的读数 θ_1' 和 θ_2',则前后游标读数之差即为此单色光源谱线对三棱镜的最小偏向角。

(4) 重复步骤(2)和步骤(3),但旋转平台的方向与前步骤相反,再次计算出最小偏向角。

(5) 将上述测量结果记录下来,并计算最小偏向角的平均值。

(6) 根据已测出三棱镜的顶角 A 和最小偏向角 δ,按式③计算三棱镜的折射率。

实验者自行设计记录表格。

【注意事项】

(1) 严禁用手触及三棱镜及分光计各光学器件表面。

(2) 狭缝不得合并,以免磨损刀口。

(3) 望远镜调好以后,转动望远镜时不要搬动镜筒,应将望远镜与刻度盘固定,转动刻度盘来带动望远镜的转动。同样将平台与读数圆盘的内盘固定后,转动内盘来带动平台的转动,以免使平台上的光学元件掉落。

(4) 在测量读数时要注意,若使望远镜转动,必须将读数圆盘的内盘固定(若转动平台即内盘则必须将望远镜和外盘固定),读出的数据才是测量的准确值,否则读数圆盘的内、外盘将同时绕中心轴转动使测量数据不准确。

【思考题】

为什么要用单色光源测最小偏向角?

实验十四　用分光光度计分析医药学中常见溶液的吸收光谱

【实验目的】

(1) 熟悉分光光度法的基本原理和透射比、吸收度等概念。

(2) 了解 751 分光光度计、721 分光光度计的构造和原理。

(3) 掌握分光光度计的使用方法。

(4) 测出高锰酸钾溶液以及维生素 B_2(核黄素)溶液吸收曲线,确定吸收峰。

【实验器材】

751 分光光度计(或 721 分光光度计)、烧杯、比色皿、滴管、蒸馏水、高锰酸钾、维生素 B_2。

【仪器描述】

1. 721 分光光度计

721 型分光光度计是一种简易的直读式可见分光光度计。它由磁饱和稳压器、单色器(玻璃棱镜)、光电转换器(硒光电池)和检流计组成。波长范围为 420 ~ 720nm,供可见光区做定量分析之用。它的光学系统结构如图 14-1 所示。

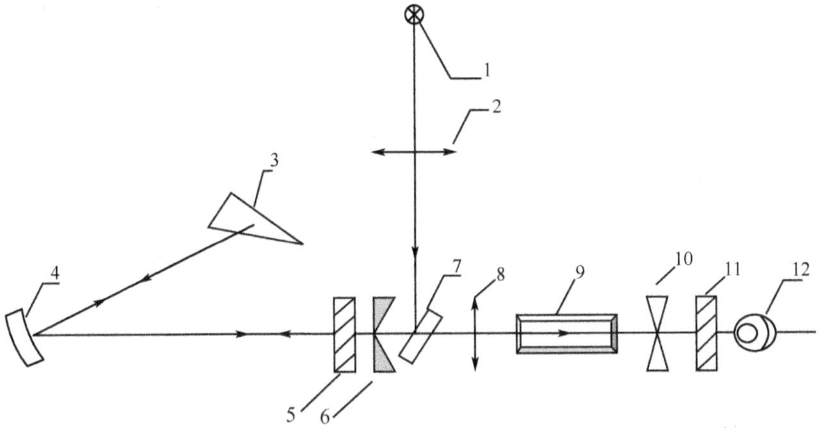

图 14-1　721 分光光度计光路原理图

1. 光源灯 12V25W　2. 聚光透镜　3. 色散棱镜　4. 准直镜　5. 保护玻璃　6. 狭缝　7. 反射镜　8. 聚光透镜　9. 比色皿　10. 光门　11. 保护玻璃　12. 光电管

由钨丝灯发出的白光经聚光透镜 2 会聚后,再经反射镜 7 转 90°角射入狭缝 6,投射到准直镜 4,并以平行光照射到色散棱镜 3 上;由棱镜底面的镀膜反射并经棱镜色散后,以与入射光路稍有偏转的光路射出狭缝 6。调节波长读数盘可以改变棱镜方位,得到所需波长的单色光。该光通过比色皿 9 后照射到光电管 12 上,产生的光电流输入检流计,从而可通过光电流反映出透光度 T 或吸光度 A,以表盘指针形式直接显示。该仪器结构简单,使用方便,读数稳定,测定结果重现性好,应用广泛。缺点是色散元件的色散能力较差。

2. 751 型分光光度计

它是一种手动式紫外可见分光光度计,波长范围为 200 ~ 1000nm,用于紫外光区、可见光区和近红外光区的分析。其波长精度、稳定性和重现性都较 721 型分光光度计高。该仪器的光路系统与 721 分光光度计的相类似。采用石英棱镜作单色器，以保证对可见光和紫外光吸收较少；有钨丝灯、氢弧灯两种光源；在波长 320 ~ 1000nm 范围内用钨丝灯；在 200 ~ 320nm 范围内用氢弧灯。单色光部件由狭缝、准直镜、棱镜等部件组成。入射狭缝和出射狭缝安置在同一狭缝机构上，可以同时关闭。准直镜是半径为 1000nm 的球面镜。由准直镜反射的平行光照亮整个棱镜面。光学系统中的透镜和比色皿也是石英制成的，适用于紫外光区使用。光电管暗盒内装有紫敏光电管和红敏光电管，还有微电流放大器。紫敏光电管对紫光敏感，使用波长 200 ~ 650nm，红敏光电管对红光敏感，使用波长 650 ~ 1000nm。用光电管作受光器，经弱电流放大线路将光电流引至一个高值电阻，在电阻两端形成电压降，使小量的光电流产生放大的电压降。此仪器是通过测定电压降来间接地测定光电流的。其结构原理如图 14-2 所示。与 721 分光光度计一样，可以直接从刻度盘上读出吸收度及透射比。

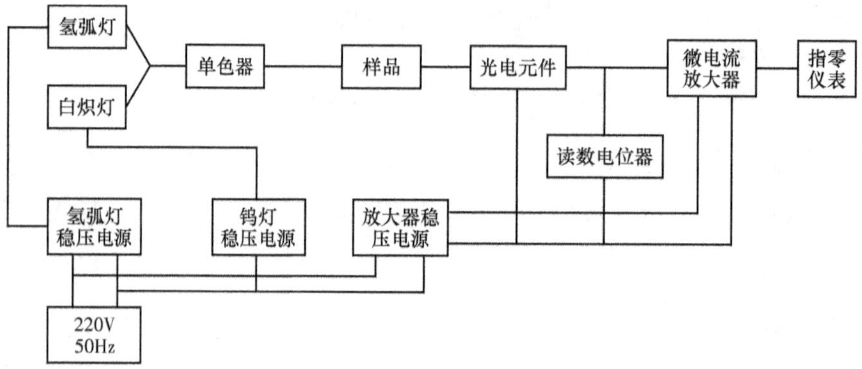

图 14-2　751 分光光度计结构框图

目前的生化实验室和药物分析实验室中大多已经采用计算机控制，集成式分光光度计和生化分析仪来完成检测工作了。但是由于 721、751 这类的分光光度计，具有结构简单易懂，测量原理明晰，价格低廉等特点，加之手动操作、指针读数，更有利于学生们进行基础实验，培养学生的实际操作能力，是我们实验中的首选仪器。

【实验原理】

利用紫外光、可见光、红外光和激光等测定物质的吸收光谱，利用此吸收光谱对物质进行定性定量分析和物质结构分析的方法，称为分光光度法或分光光度技术，使用的仪器称为分光光度计，这种分光光度计灵敏度高，测定速度快，应用范围广，其中紫外/可见分光光度技术更是生物试样分析工作中必不可少的基本手段之一。

1. 物质对光的选择性吸收

溶液之所以呈现不同的颜色，与它对光的选择性吸收有关。当一束白光（由各种波长的色光按一定比例组成）通过一有色溶液时，某些波长的光被溶液吸收，另一些波长的光不被吸收或吸收的较少而透过溶液。人眼能感觉的波长在 400 ~ 760nm，为可见光区。溶液的颜色由透过光的波长所决定。例如，$KMnO_4$溶液强烈地吸收黄绿色的光，对其他的光吸收很少或不吸收，所以溶液呈现紫红色。又如 $CuSO_4$溶液强烈地吸收黄色的光，所以溶液呈现蓝色。如溶液对白光中各种颜色的光都不吸收，则溶液为透明无色，反之则呈黑色。

图 14-3　有色光的互补色

如果两种颜色的光按适当的强度比例混合后组成白光，则这两种有色光称为**互补色**，如图 14-3 所示，在一条直线上相对的两种光可混合成白光。各种物质颜色的互补关系列于下表。

不同颜色（透过光）与吸收光颜色的互补关系

物质颜色	黄绿	黄	橙	红	紫红	紫	蓝	绿蓝	蓝绿
吸收光颜色	紫	蓝	绿蓝	蓝绿	绿	黄绿	黄	橙	红
波长 λnm	400 ~ 450	450 ~ 480	480 ~ 490	490 ~ 500	500 ~ 560	560 ~ 580	580 ~ 610	610 ~ 650	650 ~ 760

以上仅简单地用有色溶液对各种波长光的选择吸收来说明溶液的颜色。究竟某种溶液最易选择吸收什么波长的光，可用实验方法来确定。即用不同波长的单色光透过有色溶液，测量溶液对每一波长的吸光程度（称为吸收度）。然后以光波波长为横坐标，以吸收度为纵坐标作图可得一条曲线，如图 14-4 所示，称为溶液对光的**吸收曲线**。图中的 C_1、C_2、C_3代表同一种被测物质浓度由低到高。

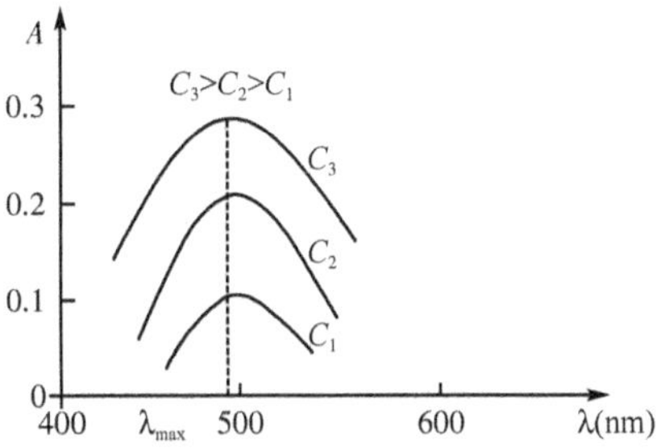

图 14-4　溶液的吸收曲线

每种有色物质溶液的吸收曲线都有一个或几个最大吸收值，所对应的波长称为**最大吸收波长**（λ_{max}）。λ_{max}是化合物中电子能级跃迁时吸收的**特征波长**，不同物质有不同的特征波长，**即吸收峰**，它对鉴定化合物极为重要。一般定量分析就选用该波长进行测定，这时灵敏度最高。

从图中我们还可以看到，对同种溶质的溶液来说，其吸收光谱曲线的形状特征相似，尽管浓度不同，它们的吸收峰值相同。

2. 物质对光吸收的本质

物质对光选择性吸收的本质，可通过吸收光谱产生的原因来说明。任何物质都处于运动状态，分子内部的运动有三种，除价电子绕着分子轨道高速转动外，还有原子在平衡位置附近的振动和分子绕着其质心的转动。这样，一个分子的能量也包括三部分，即分子的电子能级的能量、分子振动能级的能量及整个分子转动能级的能量。

分子中价电子能级间的能量差一般在 1～20eV，对应于可见光和紫外光的能量。可见光常用于有色物质含量的测定。紫外光用于具有紫外吸收基团的无色物质，如蛋白质含量的测定。振动能级间的能量差一般在 0.05～1eV，对应于红外光的能量。而转动能级间的能量差一般在 10^{-4}～0.05eV，对应于远红外光及微波的能量。红外光谱常用于研究有机物的结构。

分子内部各能级能量的改变都是量子化的，因此当分子吸收能量之后受到激发，分子就从基态能级跃迁到激发态，即 M（基态）$+h\nu\longrightarrow$M′（激发态），而产生吸收谱线，因此紫外可见吸收光谱是由于分子中价电子的跃迁而产生的。物质对光的吸收是物质的分子、原子或离子与辐射能相互作用的一种形式，只有当入射光子的能量与吸光体的基态和激发态的能量差相等时才会被吸收。由于吸光物质分子的性质不同，所以物质对光的吸收是有选择性的，不同物质的分子从基态跃迁到激发态所需的能量各有差异。故它只能选择性地吸收与之相当的能量，即 $\Delta E=E_2-E_1=h\nu$。

不同物质由于结构上的差异，所需的跃迁能量也不相同，于是呈现出不同的吸收光谱。通过分子的吸收光谱可以研究分子结构并进行定性和定量分析。

3. 光的吸收定律：朗伯-比尔定律

若单色平行光束沿 x 方向通过均匀介质。设光的强度在经过介质内部某处厚度为 dx 的一层介质时，强度由 I'减为 $I'-\mathrm{d}I'$。实验表明，在相当大的光强范围内，$-\mathrm{d}I'$正比于 I'和 dx，有

$$-\mathrm{d}I'=\alpha I'\mathrm{d}x$$

式中负号代表强度减少；α 是个与光强无关的比例系数，称为该物质的**吸收系数**。

下面来求光束穿过整个厚度为 l 的介质后强度的改变。设 I_0 和 I 分别表示光波入射就介质前和透过介质后的强度，将上式改写为

$$\frac{\mathrm{d}I'}{I'}=-\alpha\mathrm{d}x$$

再将它在 0～l 的范围内对 x 积分，有

$$\int_{I_0}^{I}\frac{\mathrm{d}I'}{I'}=-\alpha\int_{0}^{l}\mathrm{d}x$$

积分后得

$$\ln I - \ln I_0 = -\alpha l$$

即

$$I = I_0 e^{-\alpha l} \quad ①$$

此式称为**朗伯定律**。

实验表明，当光被透明溶液中的溶质吸收时，吸收系数 α 与溶液的浓度 c 成正比，即

$$\alpha = \chi c$$

然而 χ 是一个与溶液浓度无关的量，它只取决于吸收物质的分子特性，称为**摩尔吸收系数**。这时式①可以写成

$$I = I_0 e^{-\chi cl} \quad ②$$

这规律称为**朗伯-比尔定律**。该定律表明：被吸收光的能量与光路中吸收光的分子数成正比。然而这一规律只有在每个分子的吸收本领不受周围分子影响时才成立，即适用于浓度不大的溶液。事实也正是这样，当溶液浓度大到足以使分子间的相互作用影响到它们的吸收本领时，就会发生对朗伯-比尔定律的偏离。在该定律成立的情况下，可根据上式来测定溶液的浓度。这就是吸收光谱分析的原理。我们还可以将上式改写成

$$T = \frac{I}{I_0} = e^{-\chi cl} \quad ③$$

式中的 T 为透射光的强度 I 与入射光的强度 I_0 之比，称为**透射比**。对式③两边取常用对数，得到

$$-\lg T = -\lg \frac{I}{I_0} = \chi cl \lg e$$

令

$$A = -\lg \frac{I}{I_0} = -\lg T$$

我们把 A 定义为**吸收度**或**光密度**，它反映了光通过溶液时被吸收的程度。A 的数值越大，表明物质对光的吸收就越强。再令 $\varepsilon = \chi \lg e$，ε 称为溶液的**消光系数**。这样朗伯-比尔定律可表达为

$$A = \varepsilon cl \quad ④$$

在本实验中，要求实验的操作者利用分光光度计测出溶液对不同波长 λ 光波相应的吸收度值 A，从而绘制出溶液的吸收曲线（吸收光谱），A-λ 曲线，进而分析溶液对光波的吸收特性。

【实验步骤】

（1）接通电源，打开仪器开关，掀开样品室暗箱盖，预热 10 分钟。

（2）先将灵敏度开关调至“1”档。

（3）将蒸馏水、高锰酸钾溶液以及核黄素溶液分别倒入比色杯至 3/4 处，用擦镜纸擦净外壁后，依次放入暗箱中的第 1、2、3 槽口内。

（4）根据所需波长转动波长“λ”选择钮。

（5）在暗箱盖开启状态下调节零点调节器，使读数盘指针指向 $T=0$ 处。

（6）盖上暗箱盖，抽动滑竿至“1”位置，使得蒸馏水处在光路当中，调节“100”调节器，使读数盘指针指向 $T=100$ 处，指针稳定后逐步拉出样品槽拉杆至：“2”、“3”处，分别读出高锰酸钾溶液以及

维生素 B_2 溶液的吸收度值和透射比,并记录于实验数据表中。

(7) 改变波长值,重复步骤(4)~(6)。

(8) 绘制出高锰酸钾溶液以及维生素 B_2 溶液的吸收曲线(A-λ 曲线),确定吸收峰(参考曲线见附图 14-1 和附图 14-2)。

【数据记录与处理】

项目 \ 波长	
吸收度(A) 透射比(T)	

【注意事项】

(1) 因读数表盘上的吸收度 A 不是等比例刻度,所以对透射比 T 同样需要读出,以便对个别的吸收度 A 值进行计算。

(2) 因吸收曲线的特征与浓度无关,故溶液浓度不需为定值,但不宜过大,以淡淡地有些颜色为宜。

(3) 在吸收峰附近波长取值跨度应该密一些,以便能更准确地确定吸收峰的波长值(λ_{max})。

(4) 对应不同的波长范围应适当改变灵敏度旋钮的选择值,以保证"100 调节器"旋钮工作正常。

(5) 溶液不宜在比色皿中放置时间过长,以免在比色皿内壁形成渍痕,影响吸收度。因此,实验过后要立即清洗比色皿。

(6) 实验时要保持仪器的稳定,不能有太大的振动,暗箱盖的开关要轻。

(7) 各电位器旋钮的调节要缓慢,不能过快。

(8) 比色皿的两个光学面要始终保持清洁,否则会影响测量精度。

【思考题】

(1) 分光光度计是如何获取单色光作为光源的? 751 分光光度计的单色器为什么要选用石英三棱镜?

(2) 何为互补色? 为什么要选用待测液颜色的互补色光作为光源?

(3) 为什么打开暗箱盖,调节零点调节器,使读数盘指针指向 $T=0$、$A=\infty$ 处,而要让光通过蒸馏水来调节指针指向右端"100"刻度线?

【附图】

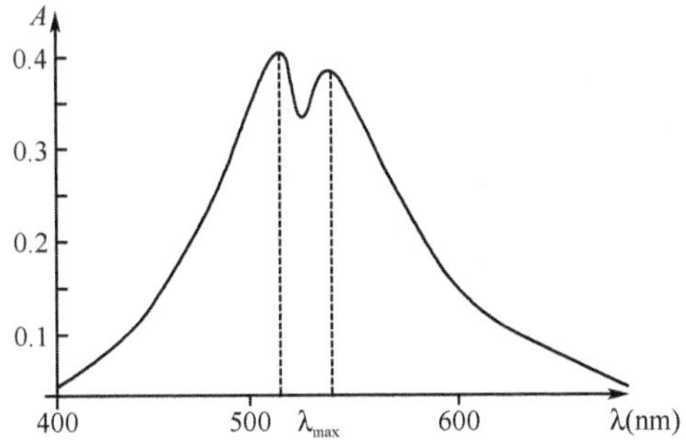

附图 14-1 高锰酸钾溶液吸收曲线

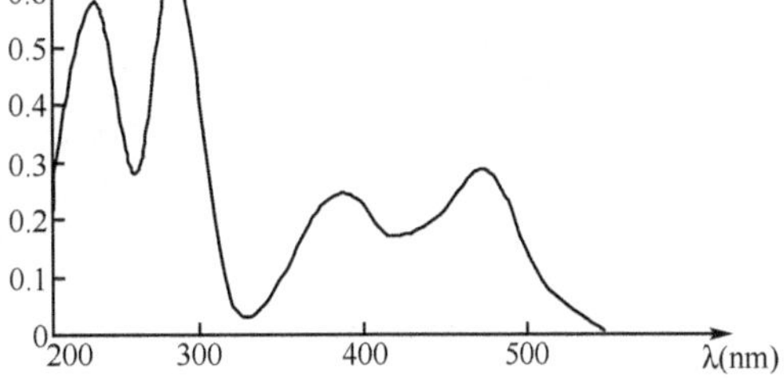

附图 14-2 维生素 B_2 溶液吸收曲线

实验十五　用光电比色计测定液体的浓度

【实验目的】

(1) 了解光电比色计的基本结构,掌握其测量原理。
(2) 学习用光电比色计测定溶液浓度的方法。

【实验器材】

581—G 型(581—S)光电比色计(一台)、滤色片三块(红、绿、蓝)、比色皿(5 只)、试管和试管架、吸管、已知浓度的标准硫酸铜溶液三种(0.3%、0.6%、0.9%)、待测硫酸铜溶液。

【实验原理】

当一束单色平行光射入溶液时,由于一部分光能被溶液吸收,因而射出光的强度就要减弱。若溶液的浓度一定,则光通过溶液的距离越长,其强度减弱得越多;若光通过溶液的距离不变,则溶液的浓度越大,光强度的减弱也越多。对于光通过溶液后,入射光与出射光的强度关系,由朗伯-比尔定律可得

$$\frac{I}{I_0}=\mathrm{e}^{-\beta cL} \qquad ①$$

其中,I_0 为入射光的强度,I 为出射光的强度,c 为溶液的浓度,L 为光在溶液中通过的距离;β 为比例系数,其数值由溶液的性质及入射光的波长决定。将式①两边取对数得 $-\lg\frac{I}{I_0}=\beta cL\lg e$ 或

$$A=EcL \qquad ②$$

其中,$A=-\lg\frac{I}{I_0}$ 称为光密度或吸收度;$E=\beta\lg e$ 称为消光系数;$T=\frac{I}{I_0}$ 称为透光率。显然,吸收度越大,透光率越小。

由式②可知,吸收度 A 与溶液的浓度 c 以及光通过的距离 L 成正比。因此,当 L 一定时,如果测出浓度为 c_0 的标准溶液的吸收度 A_0,以及待测溶液的吸收度 A_x,便可求出待测溶液的浓度 c_x。即

$$\frac{c_x}{c_0}=\frac{A_x}{A_0} \qquad ③$$

光电比色计就是根据上述原理而设计的。它是化学实验、生化实验和临床检验中常用的仪器。它的主要部分是光电池、光点检流计、光源、分压电位器和制流电位器等组成,另有滤色片、比色皿等附件。其基本结构如图 15-1 所示。

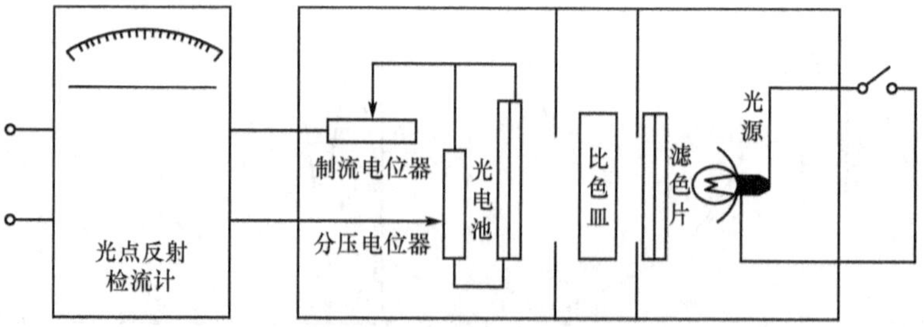

图 15-1　光电比色计结构图

当接通电源后，由光源发出的白光通过选择过的滤色片后，变成与有色溶液的颜色成互补色的单色光 I_0(因为有色溶液对它的互补色光吸收最大，从而提高了测量的灵敏度)。经过有色溶液吸收后，透射光为 I_x，射到光电池上。由于光电池的内光电效应，因而产生光生电动势，于是，有光电流通过光点反射检流计。调节分压电位器(粗调)和制流电位器(细调)，使光点反射检流计的光点达到满标度，其值就是与射入光线的强度 I_0 所对应的光电流 i_0。然后将比色皿换成溶液，这时照射到光电池上光的强度为 I，其所对应的光电流为 i。根据光电效应的规律：光电流大小与照射光的强度成正比，则 $\frac{I}{I_0}=\frac{i}{i_0}$，于是有 $A=-\lg\frac{I}{I_0}=-\lg\frac{i}{i_0}$。因此，根据光电流的大小就可决定 A 或 T 的大小。光电比色计标尺上的刻度就是按这种关系确定的。在电流计上附有两种标度，上行标度为均匀分布的百分标度 0～100，表示以 $I_0=100$ 为基准的透射光强度值，这样的标度也反映出透光率的大小。例如，标度 100 表示透光率 $T=\frac{I}{I_0}=\frac{100}{100}=1$。下行标度为对数标度，表示吸收度 $A=-\lg\frac{I}{I_0}$，标度范围为 ∞ ～0。

【仪器描述】

本实验所用仪器为 581—G 型光电比色计，可采用 220V 交流电或 6V 蓄电池的直流电供电，它的内部结构如图 15-2 所示，图中省略了外接直流电源线路与稳压装置。

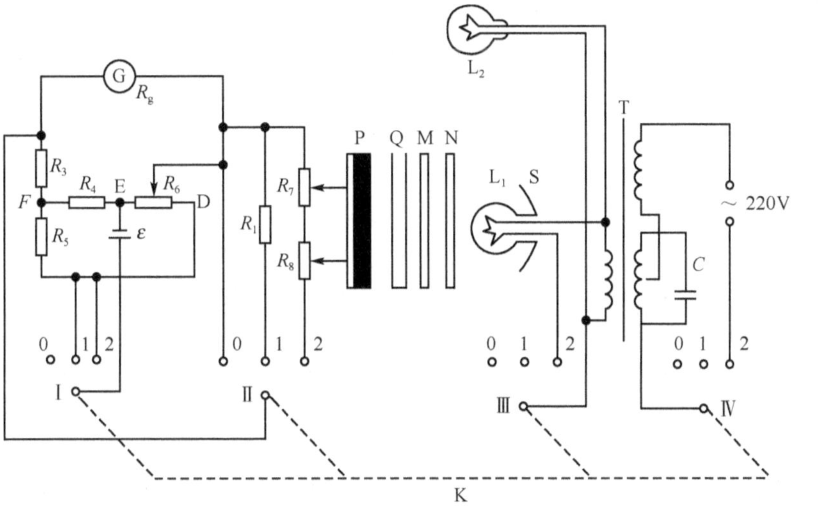

图 15-2　581—G 光电比色计线路图

G. 悬镜式检流计　K. 控制开关旋纽　P. 光电池　Q. 比色皿　M. 滤色片　N. 绝热玻璃　S. 反光镜

电路由三部分组成：第一部分为电源变压器部分。变压器用来供应灯泡 L_1、L_2 所需要的电压。第二部分为光电池线路。第三部分为调零线路(内有干电池一节)。装有四刀三掷开关Ⅰ、Ⅱ、Ⅲ、Ⅳ(这四个开关实际上是装在同一转轴上，图中把它们画开了)，均由机壳上的控制开关旋钮所控制，每个开关均有三档"0"、"1"、"2"。

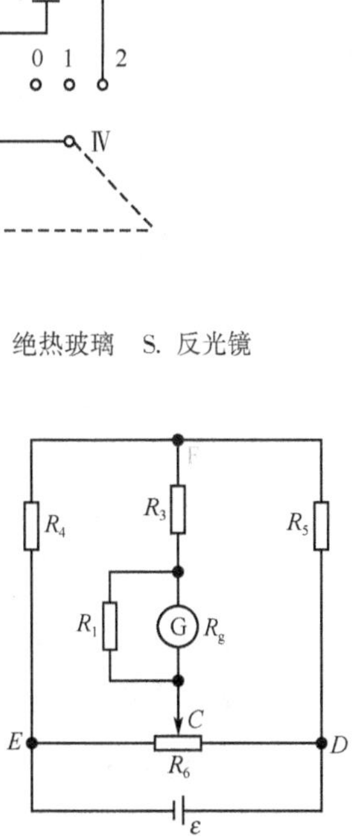

图 15-3　调零线路

当开关处在"0"档时，电路不通，灯泡 L_1、L_2 不亮。当控制开关旋钮转到"1"档时，所有开关均到"1"档，这时灯泡 L_1 不亮，L_2 亮，标尺上有光圈出现，同时调零线路接通。

调零线路是一种桥式电路，如图 15-3 所示。图中 R_g 为检流计的电阻。设触点 C 在某一位置时，电桥平衡，这时电流计中无电流通过。通常光圈中黑线应位于标尺上行的"0"标度处，但由于某些机械原因，

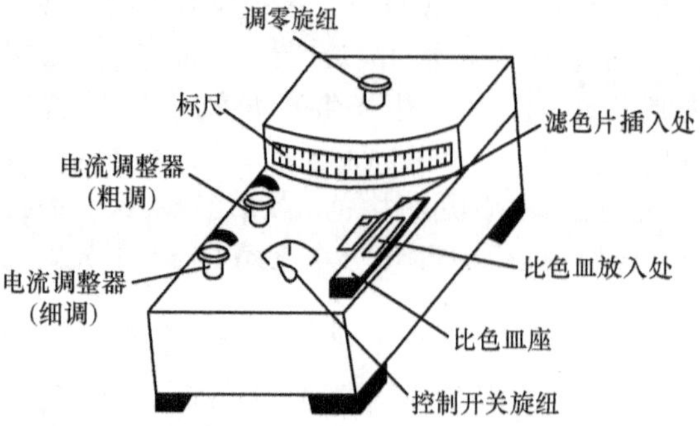

图 15-4 581—G 光电比色计

光圈黑线可能偏离了“0”点。这时可通过改变电桥触点 C 的位置,可使光圈黑线位于“0”处。

当控制开关转到“2”档,这时所有电路均接通,灯泡 L_1 发光,该光通过绝热玻璃、滤色片、溶液后,再射到光电池上,产生的光电流有一部分进入检流计使线圈发生偏转,此时圈中黑线在标尺上也移到相应的位置。由于不同的溶液对光的吸收不同,照射到光电池上的光的强弱也不均,产生的电流强度也不等,以致光圈中黑线在标尺上的位置也不同;蒸馏水对光的吸收最小,通常假定其透光率为 100%,通过它的透射光射到光电池上,产生的电流最大,此时,检流计中光圈黑线的位置应落在标尺上的“100”处,如果此时光圈黑线不落在“100”处,则可通过调节电位器 R_7、R_8 改变检流计中的电流,使光圈黑线落在“100”处(电位器 R_7、R_8 即图 15-4 中的“粗调”和“细调”)。经过调整后,在测量其他液体的透光率(或吸收度)时,就不能再调节“粗调”和“细调”了。实验测得的某液体的透光率(或吸收度)是相对蒸馏水而言的。因此标尺上关于透光率的读数(除“0”外)也只有相对的意义。

【实验步骤】

(1) 如图 15-4 所示,先将光电比色计的控制开关旋纽拨到“0”上;将旋钮“粗调”、“细调”分别沿逆时针方向拨到零点。

(2) 插入选择好的滤色片,然后将电源线插头接到 220V 的交流电源上。

(3) 将控制开关旋钮拨到“1”处,然后调节仪器箱顶上的零点调整器,将检流计的光点调节到标尺“0”的位置上(上排刻线的零位)。

(4) 取三只洗净擦干的比色皿,一只盛蒸馏水,另一只盛待测溶液,第三只盛标有 0.3% 浓度的标准硫酸铜溶液。液体不要盛得太满,以免溢出杯外,而损坏仪器。先将盛有蒸馏水和标准硫酸铜溶液的比色皿放在比色皿座内,并加盖盖好,以免外来光线射入。

(5) 将控制开关旋钮拨到“2”处,预热 5 分钟使电流达到稳定。将加入蒸馏水的比色皿推入光路,调节“粗调”、“细调”旋钮,使光圈中的黑线调到透光率为“100”处,调节时先粗调到光圈黑线接近“100”处时再细调。

(6) 将盛有浓度为 0.3% 的标准硫酸铜溶液的比色皿推入光路,读出吸收度 A_0,记入表 15-1 中。再把开关旋钮拨到“1”处,粗、细调节旋钮分别沿逆时针方向旋到底。重复(5)、(6)步骤,读出 5 个 A_0 数值。

(7) 将控制开关旋钮从“2”拨到“1”,从比色皿座中取出盛有浓度为 0.3% 的标准硫酸铜溶液的比色皿,换入盛有待测硫酸铜溶液的比色皿,然后盖好比色皿盖。用(5)、(6)步的方法读出待测硫酸铜溶液的吸收度 A_x,重复测量读出 5 个 A_x 数值。

(8) 分别将 0.6% 和 0.9% 的硫酸铜溶液按步骤(5)、步骤(6)、步骤(7)再测量相应的吸收度 A_x。

(9) 实验完毕,将控制开关旋钮拨回“0”处,粗、细调节器沿逆时针方向转到“0”处,拔去电源插头。取出滤色片和比色皿,倒出溶液,立即将比色皿擦洗干净,将比色皿盖盖在比色皿座上。

【581—S 光电比色计】

1. 概述

许多物质的溶液是有颜色的,而有些物质的溶液本身没有颜色,但可以通过与某些试剂的作用而生成有色化合物。这些溶液具有一个共同的特点,即当其浓度改变时,溶液颜色的深浅也随之改变,溶液越浓,颜色就越深。因此,可以用比较溶液颜色深浅来测定溶液中有色物质的含量,这种基于比较颜色深浅的分析方法称比色分析。比色分析与重量分析和容量分析相比具有如下特点;比色法具有较高的灵敏度。因此,比色分析特别适用于对微量组分的测定;比色分析测定手续简便,快速,所用仪器相当简单。特别是近年来采用了新的特效有机显色剂和络合掩蔽剂,可以经分离而直接进行比色测定。582—S 光电比色计具有:仪器小巧、结构简单,数字显示清晰、精度高,价格低、性能好,仪器无须进行暗电流调零,操作方便、测试迅速等特点。

2. 用途

581—S 光电比色计可以测量各种物质在可见光区域内的吸收光谱,从而对物质的成分进行定性和定量的分析,该仪器广泛应用于下述领域:

(1) 冶炼、地质勘测中的物质分析;

(2) 医疗卫生临床化验;

(3) 环境污染中的水质分析;

(4) 农业科学研究中的土壤成分分析:

(5) 钢铁工业中的炉前快速分析。

3. 原理

比色法是化学分析方法的一种,其原理是基于被测定物质溶液的颜色或加入显色剂后所生成的有色溶液,其颜色强度和物质含量成比例。溶液中的物质在光的照射激发下,产生对光吸收的效应。因此,根据光被有色溶液吸收的强度,即可测出溶液内物质含量的多少。即光能量减弱的程度和物质的浓度有一定的比例关系,符合比色原理——朗伯-比尔定律。

4. 主要技术指标

(1) 波长范围:400 ~ 700nm

(2) 量程范围:0 ~ 100% (T)　0 ~ 1.999(A)　0 ~ 199.9(C)

(3) 灵敏度:以 0.001% 重铬酸钾($K_2Cr_2O_7$)溶液,注入到光径为 10mm 的比色皿中,用 No42 色片进行测定,在与蒸馏水比时的读数不小于 0.01A。

(4) T/A 转换精度:≤±0.005A(0.5A 处)

(5) 稳定性:预热 15 分钟后,零点源移≤1.5% T/3min

(6) 线性误差:±6% (0.1 ~ 0.3A),±3% (0.3 ~ 0.6A), ±4% (0.6 ~ 0.8A)

(7) 重现性:同一溶液读数误差≤0.5% (T)

5. 工作条件

(1) 环境温度:5 ~ 40℃

(2) 环境相对湿度:<85%

(3) 电源电压:即(1±10%)×220V

6. 仪器结构

581—S 光电比色计的外形如图 15-5 所示。

该仪器的光路图如图 15-6 所示,从灯泡在反射镜内发出的光,透过绝热玻璃和滤色片,再通过装在比色皿内的有色溶液,到达光电二极管,光电二极管产生的电流送至仪器的电路进行放大处理,然后显示测试结果。

7. 操作方法

(1) 测量前的准备:

1) 仪器置于坚固平稳的工作台上,以免被测溶液倾斜而造成测量误差。

2) 选择所需滤色片,插入仪器的滤色片座内。

3) 按通电源,预热 15 ~ 20min。

(2) 测量:

1) 在一只比色皿中注入蒸馏水作空白液,另一只比色皿加入试液。

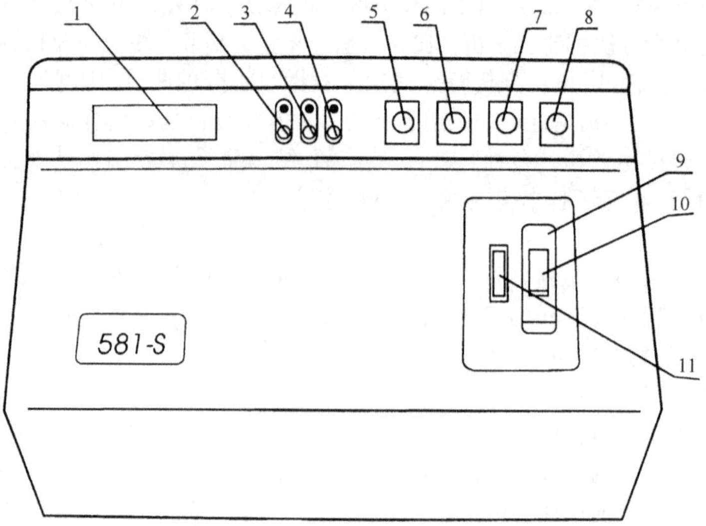

图 15-5 581—S 光电比色计

1. 显示器 2. T 选择开关 3. A 选择开关 4. C 选择开关 5. T 粗调节钮 6. T 细调节钮 7. A 调零钮 8. C 校正钮 9. 比色皿座 10. 比色皿盖 11. 滤色片

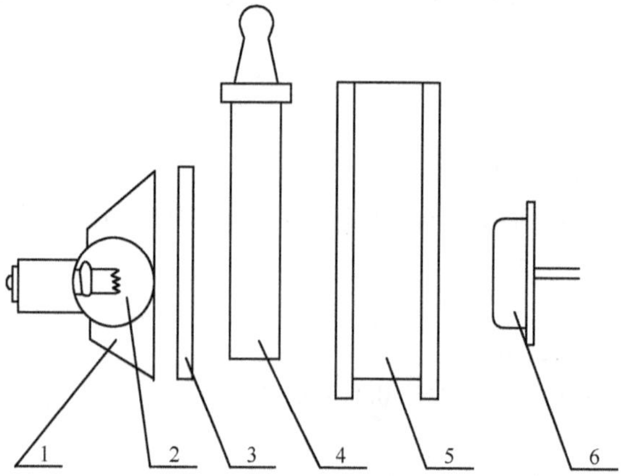

图 15-6 581—S 光路图

1. 反射镜 2. 灯泡 3. 绝热玻璃 4. 滤色片 5. 比色皿 6. 光电二极管

2）将两只比色皿插入仪器上活动的比色皿座内，并将比色皿盖盖上，以遮去杂光。

3）将注入空白液的比色皿推入光路，按下 T 选择开关，调节 T 粗调节钮、T 细调节钮，使显示器的数字为 100.0。按下 A 选择开关，调节 A 调零钮，使显示器的数字为 0.000。

4）将加入试液的比色皿推入光路，按下 T 选择开关，即可读出试液的透光率，按下 A 选择开关，即可读出试液的吸光度。

5）如要测量试液的含量，可将注入已知含量溶液的比色皿推入光路，按下 C 选择开关，调节 C 校正钮，使显示器的数字为该溶液的含量。然后将被测试液推入光路，即可读出试液的含量。

8. 仪器维护

(1) 仪器必须按顺序操作，不要任意按动各种键钮。

(2) 仪器应当放置在干燥的地方，以免仪器受潮影响测量正确性。

(3) 操作及搬运仪器时要小心轻放，防止剧烈振动。

(4) 用过的比色皿，应用蒸馏水洗净，并用细软且能吸水的布或镜头纸揩干，在拿比色皿时，应执握比色皿的磨砂表面，不应触及比色皿的光学平面，从而不使透光度受到影响。

(5) 仪器在长期搁置后使用，必须增加预热时间至 1h 以上。

(6) 测量时应防止被测溶液漏入仪器中。

(7) 为保证测时吸光度的精度，应经常进行校正，步骤如下：

1）将注入空白液的比色皿推入光路，按下 T 选择开关，调节 T 调节钮，使数字显示为 100.0，按下 A 选择开关，调节 A 调零钮，使数字显示为 0.000。

2）按下 T 选择开关，调节 T 调节钮，使数字显示 10.0，按下 A 选择开关，用改锥调节仪器后侧的 A(1)校正电位器，使数字显示为 1.000。

(8) 关于581—S光电比色计

更换"灯泡的特别提示"：

更换仪器内的灯泡时,应按下列步骤进行：

1) 卸下仪器底盖,取出损坏的灯泡

2) 按下T选择开关,T粗调节钮逆时针旋到底,T细调节钮顺时针旋到底,插入No 65滤色片。

3) 把灯泡旋紧,插入固定架,接通电源,缓慢改变插入位置的同时,仔细观察仪器显示的数字应在50.0左右,然后旋紧固定螺钉,装上仪器底盖即可。

【数据记录与处理】

表15-1 浓度和吸收度的测量

次数	c_0	A_0	A_x	c_x
1				
2				
3				
4				
5				
平均				

【注意事项】

(1) 清洁比色皿。应用蒸馏水清洗,必要时,可先用硝酸作为清洁液进行洗涤,再用蒸馏水冲净。

(2) 实验中应避免仪器受到震动。

(3) 未插入滤色片时,不得将开关旋纽拨到"2"处,以免损坏光电池。

(4) 每次将滤色片插入时,应保持同一面方向,以防滤色片表面的微小差别影响测量结果。

(5) 在实验中,若有一段较长的间歇时间,则应该将开关旋纽旋到"0"或"1"处,避免光电池被不必要地曝光,应当随时将比色皿盖好,防止杂光射到光电池上。

(6) 比色皿可以耐酸,但装入强酸时间不宜太久,在使用后应立即清洗。

【思考题】

(1) 在实验中,你选用的是什么颜色的滤色片？为什么？

(2) 光电比色计为什么要用互补色滤色片？

实验十六　糖溶液 n-C 曲线的描记与模拟尿糖的定标

【实验目的】

(1) 了解阿贝折射仪的构造、原理。

(2) 掌握阿贝折射仪的使用方法,并利用阿贝折射仪测定葡萄糖溶液的折射率。

(3) 熟悉实验数据的图示法,并绘制糖溶液的 n-C 曲线。

(4) 测出各种不同浓度的"模拟尿液"相应的含糖量"+"号值和折射率,并标明"+"号值与折射率 n 的对应关系。

【实验器材】

阿贝折射仪、蒸馏水、无水乙醇、不同浓度的葡萄糖溶液、滴管、尿糖测试试纸、酒精棉等。

【实验原理】

1. 光的全反射

光波从一种媒质进入到另一种媒质时,在两种媒质的分界面上发生折射现象,并且遵循折射定律

$$\frac{\sin\alpha}{\sin\gamma}=\frac{n_2}{n_1}$$

如图 16-1 所示,n_1 和 n_2 分别表示媒质 1 和媒质 2 的折射率,α 表示入射角,γ 表示折射角,若 $n_1>n_2$(即光线从光密媒质进入光疏媒质),则入射角 α 小于折射角 γ,当折射角为 $\pi/2$ 时,所对应的入射角被定义为**临界角** α_0(图 16-2)。当入射角大于或者等于临界角 α_0 时,不再会有光线折射进入媒质 2,而在分界面上,全部反射回媒质 1,我们称这种现象为光的**全反射现象**。

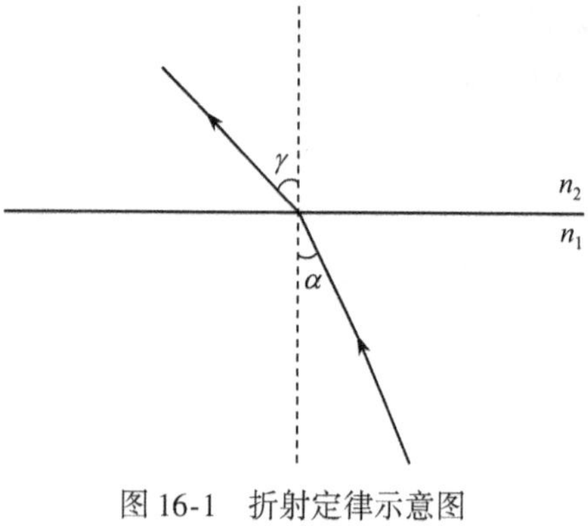

图 16-1　折射定律示意图

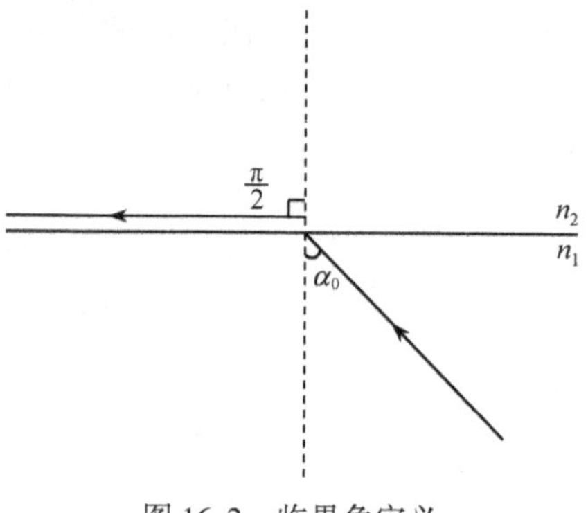

图 16-2　临界角定义

2. 仪器简介

本实验所使用的阿贝折射仪就是根据上述光的全反射现象所遵从的原理而制成的。阿贝折射仪是医学检测和药物鉴定中常用的分析仪器,可用来测量透明、半透明液体及透明固体的折射率等参量,其外形和各部分名称如图 16-3 所示(阿贝折射仪的型号不一,外形各异,我们给出的是较为常用的 WAY-2W 型阿贝折射仪的外形结构图)。

阿贝折射仪的主要部分是由两个相同的直角棱镜 ABC 和 DEF 构成的,如图 16-4 所示。两棱镜

的相对镜面间夹有待测液体薄层(设其折射率为 n)。棱镜 DEF 的上表面 DF 为磨砂表面,由普通光源发出的光由镜面 P 反射通过透光孔进入棱镜 DEF,经折射后射到磨砂表面 DF,这使磨砂表面被照亮而成为发光面。因为磨砂面使光向各个方向漫反射,因此由 DF 面可发出各种可能方向的漫反射光线通过液层入射 ABC 的 AC 面。因液层很薄,一定会有入射角非常接近 90°的入射光,如图15-4中所画出的光线 SO,叫做**掠射光线**。设棱镜的折射率为 N,如果 $N>n$,则 SO 射入 AC 面后折射角为棱镜对液体的临界角 α_0。OR 在 BC 面的入射角 α 及折射角 γ 都由 α_0 而定,也就是说出射线的位置由待测液体的折射率 n 所决定。因为 SO 是所有入射 AC 面的光线中入射角最大的,所以射入 AC 面的光线经两次折射后其出射线的方向只可能在 Rl 的左边。若射入的光为单色光,则对准 Rl 方向的望远镜视野中,将看到一半明一半暗的视场,而 Rl 方向的光线所成的像就是这明暗区域的分界线,我们只要测定该分界线 Rl 的出射角 γ 就可以求出待测液体的折射率 n。

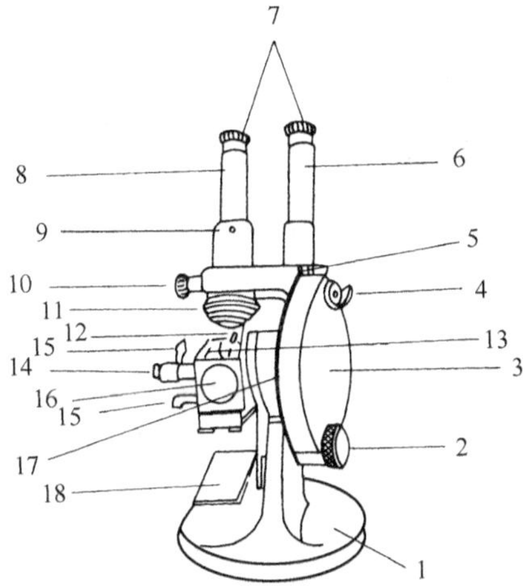

图 16-3　阿贝折射仪外形结构

1. 底座　2. 棱镜方位旋转调节旋钮(用来调节视场中黑白场交界线的位置)　3. 圆盘组　4. 刻度照明小反光镜　5. 支架　6. 读数镜(刻度镜)　7. 目镜　8. 望远镜筒　9. 折射率示值调节螺钉　10. 阿米西棱镜消色散手轮　11. 色散值刻度圈　12. 旋钮(可使主辅棱镜锁紧打开)　13. 棱镜组　14. 温度计插孔　15. 恒温水入口出口　16. 遮光帽　17. 主轴　18. 反光镜

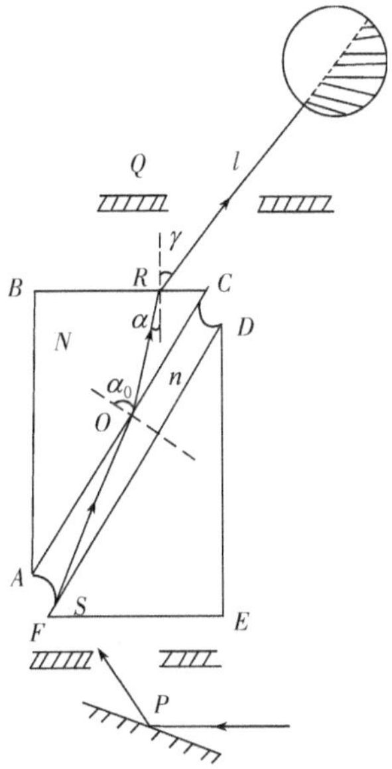

图 16-4　阿贝折射仪原理图光线

图 16-4 中,设棱镜的棱角 $\angle ACB$ 为 φ,由 $\triangle ORC$ 可知

$$\alpha_0 + 90° = \alpha + 90° + \varphi$$

即

$$\alpha_0 = \alpha + \varphi$$

对光线 SO 和 OR,由折射定律得

$$n\sin 90° = N\sin\alpha_0$$

所以

$$n = N\sin\alpha_0 = N\sin(\alpha + \varphi) = N\sin\alpha\cos\varphi + N\cos\alpha\sin\varphi$$

在 BC 界面 R 点有

$$N\sin\alpha = n_{空}\ \sin\gamma = \sin\gamma \quad (n_{空} = 1)$$

故

$$\sin\alpha = \frac{\sin\gamma}{N}, \quad \cos\alpha = \sqrt{1-\sin^2\alpha} = \frac{1}{N}\sqrt{N^2-\sin^2\gamma}$$

代入前式得

$$n = \sin\gamma\cos\varphi + \sin\varphi\sqrt{N^2-\sin^2\gamma}$$

式中,棱镜的棱角 φ 和折射率 N 均为定值,因此 n 由 γ 决定,从折射仪测得角 γ,即可确定液体的折射率 n 值。阿贝折射仪就是根据这一原理设计的直接读数的仪器。

仪器使用前必须进行校准,可用蒸馏水($n_D^{20}=1.3333$)或标准玻璃块进行校准(标准玻璃块上标有折射率 n 值)。下面介绍用蒸馏水校准的步骤:

(1) 把棱镜旋钮 12 松开,将两个棱镜用无水乙醇或易挥发溶剂及镜头纸擦干净。以免有杂质而影响校准精度。

(2) 用滴管将 2 ~ 3 滴蒸馏水滴在下面棱镜的毛玻璃上表面,合上并旋紧棱镜旋钮,使液膜均匀、无气泡,并充满两棱镜的间隙。

(3) 调节反光镜 18 及 4,使两镜筒视场明亮,再转动棱镜方位旋转调节旋钮 2,将折射率刻度对准 1.3333 处,如图 16-5 所示。

(4) 从望远镜中观察黑白分界线是否平分视场,即在十字叉丝中央,如图 16-6 所示,若明暗区域分界线不在十字叉丝中央,则调节折射率示值调节螺钉 9,使明暗区域分界线和十字叉丝交叉点处相重合。调好后一般不要再动示值调节螺钉 9。

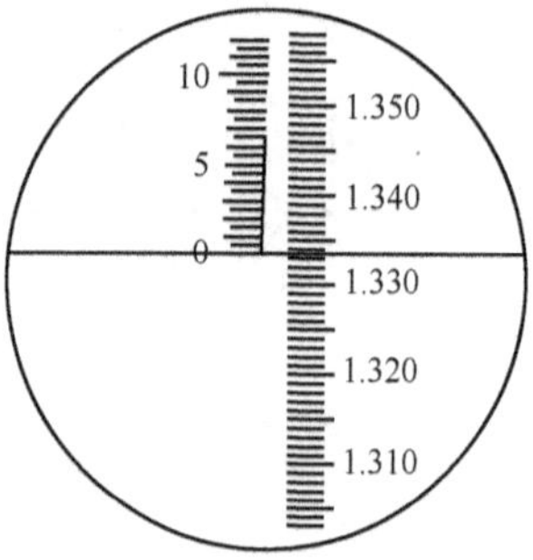

图 16-5　读数镜视场图

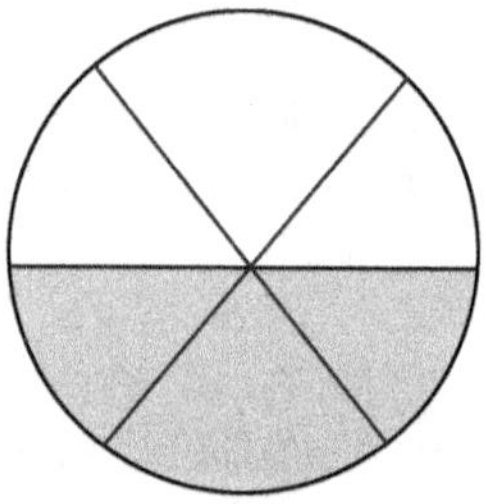

图 16-6　望远镜视场图

由于采用白光作为光源时,光线通过棱镜要发生色散,所以通常观察到的明暗分界线是有色彩的彩带。若在调节中视场出现色散,可调节阿米西棱镜消色散手轮 10 至色散消除,即明暗分界线清晰。

3. 溶液的 *n*-*C* 曲线

在实验室中,我们常用溶质一定且浓度已知的系列溶液作为标准,并用阿贝折射仪测出它们的折射率,再画出溶液折射率与浓度的关系曲线,即 n-C 曲线。这样,通过测出同种溶质浓度待定溶液的折射率 n_x,就可以根据曲线,在坐标横轴上求出未知溶液的浓度 C_x。这类方法不仅在物理实验室中经常用到,而且也常为医药学科研所采用。

【实验步骤】

1. 葡萄糖溶液 *n*-*C* 曲线的描记

(1) 扭动旋钮 12,打开三棱镜,用擦镜纸蘸无水乙醇或用酒精棉仔细将三棱镜擦净并晾干。

(2) 用滴管将待测折射率的葡萄糖溶液滴在进光棱镜的磨砂面上(通常滴一至两滴即可),合上两棱镜,转动旋钮 12 将棱镜锁紧,这时在两棱镜间形成均匀的待测液体薄层。

(3) 调节反光镜 18 及刻度照明小反光镜 4，使两镜筒视场明亮，调节目镜 7 焦距，左筒观察到清晰的刻度，右筒(望远镜 8)观察到清晰的十字叉丝。

(4) 调节棱镜方位旋转调节旋钮 2，在望远镜中寻找明暗区域分界线，并使镜中叉丝交点与明暗分界线基本对齐：粗调。

(5) 如果明暗分界线附近有彩色，则可调节阿米西棱镜消色散手轮 10，消去色散，即让视场中分界线色彩消失(且不呈某一单色，如红或蓝色的边线)，而形成清晰的明暗分界线。

(6) 再细调棱镜方位旋转调节旋钮 2，使镜中叉丝交点恰好落在明暗分界线上，即让分界线平分视场，如图 16-6 所示。

(7) 从读数镜 6 视场中内侧标度尺上读取被测溶液的折射率，如图 16-5 所示，注意准确记录标记线处的 5 位有效数字(含估读位)折射率数值。

读数镜 6 视场中另一侧标度尺上指示的为糖度值(糖度是溶液含糖量的指标。它以葡萄糖溶液百分浓度作为标准，按其相应的折射率，衡量溶液的含糖量。例如，10% 的葡萄糖溶液，即 100mL 蒸馏水中溶有 10g 葡萄糖固体的溶液，其糖度值为 10°而相应的折射率 n_{10} 约为 1.3479)。

测量过程中，选择 8 ~ 10 个不同浓度的葡萄糖溶液作为测量对象，对每一种溶液重复测量三次相应的折射率，并求出折射率的平均值。然后以浓度 C 为横坐标，折射率 n 为纵坐标，在坐标纸上画出葡萄糖溶液的 n-C 关系曲线。

2. 模拟尿糖的定标

用尿糖试纸测出浓度为 0%、0.25%、0.5%、1.0%、1.5%、2.0% 的葡萄糖溶液(“模拟尿液”)的“+”号值，并用阿贝折射仪，按上面(1) ~ (7)的步骤，测出相应的折射率 n 值，列表标出相应的折射率、百分浓度、糖度和“+”号值的对应关系。

【数据记录与处理】

1. 葡萄糖溶液 n-C 曲线的描记

折射率 / 次数 \ 浓度	2%	4%	6%	8%	10%	12%	14%	16%
1								
2								
3								
平均值								

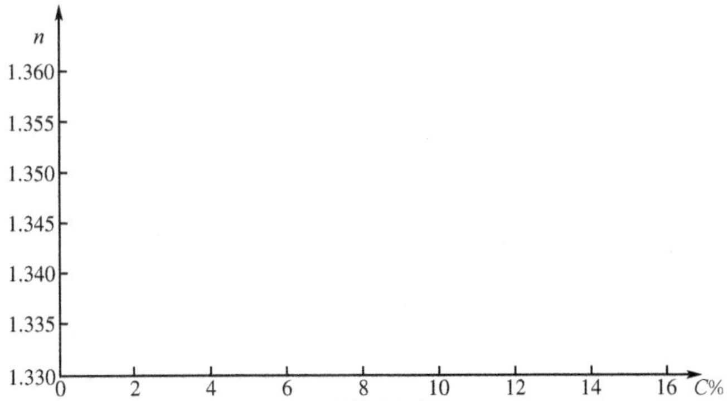

n-C 关系曲线

2. 模拟尿糖的定标

项目 \ 浓度	0%	0.25%	0.5%	1.0%	1.5%	2.0%
糖度 折射率 “+”号值	0°	0.25°	0.5°	1.0°	1.5°	2.0°

【注意事项】

(1) 往棱镜上加待测液时,不得使滴管与棱镜表面接触。

(2) 测完某液体,再测另外液体时,必须将棱镜表面擦洗干净,棱镜表面只能用擦镜纸或脱脂棉擦洗,常用的清洗液有乙醇、乙醚、二甲苯等。糖类和易溶于水的盐类溶液应先用蒸馏水洗擦干净,再用有机溶剂洗涤,擦净并晾干再使用。

(3) 仪器避免强烈振动和撞击,以免光学零件损伤,影响测量精度。

(4) 各种不同浓度的溶液或物质,不能混合。测具有腐蚀性的液体时,应避免与金属部分相接触。

(5) 液体的折射率与温度有关,如测量同一种液体在不同温度下的折射率,可将温度计放入插孔 14 内,通入恒温水,待温度稳定 10min 后方可测量。

(6) 阿贝折射仪使用前须校准。

(7) 实验后,要用清洗液反复擦净棱镜,并晾干(15min 后)方可合上棱镜。

(8) 测量“模拟尿液”“+”号时,应在 1min 内完成。

【思考题】

(1) 若待测液体的折射率 n 大于折射棱镜的折射率 N 时,能否用阿贝折射仪来测定该液体的折射率?为什么?

(2) 望远镜中明暗分界的半荫视场是如何形成的?

(3) 如果怀疑市场中购得的某种含糖饮品的真伪,你如何利用本实验所学知识和技能对其进行鉴定?

(4) 阿贝折射仪是根据什么原理制成的?

(5) 在测量“模拟尿液”“+”号时,若读数时间过慢为什么试纸的颜色向“+”号大的颜色变化?

实验十七　牛顿环测量透镜的曲率半径

【实验目的】

(1) 观察由牛顿环产生的等厚干涉条纹。

(2) 学习用牛顿环测量透镜曲率半径的方法。

【实验器材】

牛顿环、读数显微镜、钠光灯等。

【实验原理】

牛顿环可以产生等厚干涉,即空气薄层干涉。其产生的条件如图 17-1 所示。

将一个曲率半径很大的平凸透镜放在一块精磨的玻璃平板上,则在它们之间就形成了一层以接触点为中心而向四周逐渐增厚的空气薄膜,这时如果用单色光从上垂直向下照射时,由于空气层上缘面所反射的光与空气层下缘面所反射的光之间有光程差,则空气薄膜上下两面所反射的光将发生干涉。又因为同等厚度的空气层是一个以接触点 P 为中心的圆环面,故其形成的干涉条纹是一个圆环,不同厚度的空气层形成的干涉条纹是不同半径的圆环。所以当观察者从上面垂直向下观察时,就会看到一组以接触点 P 为中心的明暗相间的同心圆环,此环是由牛顿首先发现的,故称之为牛顿环。

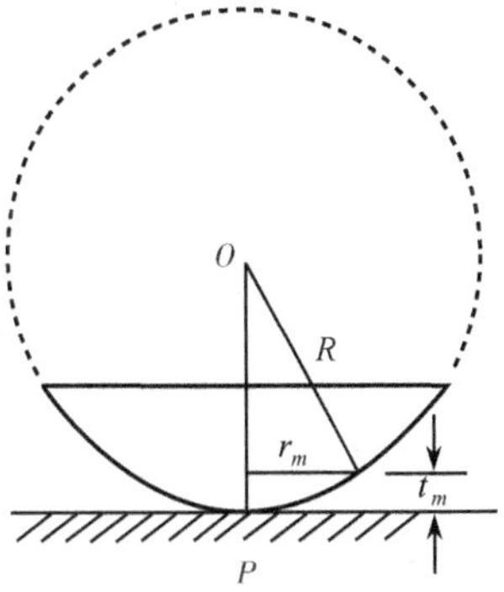

图 17-1

设所用光是波长为 λ 的单色光,与 P 点距离为 r_m 处的空气层的厚度为 t_m,则可以算出空气层上下缘面所反射的光的总光程差 Δ 为

$$\Delta = 2t_m + \frac{\lambda}{2} \quad ①$$

其中$\frac{\lambda}{2}$一项是由于光从光疏媒质到光密媒质的交界面上反射时发生半波损失引起的。

当光程差

$$\Delta = 2t_m + \frac{\lambda}{2} = m\lambda, \quad m = 0,1,2,3\cdots \quad ②$$

时,干涉光互相加强,这时得到的是明圆环。

当光程差

$$\Delta = 2t_m + \frac{\lambda}{2} = (2m+1)\frac{\lambda}{2}\text{时}, \quad m = 0,1,2,3\cdots \quad ③$$

时,干涉光互相抵消,这时得到的是暗圆环。

如果平凸透镜的曲率半径为 R,第 m 个暗环的半径是 r_m,如图 17-1 可得

$$R^2 = r_m^2 + (R - t_m)^2$$

即

$$R^2 = r_m^2 + R^2 - 2Rt_m + t_m^2$$

所以

$$r_m^2 = 2Rt_m - t_m^2$$

由于 $R \gg t_m$，则 t_m^2 可被视为无穷小而略掉。则有 $t_m = \frac{r_m^2}{2R}$ 将其代入暗环条件，式③化简后得到

$$R = \frac{r_m^2}{m\lambda} \quad m = 0,1,2,3,\cdots \tag{④}$$

m 为干涉级数(即圈数)，因此，如果入射光波长 λ 已知(钠黄光为 5893Å)，则只要测出第 m 级干涉圆环的半径 r_m，就可由式④计算出曲率半径 R，此方法即精度高而又不损坏镜面。所以精密仪器中透镜的曲率半径均用牛顿环进行测量。但是由于玻璃总要因机械压力而产生一定的畸变，因此凸透镜不可能在一个理想点上和平面玻璃板良好接触，所以 r_m 的起点不易确定，也就是说式④不适用于测量。为了使测得结果比较准确，通常是用两个不同级干涉圆环的半径 r_m、r_n 之差来计算 R，由式③可仿写出第 n 个暗环的关系式

$$\frac{r_n^2}{R} + \frac{\lambda}{2} = (2n+1)\frac{\lambda}{2}, \quad n = 0,1,2,\cdots \tag{⑤}$$

式③减式⑤得到

$$R = \frac{r_m^2 - r_n^2}{(m-n)\lambda} \quad 或 \quad R = \frac{(r_m + r_n)(r_m - r_n)}{(m-n)\lambda} \tag{⑥}$$

式⑥为实验中常用公式，本实验就是要通过精确测量 r_m 及 r_n 的值，来计算透镜曲率半径 R 之值。

【实验步骤与内容】

实验装置(图 17-2)

(1) 按装置图安装，调整好仪器，直到从读数显微镜中清楚地看见干涉圆环，且中心是暗环为止，然后调节显微镜中的十字叉丝恰好处在中心暗环的圆心上，如图 17-3 所示。

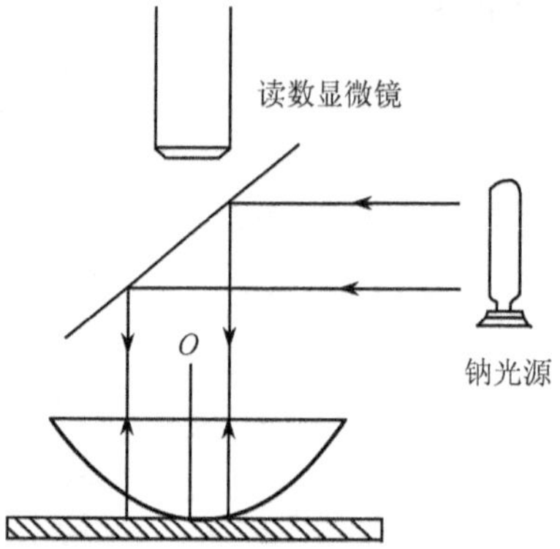

图 17-2 牛顿环实验装置示意图

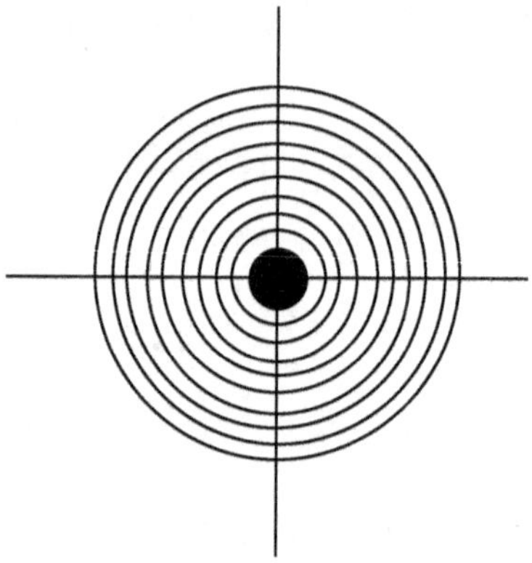

图 17-3 牛顿环

(2) 测量干涉暗环的半径：

1) 转动读数显微镜的测微手轮，把显微镜物镜从中央位置向左移动，并且一边移动，一边数出干涉暗环的圈数(以中心暗环为零级，依次往外数为第一圈、第二圈……)。一直移动到所要测量的最外面的一圈或两圈以外为止，本实验从第 10 圈开始记录，则应将镜头向左移至第 11 或第 12 圈为止，这时要做好读数记录的准备。

2) 将读数显微镜从左边第 11 环开始，自左向右缓缓移动，当目镜之十字叉丝对准第 10 圈暗环时($m=10$)，此时记下显微镜的读数 $X_{10左}$。然后继续向右移动。并依次记下($m-1, m-2, m-3, \cdots$)环，即第 9 环，第 8 环，第 7 环，第 6 环的读数。注意接近圆心的暗环由于宽度变化较大，不易测准。所以

第 5 到第 1 各环空过，不予记录。

3）继续自左向右移动物镜，越过中心零级，继续越过右侧的第 1 到第 5 环，从右侧的第 6 环开始再读数、再记录。这样依次记下了右侧的第 6、第 7、第 8、第 9、直到第 10 环的读数。到此，得到了自左向右顺序记录的第一组数据。

4）重复 1）~3）步骤，只是将顺序相应改为自右向左移动，即先记录右侧第 10 到第 6 环的位置。继续自右向左移动物镜，越过中心零级，记下左侧第 6 到第 10 环的位置。这样，又得到了自右向左顺序记录的第二组数据。

5）分别处理两组数据，用右边 X_n 减去左边的 X_n 再除以 2 即得到第 n 个暗环的半径 r_n，两组 r_n 再取平均值，即得到最后的第 n 个暗环的半径 $\overline{r_n}$。

$$r_n=\frac{X_{n右}-X_{n左}}{2}$$

6）任取 m，n 数值及相应暗环半径值，代入⑥式中，求出平凸透镜的曲率半径 R（单位：m），取 3 种 m、n 的任意组合，取平均即为 R 值。

【实验记录】

项目 \ 位置 \ 环序		x_{10}	x_9	x_8	x_7	x_6
自左向右	左					
	右					
$r'_n=\frac{\lvert X_{n右}-X_{n左}\rvert}{2}$						
自右向左	右					
	左					
$r''_n=\frac{\lvert X_{n右}-X_{n左}\rvert}{2}$						
$\overline{r_n}=\frac{r'_n+r''_n}{2}$						

测量结果：

$$R=\frac{r_m^2-r_n^2}{(m-n)\lambda}\qquad\begin{cases}当\ m=10,n=8\ 时,R_1=\\ 当\ m=9,n=7\ 时,R_2=\\ 当\ m=8,n=6\ 时,R_3=\end{cases}$$

$$\overline{R}=\frac{R_1+R_2+R_3}{3}$$

已知：$\lambda=5893\text{Å}$

【注意事项】

(1) 暗环圈数不可数错，否则一定要重做。

(2) 测量的是暗环，不是明环。

(3) 实验过程中，桌面要稳，不能振动。读数显微镜亦不可摇动，否则要重测。

(4) 读数显微镜使用时，为防止螺距差的产生，在测量过程中，不能来回转动测微手轮。

【思考题】

(1) 本实验中应怎样做才能更有效地减小误差。

(2) 读数显微镜的物镜下，为什么要安装 45°角的反射镜。

实验十八　衍射光栅测量光波波长

【实验目的】

(1) 熟悉分光计的调整与使用。

(2) 理解光栅衍射的原理,掌握用衍射光栅精确测量波长的原理和方法。

【实验仪器】

分光计、光栅、钠光灯等。

【实验原理】

衍射光栅简称光栅,是根据多缝衍射原理制成的一种分光元件。光栅的种类很多,有平面光栅和凹面光栅;有透射光栅和反射光栅,本实验选用平面透射光栅。

平面透射光栅是在光学玻璃片上刻上大量互相平行,宽度和间距相等的刻痕制成的。当光照射在光栅面上时,刻痕处由于散射不易透光,光线只能在刻痕间的狭缝中通过。因此,光栅实际上是一排平行等距、紧密排列的等宽狭缝。

如图 18-1 所示,各狭缝的宽度为 a,缝与缝之间不透光部分的宽度为 b,d 为相邻两狭缝中对应点之间的距离,且 $d=a+b$,称为**光栅常数**。若以单色平行光垂直照射在光栅面上,则透过各狭缝的光线因衍射将向各个方向传播,衍射光经会聚透镜发生多光束干涉并在透镜焦平面上形成一系列分隔得较远的对称分布的明条纹。按照光栅衍射理论,凡是满足光栅方程:

$$d\sin\theta = \pm k\lambda \quad (k = 0, 1, 2, \cdots) \tag{①}$$

的衍射光将会加强,在焦平面上形成明条纹称为谱线。$\theta=0$ 时对应为 $k=0$ 时的中央明纹即零级谱线,该谱线亮度最强。对称排列在 0 级谱线两侧的光谱依次称为+1 级,+2 级,…,−1 级,−2 级…,其亮度亦随级数绝对值的增加而依次减弱(图 18-2)。

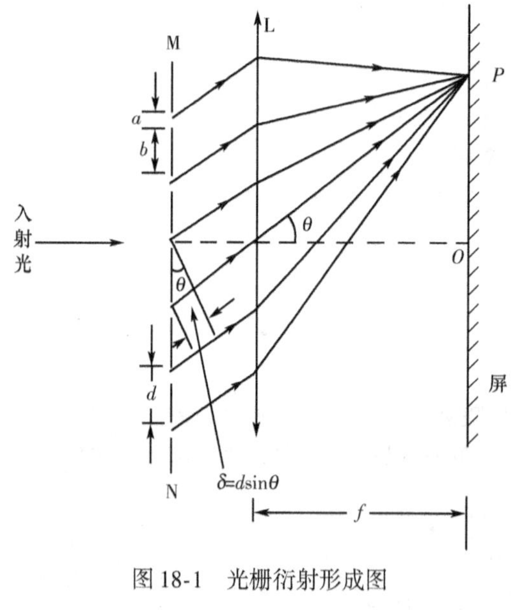

图 18-1　光栅衍射形成图

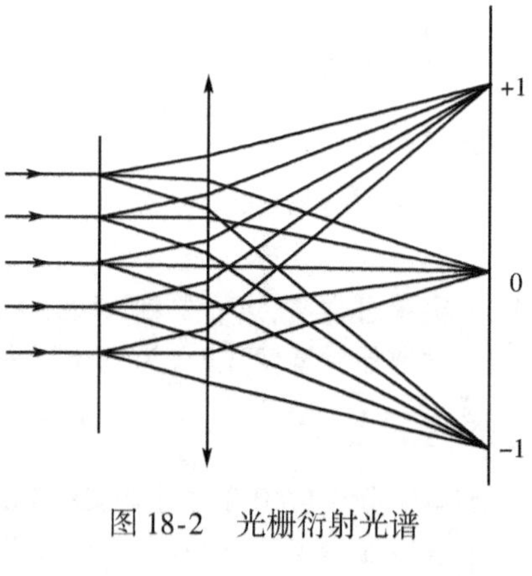

图 18-2　光栅衍射光谱

如果复色光入射,由式①可知,除零级以外,同一级 k 中衍射角 θ 随波长增大而增大,这样复合光就可以分解成各种单色光而形成一系列彩色谱线,这些谱线称为该入射光的衍射光谱。

本实验已知光栅常数 $d=1.82\times10^{-6}\text{m}$,利用光栅方程及图 2 所示之原理图,测量出+1 级,-1 级相应之衍射角 φ_{+1}、φ_{-1},即可求出入射光的波长,这是一种测量光波波长的标准方法之一,计算式如式②所示。

$$\lambda=\frac{d\sin\overline{\varphi}}{|k|} \tag{②}$$

【实验步骤】

(1) 调节分光计(调节方法可参考实验十三,调好后不可擅自移动)。

(2) 观察光栅对钠光衍射谱线(包括左、右对称的不同衍射级),在环境较暗的情况下,可观察到二级衍射光谱(此时光栅平面必须与入射光垂直,亦与载物台垂直)。

(3) 调节望远镜使十字叉丝的交点与 0 级黄光像对齐,此时可记下望远镜所在位置 φ_0。

(4) 慢慢向右移动望远镜,直到看清+1 级光谱线为止,且将十字叉丝交点与+1 级黄光像对齐,此时记下望远镜所在位置 φ_{+1},则 $\varphi_{右}=\varphi_{+1}-\varphi_0$。

重复(3)~(4)步骤五次,取 $\overline{\varphi}_{右}=\frac{1}{5}\sum\varphi_{右}$ 作为右边+1 级光谱线的衍射角。

(5) 再次调节望远镜使十字叉丝的交点与 0 级黄光像对齐,并再次记下望远镜所在位置 φ_0'。

(6) 慢慢向左移动望远镜,直到看清-1 级光谱线为止,且将十字叉丝交点与-1 级黄光像对齐,此时可记下望远镜所在位置 φ_{-1},则 $\varphi_{左}=\varphi_{-1}-\varphi_0'$。

重复(5)~(6)步骤五次,取 $\overline{\varphi}_{左}=\frac{1}{5}\sum\varphi_{左}$ 作为左边-1 级光谱线的衍射角。

(7) 取左、右衍射角的 $\overline{\varphi}=\frac{\overline{\varphi}_{右}+\overline{\varphi}_{左}}{2}$ 代入式②中,求出入射光的波长 λ 值。

【数据记录与处理】

级数 / 位置 / 次数	φ_0 级	φ_{+1} 级	差值 $\varphi_{右}$	φ_0' 级	φ_{-1} 级	差值 $\varphi_{左}$
1						
2						
3						
4						
5						
平均						

衍射角 $\overline{\varphi}=\frac{\overline{\varphi}_{右}+\overline{\varphi}_{左}}{2}$

测量结果:$\lambda=\frac{d\sin\overline{\varphi}}{|k|}$

【注意事项】

(1) 对光学仪器及光学元件表面不可用手摸,不准对着光学元件说话、打喷嚏、咳嗽等,以免光学元件表面被污染。如发现污染,不可自行处理,找指导教师解决。

(2) 光具组位置不可擅自移动,仪器要避免振荡,更避免跌到地上。

(3) 钠光灯用毕后要立即关上,短时间内不可重复开、关多次,否则将缩短钠光灯寿命。

(4) 入射狭缝要尽可能小,则光谱宽度小,便于精确测量。

【思考题】

(1) 本实验中误差产生的主要因素是什么?

(2) 试写出 λ 的绝对误差 $\Delta\lambda$ 的计算过程。

实验十九　气体 γ 值的测定

【实验目的】

(1) 测定空气的定压摩尔热容和定容摩尔热容的比值。

(2) 通过实验,了解等容过程、绝热过程和等温过程。

【实验仪器】

大玻璃瓶、打气球、U 形管、压强计、夹子(止血钳)、Y 形管和橡皮管、盛水容器(如小烧杯)、凡士林。

【实验原理】

气体的定压摩尔热容 C_P 与定容摩尔热容 C_V 的比值为

$$\gamma=\frac{C_P}{C_V}$$

因为 $C_P>C_V$,所以 γ 恒大于 1。单原子、双原子和多原子气体,它们的 γ 值是不同的。对于双原子气体,$\gamma=1.4$。实验装置如图 19-1 所示。用打气球将空气经橡皮管打入瓶内后,将管子夹紧,此时瓶内气压 P_1 高于大气压强 P_0,同时温度也高于环境温度。此时压强计中两管液面的高度差 h_1 并不稳定,直到瓶内空气的温度和室温 T_1 相等时才稳定;此时瓶内空气处于"状态Ⅰ"用 T_1、P_1 这两个参量来描述,其中 $P_1=P_0+\rho g h_1$(ρ 为油的密度)。

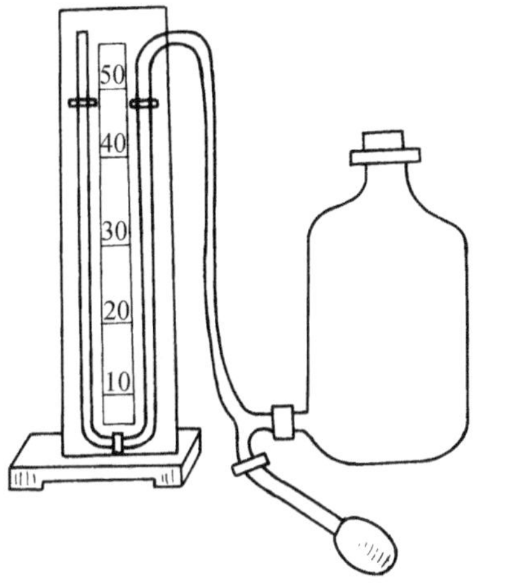

图 19-1

如果此时迅速将管夹打开,则瓶内的空气迅速膨胀,当瓶中气压降到大气压 P_0 时,立即夹紧管子。由于膨胀过程进行很快而瓶壁又是热的不良导体,所以该过程可以认为是绝热过程。因此,空气膨胀时对外所做的功是由内能的减少转换而来,温度随即从 T_1 降到 T_2,此时瓶内空气过渡到"状态Ⅱ",用 P_0、T_2 来描述。设膨胀后瓶中空气单位质量的体积(比容)为 V_2,膨胀前其单位质量的体积(比容)为 V_1;而且 $V_2>V_1$,则当气体从"状态Ⅰ"过渡到"状态Ⅱ"时,根据绝热过程有

$$P_0V_2^{\gamma}=P_1V_1^{\gamma}$$

即

$$\frac{P_1}{P_0}=\left(\frac{V_2}{V_1}\right)^{\gamma} \quad ①$$

式中的 γ 就是要测量的两种摩尔热容的比值。

空气绝热膨胀到压强为 P_0 时,瓶内空气的温度会降低,接下来瓶内的空气随即吸收室内的热量,再经数分钟后,瓶内空气温度又升高到室温 T_1,压强随着增高为 P_2,压强计中两管液面的高度差为 h_2;此过程近似定容吸热过程,瓶内空气过渡到"状态Ⅲ",用 P_2、T_1 来描述,则有 $P_2=P_0+\rho g h_2$。

状态Ⅰ与状态Ⅲ处在同一条等温线上,根据玻意耳-马略特定律,得

$$P_2V_2=P_1V_1$$

即

$$\frac{V_2}{V_1}=\frac{P_1}{P_2} \qquad ②$$

将②式代入式①得

$$\frac{P_1}{P_0}=\left(\frac{P_1}{P_2}\right)^{\gamma}$$

两边取对数,得

$$\gamma\ln\frac{P_1}{P_2}=\ln\frac{P_1}{P_0}$$

$$\gamma=\frac{\ln\frac{P_1}{P_0}}{\ln\frac{P_1}{P_2}}$$

将 $P_1=P_0+\rho gh_1$ 和 $P_2=P_0+\rho gh_2$ 代入得

$$\gamma=\frac{\ln\frac{P_0+\rho gh_1}{P_0}}{\ln\frac{P_0+\rho gh_1}{P_0+\rho gh_2}}=\frac{\ln\left(1+\frac{\rho gh_1}{P_0}\right)}{\ln\left(1+\frac{\rho gh_1}{P_0}\right)-\ln\left(1+\frac{\rho gh_2}{P_0}\right)}$$

由于$\frac{\rho gh_1}{P_0}$及$\frac{\rho gh_2}{P_0}$都比 1 小得多,故

$$\ln\left(1+\frac{\rho gh}{P_0}\right)\approx\frac{\rho gh}{P_0}$$

当$-1<X\leqslant 1$ 时,有

$$\ln(1+X)=X-\frac{X^2}{2}+\frac{X^3}{3}-\frac{X^4}{4}+\cdots+(-1)^{n-1}\frac{X^n}{n}+\cdots$$

当$|X|\ll 1$ 时,$\ln(1+X)\approx X$ 从而得

$$\gamma\approx\frac{\frac{\rho gh_1}{P_0}}{\frac{\rho gh_1-\rho gh_2}{P_0}}=\frac{h_1}{h_1-h_2} \qquad ③$$

从式③可以看出,只要测出绝热膨胀前压强计两管液面的高度差 h_1 和绝热膨胀后定容吸热过程终止时压强计两管液面的高度差 h_2,即可近似求出空气的 γ 值。

【实验步骤与内容】

(1) 检查仪器是否漏气(怎样检查?)。若不漏气,将空气慢慢打入瓶内,使压强计之液面高度差为 15~20cm,用止血钳夹紧橡皮管,待压强计中液面完全稳定后,从压强计上读出液面高度 H_1 及 H_2,测得高度差 h_1。

(2) 拔下打气球,将橡皮管口没入水中,迅速松开止血钳放气,当水中停止冒气泡,即放气终止时立即夹紧橡皮管,待压强计中液面完全稳定后,从压强计上读出两管液面高度 H_3、H_4,测得高度差 h_2。

(3) 重复实验至少五次,将每次得到的 h_1 和 h_2 代入式③中,得出 γ 值。

【实验记录】

$\gamma_{公认}=1.40$　$\gamma_1=$

表 19-1　液面高度的测量(cm)

次　数	1	2	3	4	5	平均值
H_1						
H_2						
H_3						
H_4						

$$h_1=\left|\overline{H}_1-\overline{H}_2\right|=$$

$$h_2=\left|\overline{H}_3-\overline{H}_4\right|=$$

$$\gamma=\frac{h_1}{h_1-h_2}=$$

$$\Delta\gamma\left|\gamma-\gamma_1\right|=$$

$$E=\frac{\Delta\gamma}{\gamma_1}\times100\%=$$

【注意事项】

(1) 实验时应保证不漏气,若漏气可用密封剂封之。

(2) 打气时切勿太快太猛,以避免液体从开管中冲出。

(3) 测量 H_1、H_2、H_3、H_4 时,应等液面完全稳定才读数。

(4) 放气时,必须做到迅速,当瓶内的气压接近于大气压时,即夹紧橡皮管,这点非常重要。为了掌握这一步骤,可先进行几次操作以取得经验。

【思考题】

试根据实验过程,作气体从状态Ⅰ经状态Ⅱ到状态Ⅲ的 P-V 图。

实验二十　心电信号的测量与分析

【实验目的】

(1) 了解心电图机的内部结构和测量原理。
(2) 熟悉测量心电图机的技术指标。
(3) 学会心电图机的使用方法。
(4) 测量并简单分析肢体导联的心电图(标Ⅰ、Ⅱ、Ⅲ和 aV_R、aV_L、aV_F)。

【实验器材】

心电图机、心电图纸、酒精棉及生理盐水棉签。

【实验原理】

心电图机是用来描记由于心脏兴奋而影响身体表面不同部位电势差的仪器。体表测得的心电信号非常微弱,一般只有1.5~2.0mV。医学临床上和实验室中常用的心电图机将心电信号输入电压放大器进行电压放大,再输入功率放大器进行功率放大,有了足够的功率后,输入记录器便可推动描笔按心电信号的变化规律摆动,从而在匀速走动的记录纸上描记出心电信号随时间变化的波形,或用其他方式记录、显示心电波形即心电图(ECG)。心电图可作为医学临床的重要物理诊断指标。

现在的心电图机,包括监护仪种类繁多,但大体上分为单道、多道热线阵纸记录式,屏幕显示形式,以及数码式动态心电记录仪等。其中以热线阵纸记录式心电图机最为常见,这类心电图机也是物理实验中常用的实验教学设备。

心电图机的内部结构及工作原理如图20-1所示,它是由导联选择器、电极、缓冲放大器、前级放大器、增益粗调、后级放大器、功率放大器、记录器、标定电压发生器、变压器、整流器、稳压电源、热笔温度调节器、电动机、传动走纸装置等部分组成。

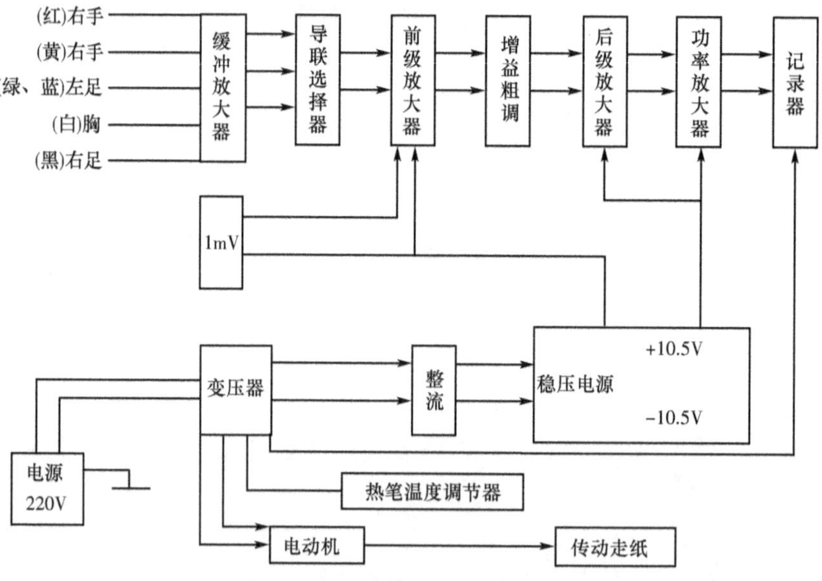

图20-1　心电图机原理示意框图

物理实验室中常用的热线阵纸记录直描式心电图机外形如图 20-2 所示，面板上有导联选择按键 S_1，开始/停止键 S_2，手动/自动键 S_3，电源开关 S_4，$25mm \cdot s^{-1}$、$50mm \cdot s^{-1}$ 走纸变速开关 S_5，灵敏度控制键 S_6，滤波方式选择键 S_7，复位键 S_8，1mV 定标键 S_9 等组成。通过导联线采集人体心电信号，经内部的滤波、放大，最后通过热笔在记录纸上描记心电图波形。

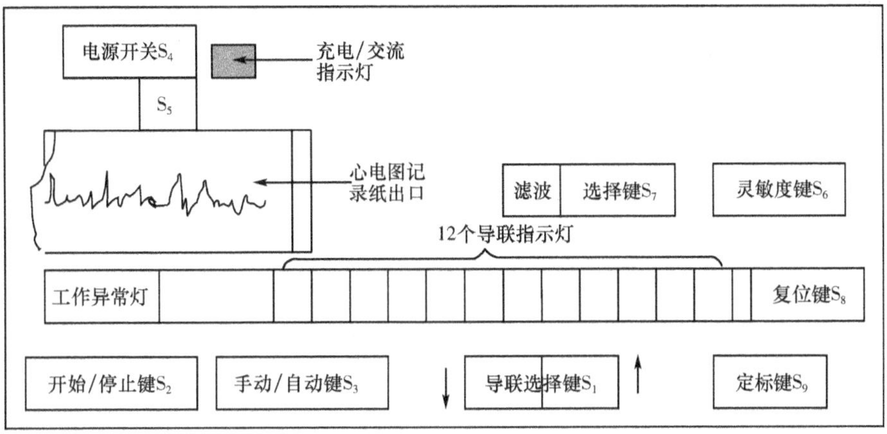

图 20-2　ECG-6951 型心电图机面板功能示意图

【实验步骤】

1. 心电图机的熟悉与调试

(1) 接通电源，用 S_4 选择交流，指示灯亮，预热 2min 后开始工作。

(2) 用 S_7 选择交流滤波，指示灯亮；调节灵敏度控制键 S_6 使得灵敏度为 1 即可；用手动/自动键 S_3，选择手动，指示灯亮；用走纸变速开关 S_5 选定走纸速度为 $25mm \cdot s^{-1}$。

(3) 按下开始/停止键 S_2 到“开始”(这时开始走记录纸)，用导联选择按键 S_1 选定“test”观察基线。

(4) 按动 1mV 定标键 S_9，观测 1mV 方波波形，然后再次按动开始/停止键 S_2，停止检测。

2. 描绘人体心电图

(1) 让被测者安静仰卧或采取坐势，用酒精棉清理各电极和相应的皮肤表面；在电极与皮肤间涂抹生理盐水，然后按常用心电图机的联结次序规定，将各导联电极与人体各部位连接好。一般以 5 种不同颜色的导联线插头与身体相应部位的电极连接，上肢：左黄、右红；下肢：左绿、右黑(胸前导联的连接，以及 V_1 到 V_6 心电图的测定可由教师挑选实验“自愿者”演示完成)。

(2) 把导联总线与心电图机连接好，按下开始/停止键 S_2 到开始位置，用导联选择按键 S_1 依次选择“test”、标Ⅰ、Ⅱ、Ⅲ和 aV_R、aV_L、aV_F 六个测量选项(每项位置停留 3～5s 即可)，测出相应的心电图。

【数据记录与处理】

将做好的心电图写上姓名和日期附在实验报告上，并对心电图(一般选定为标Ⅱ)进行简单的波形分析，找出并标明 P、Q、R、S、T 各波的位置。

【注意事项】

(1) 当按下 S_2“开始”位描记心电图时，若描笔高频颤动，表明有噪声存在。此时应再按 S_2 回到“停止”位，检查导线与人体的接触是否良好，地线是否接地。

(2) 心电图纸价格较高，应节约使用。

（3）心电图机不宜连续使用3h以上，若发现机内温度过高，应休息一下再用，以免烧坏仪器。
（4）使用心电图机时，应该接好地线（由实验室提供），以减小交流干扰，并保证被测者的安全。

【思考题】

（1）如果在测心电图时，被测人讲话或有其他动作，测量的心电图能否准确，为什么？
（2）临床使用心电图机前，为什么要事先进行鉴定？
（3）为什么要在电极与皮肤间涂抹生理盐水？

附　　录

（一）各导联名称

1. 双极标准肢体导联

第Ⅰ导联：左手和右手间电压
第Ⅱ导联：左脚和右手间电压
第Ⅲ导联：左脚和左手间电压

2. 单极加压肢体导联

aVR：右手与中心端电极间的电压
aVL：左手与中心端电极间的电压
aVF：左脚与中心端电极间的电压

3. 单极胸部导联

V_1：第4肋间胸骨右缘与中心端电极间的电压
V_2：第4肋间胸骨左缘与中心端电极间的电压
V_3：V_2和V_4连线的中心点处与中心端电极间的电压
V_4：左第5肋间与锁骨中线相交点处与中心端电极间的电压
V_5：与V_4同一水平，在与左腋前线相交点处与中心端电极间的电压。
V_6：与V_4同一水平，在与左腋中线相交点处与中心端电极间的电压。

（二）典型的心电图

在每个心动周期内，一个典型心电图有5（或6）个波组成，即P、Q、R、S、T、（U）波，如附图20-1所示。

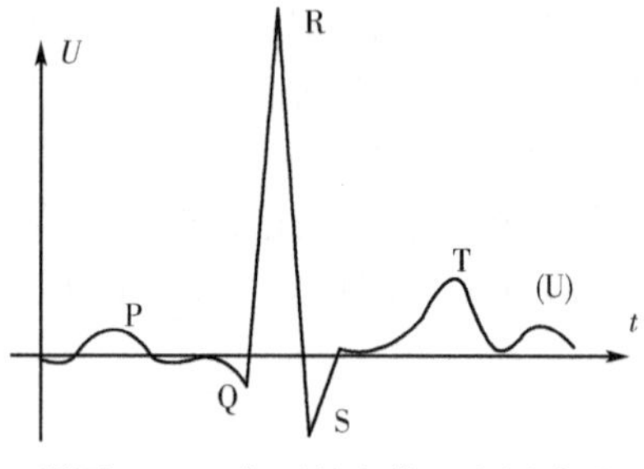

附图20-1　典型的人体心电图波形

P波：代表两心房激动时所产生的电压变化。

P—R间期：代表窦房结激动经心房、房室结、房室束抵达心室所需的时间。

QRS综合波：Q波是QRS综合波中第一个向下的波，其前面无向上的波；R波是QRS波中第一个向上的波，其前面可以无Q波；S波是R波之后的向下波。QRS波代表心室激动的电压变化与所需时间，其形态与激动在心室内传播的途径及探查电极所在的位置有关。心室最先激动处是室间隔左侧中1/3处，自左向右传播，然后左、右心室同时去极，最后去极部位是室间隔的底部和左心室的底部。

ST段：起自QRS波之终点至T波之起点，QRS波与ST段之交点称J点这段时间内，心室处于完全除极但尚未复极的状态，所以ST段应在零电位线上一点。

T波：代表心室复极时电位变化。

Q—T间期：QRS波起点至T波终点所占的时间，随心率而改变。

U波：在T波后一个较低的波，方向与T波一致。

（三）导联线的连接

导联线的一端为总线，插入机器的导联插座，另一端具有十个插头，按下列规定插入四肢电极和胸电极上。

R（红、黑）　右手　　　　L（黄、黑）　左手

F（绿、黑）　左脚　　　　RF（黑、黑）　右脚

C_1、C_2、C_3、C_4、C_5、C_6 分别插入已安装好的对应的胸电极上。

实验二十一　电流型集成温度传感器 AD590 的特性测量和应用

【实验目的】

(1) 测量 AD590 输出电流和温度的关系，计算传感器灵敏度及 0℃时传感器输出电流值。

(2) 测量集成温度传感器 AD590 在某恒定温度时的伏安特性曲线，求出 AD590 线性使用范围的最小电压 U_r。

【实验器材】

FD-WTC-D 型恒温控制温度传感器实验仪、AD 590 电流型集成温度传感器、0～50℃水银温度计等。

【仪器描述】

1. FD-WTC-D 型恒温控制温度传感器实验仪

(1) 仪器组成：如图 21-1 所示，FD-WTC-D 型恒温控制温度传感器实验仪为有单片控制的智能式数字恒温控制仪，主要有量程为 0～19. 999V 四位半数字电压表、直流 1. 5～12V 稳压输出电源、可调式磁性搅拌器以及 2000ml 烧杯、加热器、玻璃管(内放变压器油和被测集成温度传感器)等组成。

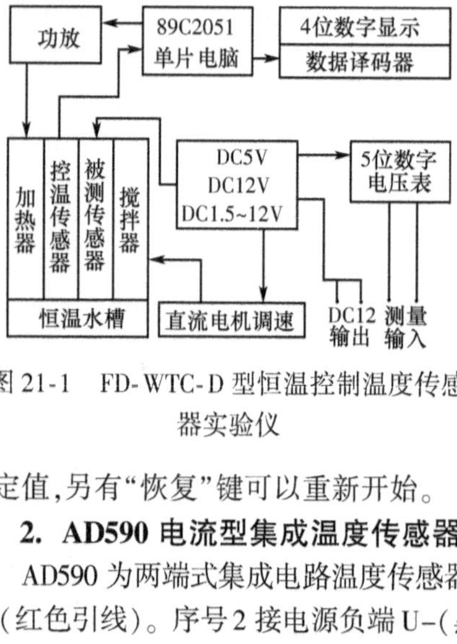

图 21-1　FD-WTC-D 型恒温控制温度传感器实验仪

(2) 仪器使用方法：

1) 使用前将电位器调节旋钮逆时针方向旋到底，把接有 DS18B20 传感器接线端插头插在后面的插座上，DS18B20 测温端放入注有少量油的玻璃管内(直径 16mm)；在 2000mL 大烧杯内注入 1600mL 的净水，放入搅拌器和加热器后盖上铝盖并固定。

2) 接通电源后待温度显示值出现“B ＝＝. ＝”时可按“升温”键，设定用户所需的温度，再按“确定”键，加热指示灯发光，表示加热开始工作，同时显示“A ＝＝. ＝”为当时水槽的初始温度，再按“确定”键显示“B ＝＝. ＝”表示原设定值，重复确定键可轮换显示 A、B 值；A 为水温值，B 设定值，另有“恢复”键可以重新开始。

2. AD590 电流型集成温度传感器

AD590 为两端式集成电路温度传感器，它的管脚引出端有两个，如图 21-2 所示：序号 1 接电源正端 U+(红色引线)。序号 2 接电源负端 U-(黑色引线)。至于序号 3 连接外壳，它可以接地，有时也可以不用。AD590 工作电压 4～30V，通常工作电压 6～15V，但不能小于 4V，小于 4V 出现非线性。

【实验原理】

AD590 集成电路温度传感器是由多个参数相同的三极管和电阻组成。该器件的两端当加有某一定直流工作电压时(一般工作电压可在 4. 5～20V 范围内)，它的输出电流与温度满足如下关系：

$$I = B\theta + A$$

式中，I 为其输出电流，单位 μA，θ 为摄氏温度，B 为斜率(一般 AD590 的 $B = 1\mu A \cdot ℃^{-1}$，即如果该温度传感器的温度升高或降低 1℃，那传感器的输出电流增加或减少 1μA)，A 为摄氏零度时的电流值，其值恰好与冰点的热力学

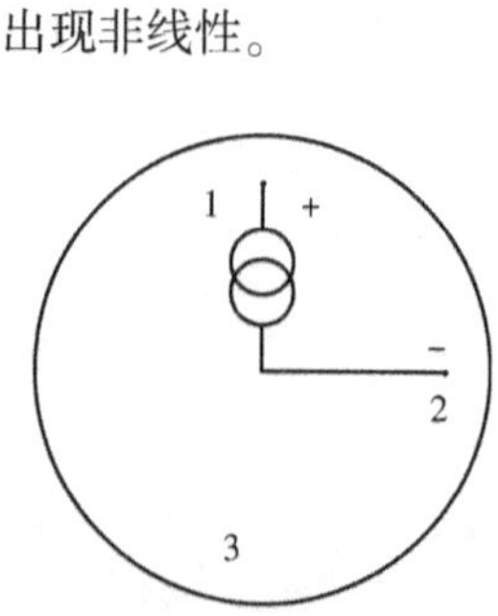

图 21-2　AD590 管脚接图

温度273K 相对应。(对市售一般AD590,其A 值从273～278μA 略有差异。)利用AD590 集成电路温度传感器的上述特性,可以制成各种用途的温度计。采用非平衡电桥线路,可以制作一台数字式摄氏温度计,即AD590 器件在0℃时,数字电压显示值为“0”,而当AD590 器件处于 θ℃时,数字电压表显示值为“θ”。

【实验内容】

1. AD590 传感器温度特性测量

按图 21-3 接线(AD590 的正负极不能接错)。测量 AD590 集成电路温度传感器的电流 I 与温度 θ 的关系,取样电阻 R 的阻值为 1000Ω。把实验数据用最小二乘法进行拟合,求斜率 B 截距 A 和相关系数 τ。实验时应注意 AD590 温度传感器为二端铜线引出,为防止极间短路,两铜线不可直接放在水中,应用一端封闭的薄玻璃管套保护,其中注入少量变压油,使之有良好热传递。

2. AD590 传感器的输出电流和工作电压关系测量

将 AD590 传感器处于恒定温度,将直流电源、AD590 传感器、电阻箱、直流电压表等按图 21-4 接电路线。调节电源输出电压从 1.5～10V,测量加在 AD590 传感器上的电压 U 与输出电流 $I(I=U_R/R)$ 的对应值,要求实验数据 10 点以上。用坐标纸做 AD590 传感器输出电流 I 与工作电压 U 的关系图,求出该温度传感器输出电流与温度呈线性关系的最小工作电压 U_r。

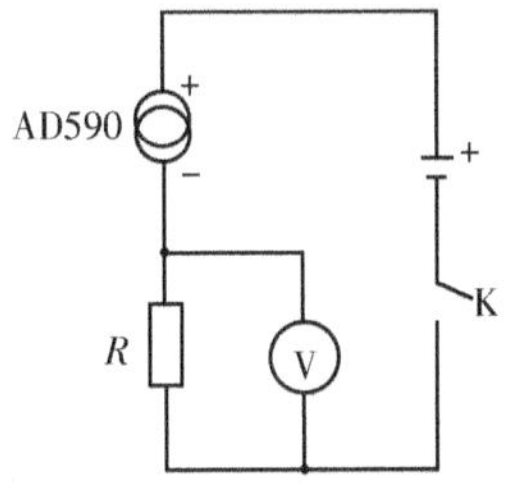

图 21-3　AD590 温度特性测量

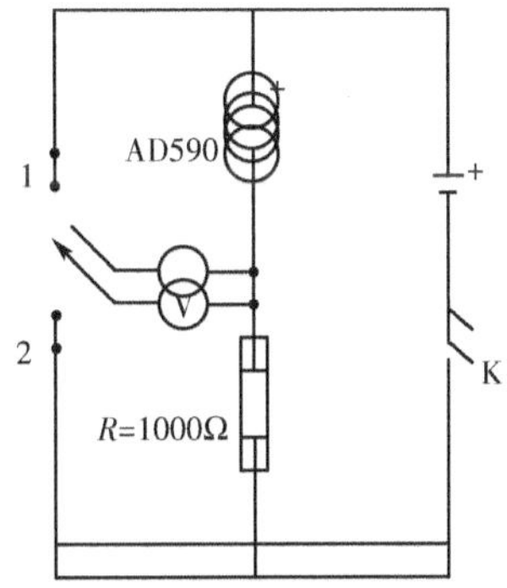

图 21-4　AD590 伏安特性测量(温度恒定)

【实验记录】

1. 测量 AD590 传感器输出电流 I 和温度 θ 之间的关系(表 21-1);求 I-θ 关系的经验公式

表 21-1　AD590 传感器温度特性测量

θ(℃)							
U_R(V)							
I(μA)							

表 21-1 数据用计算器最小二乘法拟合得:

斜率 B = 1μA · ℃$^{-1}$;

截距 A = μA;

相关系数 τ =

所以,I-θ 关系为:I =

2. 测量 AD590 传感器的伏安特性(表 21-2)

表 21-2　$AD590$ 传感器伏安特性测量 θ=30℃,R=1000Ω

U(V)														
U_R(V)														
I(μA)														

【注意事项】

(1) AD590 集成温度传感器的正负极性不能接错，红线表示接线电源正极。

(2) AD590 集成温度传感器不能直接放入水中或冰水混合物中测量温度，若测量水温或冰水混合物温度，须插入到加有少量油的玻璃的玻璃细管内，再插入待测温物测温。

(3) 搅拌器转速不宜太快，若转速太快或磁性转子不在中心，有可能转子离开旋转磁场位置而停止工作，这时须将调节马达转速电位器逆时针调至最小，让磁性转子回到磁场中，再旋转。

(4) 热敏电阻的工作电流应小于 300μA，防止自热引入误差，实验时，直流电源调节旋钮可反时针调到底。用数字电压表测得电源为 1.5V 方可使用。

(5) 2000mL 烧杯的底部必须平整，更换大烧杯时请注意。

(6) 倒去烧杯中水时，注意应先取出磁性浮子保管好，以避免遗失。

【思考题】

(1) 电流型集成电路温度传感器有哪些特性？它比半导体热敏电阻、热电偶有哪些优点？

(2) 如何用 AD590 集成电路温度传感器制作一个热力学温度计，请画出电路图，说明调节方法。

实验二十二　超声声速测定

驻波法与相位法是测定声速的一种常用方法，本实验引入超声压电换能器作为超声波发射源与接收器，通过调节两换能器的相对位置，利用示波器观测空间各点入射波与反射波干涉的情况与相位关系，从而确定声波波长，由 $v=f\cdot\lambda$ 可求出该声波的速度。

【实验目的】

(1) 了解用驻波法或相位法对声波在空气中的传播速度进行定量测量的方法。

(2) 学习使用超声声速测定仪、示波器、综合声速测定仪信号源。

【实验器材】

SV-DH-7A 声速测定仪、示波器、综合声速测定仪信号源、连接导线等。

【仪器描述】

超声声速测定仪由丝杆、数显游标卡尺、发射换能器、接收换能器及摇手鼓轮组成(图 22-1)。

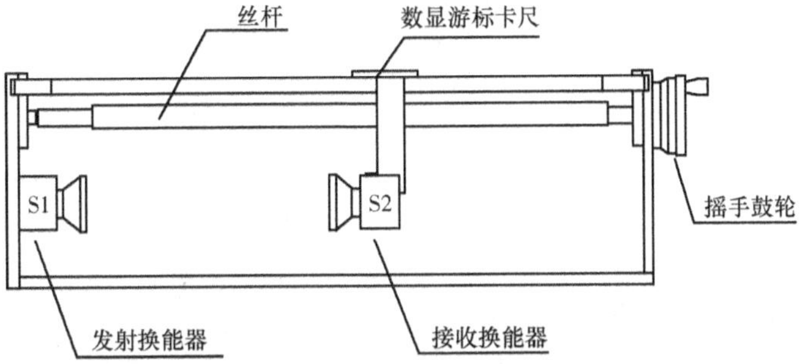

图 22-1　声速测试架外形示意图

两只超声压电换能器的位置分别与游标卡尺的主尺和游标相对定位，所以两只超声压电换能器相对距离的变化量可由游标卡尺直接读出。

【实验原理】

1. 超声波与压电陶瓷换能器

频率 20Hz～20kHz 的机械振动在弹性介质中传播形成声波，高于 20kHz 称为超声波，超声波的传播速度就是声波的传播速度，而超声波具有波长短，易于定向发射等优点。声速实验所采用的声波频率一般都在 20～60kHz，在此频率范围内，采用压电陶瓷换能器作为声波的发射器、接收器效果最佳。

压电陶瓷换能器可以实现机械压力和电信号相互转换，当两端加上电信号时产生压力；当两端加上压力时产生电信号。压电陶瓷换能器，这个名词大家听起来可能陌生，但压电陶瓷这种元件在日常生活中的应用大家一点也不陌生，比如家庭燃气灶的电子打火装置，气体打火机的点火装置，采用的都是压电陶瓷元件，这些应用是实现压力致电的转换。

压电陶瓷换能器作为超声波发射时，两端加上变化的电信号，压力变化，产生振动，带动周围空气振动，产生超声波向外发射；作为超声波接收时，声波作用在压电陶瓷元件上，有声压压力作用，产生变化的电信号，通过测量变化的电信号就可以知道声波的变化情况。

压电陶瓷换能器根据它的工作方式，又分为纵向(振动)换能器、径向(振动)换能器及弯曲振动换能器。声速教学实验中所用的大多数采用纵向换能器。图22-2为纵向换能器的结构简图。

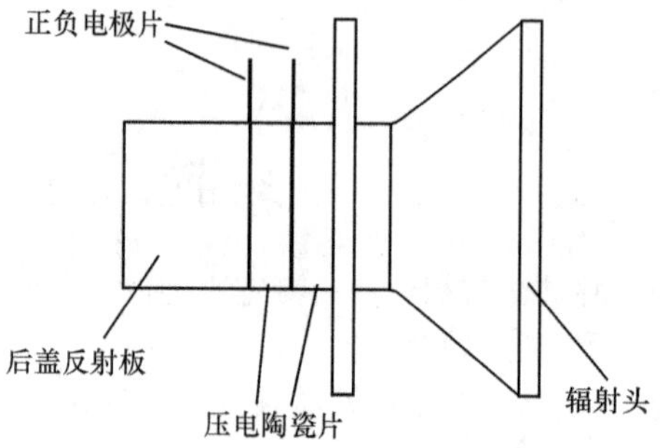

图 22-2　纵向换能器的结构简图

2. 驻波法测量声速(共振干涉法)

从声源发出的一定频率的平面声波，经过空气沿一定方向传播到达接收器。如果发射面与接收面相互平行，则在接收面处入射波垂直反射。在接收面与发射面之间的空气中入射波和反射波相干叠加，当接收面与发射面之间的距离 $l=n\dfrac{\lambda}{2}(n=1,2,3,4,\cdots)$时，形成稳定的驻波。在一系列特定的位置上，接收面上的声压达到极大值或极小值，可以证明，相邻两极大值或极小值之间的距离为半波长 $\lambda/2$。

实验装置如图 22-1 所示，图中 S1 和 S2 为压电陶瓷换能器。S1 作为声波发射器，由信号源供给频率为数十千赫的交流电信号，由于逆压电效应发出一平面超声波；而 S2 则作为声波接收器，压电效应将接收到的声压转换成电信号。将它输入示波器，我们就可看到一组由声压信号产生的正弦波形。由于 S2 在接收声波的同时还能反射一部分超声波，接收的声波、发射的声波振幅虽有差异，但二者周期相同且在同一线上沿相反方向传播，二者在 S1 和 S2 区域内产生了波的干涉，形成驻波。我们在示波器上观察到的实际上是这两个相干波合成后在声波接收器 S2 处的振动情况。移动 S2 的位置(即改变 S1 和 S2 之间的距离)，从示波器显示上会发现，当 S2 在某些位置时振幅有最大值。根据波的干涉理论可以知道：任何两相邻的振幅最大值(或两相邻的振幅最小值)的位置之间的距离均为 $\lambda/2$。为了测量声波的波长，可以在一边观察示波器上声压振幅值的同时，缓慢的改变 S1 和 S2 之间的距离。示波器上就可以看到声振动幅值不断地由最大变到最小再变到最大，两相邻的振幅最大值之间的距离为 $\lambda/2$；S2 移动的距离亦为 $\lambda/2$。超声换能器 S2 至 S1 之间距离的改变可通过转动鼓轮来实现，而超声波的频率又可由声速测试仪信号源频率显示窗口直接读出。例如，摇动鼓轮，改变两换能器端面的距离，并同时观察示波器上输出电压幅度的变化记录，出现最大电压时的游标卡尺示数 x_0 和相邻的第二次出现最大电压时的游标卡尺示数 x_i，由驻波特点知：两相邻波节(波腹)的距离为半波长，即 $|x_i-x_0|=\dfrac{\lambda}{2}$，如图 22-3 所示，声波的频率由信号源输出决定。

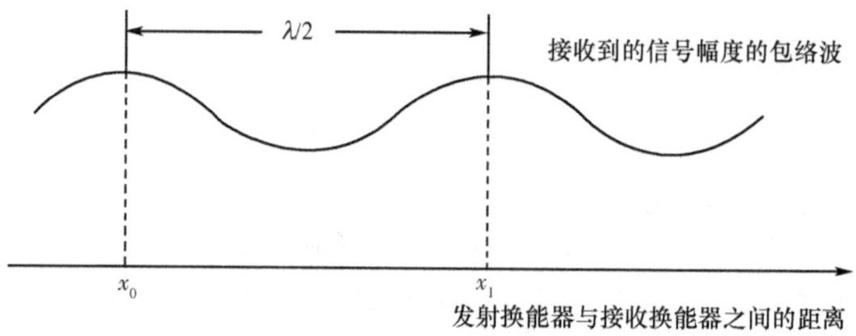

图 22-3　换能器间距与合成幅度

在连续多次测量相隔半波长的 S2 的位置变化及声波频率 f 以后，由

$$v=f\cdot\lambda$$

即可求出空气中的声速。

为提高测量精度，可充分应用整个游标卡尺行程，尽可能多的取得产生驻波时的卡尺读数，然后将所得的数据进行处理，这样对波长的测定能更为准确。运用逐差法处理多次测量数据，然后计算出声速。

3. 相位法测量声速

声波波源和接收点存在着相位差，而这相位差则可通过比较接收换能器输出的电信号与发射换能器输入的激励电信号的相位关系来确定。

当接收点与波源的距离变化等于一个波长时，则接收点和波源的相位差也正好变化一个周期（即 $\Delta=2\pi$）。由此可见，在经过 Δx 距离后，接收到的声波与原来位置处的相位差（相移）为 $\theta=2\pi\Delta x/\lambda$，如图 22-4 所示，所以，我们可以通过示波器来观察相位差的变化，且准确观测相位差变化一个周期时接收器移动的距离。即可得出对应声波的波长 λ，再根据已知声波的频率，求出声波在空气中的传播速度。此方法就是用李萨如图法观察测出声波的波长。

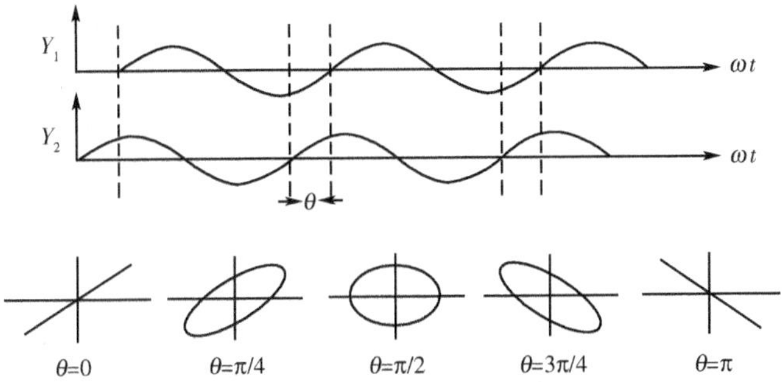

图 22-4　用李萨如图观察相位变化

【实验步骤】

（1）仪器在使用之前，加电开机预热 15min。在接通市电后，仪器自动工作在连续波方式，这时脉冲波强度选择按钮不起作用。

（2）驻波法测量声速：

1）测量装置的连接：如图 22-5 所示，信号源面板上的发射端换能器接口（S1），用于输出一定频率的功率信号，接至测试架的发射换能器（S1）；信号源面板上的发射端的发射波形 Y1，请接至双踪示波器的 CH1（Y1），用于观察发射波形；信号源面板上接收端换能器接口（S2），接至测试架的接收换能器（S2）；信号源面板上的接收端的波形（Y2），接至双踪示波器的 CH2（Y2），用于观察接收波形。

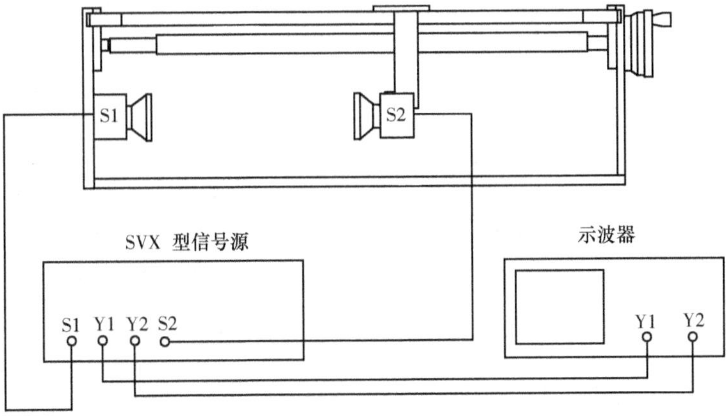

图 22-5　驻波法、相位法连线图

2）测定压电陶瓷换能器的测试频率工作点：只有当换能器 S1 的发射面和 S2 的接收面保持平行时才有较好的接收效果。为了得到较清晰的接收波形，应将外加的驱动信号频率调节到换能器 S1、S2 的谐振频率处时，才能较好的进行声能与电能的相互转换（实际上有一个小的通频带），S2 才会有一定幅度的电信号输出，才能有较好的实验效果。

换能器工作状态的调节方法如下：首先调节发射强度旋钮，使声速测试仪信号源输出合适的电压，再调整信号频率（在 25 ~ 45kHz），观察频率调整时 CH2（Y2）通道的电压幅度变化。选择合适的示波器扫描时基 t/div 和通道增益，并进行调节，使示波器显示稳定的接收波形。在某一频率点处（34 ~ 40kHz），电压幅度明显增大，再适当调节示波器通道增益，仔细地细调频率，使该电压幅度为极大值，此频率即是压电换能器相匹配的一个谐振工作点，记录频率 F_N。改变 S1 和 S2 间的距离，适当选择位置，重新调整，再次测定工作频率，共测 5 次，取平均频率 f。

在一定的条件下，不同频率的声波在介质中的传播速度是相等的。利用换能器的不同谐振频率的谐振点，可以在用一个谐振频率测量完声速后，再用另外一个谐振频率来测量声速，就可以验证以上结论。

3）测量步骤：将测试方法设置到连续波方式，选择合适的发射强度。完成前述（1）、（2）步骤后，选好谐振频率。然后转动距离调节鼓轮，这时波形的幅度会发生变化，记录下幅度为最大时的距离 L_{i-1}，距离由数显尺（SV-DH-7A 型）上读出，数显尺原理说明见附录 2。再向前或者向后（必须是一个方向）移动距离，当接收波经变小后再到最大时，记录下此时的距离 L_i。即可求得声波波长：$\lambda_i=2\mid L_i-L_{i-1}\mid$。多次测定，用逐差法处理数据，测量室温 t，查表求 v_t 值。计算实验值的相对误差。

（3）相位法/李萨如图法测量波长的步骤：将测试方法设置到连续波方式，选择合适的发射强度。完成前述 1）、2）步骤后，将示波器打到“X-Y”方式，选择合适的示波器通道增益，示波器显示李萨如图形。转动鼓轮，移动 S2，使李萨如图显示的椭圆变为一定角度的一条斜线，记录下此时的距离 L_{i-1}，距离由数显尺或机械刻度尺上读出。再向前或者向后（必须是一个方向）移动距离，使观察到的波形又回到前面所说的特定角度的斜线，这时接收波的相位变化 2π，记录下此时的距离 L_i。即可求得声波波长：$\lambda_i=\mid L_i-L_{i-1}\mid$。多次测定，用逐差法处理数据，并测量室温 t，从表中查出 v_t，求实验值的相对误差。

【数据记录与处理】

1. 计算理论值公式 v_S

（1）由 $v_S=v_0\sqrt{\dfrac{T}{T_0}}$，算出理论值 v_S。

式中 $v_0=331.45\text{m}\cdot\text{s}^{-1}$ 为 $T_0=273.15\text{K}$ 时的声速，$T=(t+273.15)\text{K}$。

（2）由经验公式 $v_S=(331.45+0.59t)\text{m}\cdot\text{s}^{-1}$，计算 v_S，其中 t 为介质温度（℃）。

2. 声速测量值及误差计算

（1）驻波法测量声速（表 22-1）：

谐振频率 f=（　　）kHz；室温 =（　　）

表 22-1　驻波法测量声速数据

n	L_n (cm)	$n+6$	L_{n+6} (cm)	$\lambda_n=(L_{n+6}-L_n)/3$ (cm)
1		7		
2		8		
3		9		
4		10		
5		11		
6		12		

λ 的平均值：$\bar{\lambda}=\dfrac{1}{6}\sum\limits_{n=1}^{6}\lambda_n=$　　　　（cm）

计算声速：$v=f\lambda=$　　　　（$\text{m}\cdot\text{s}^{-1}$）

计算出 Δv 值，其中 $\Delta v=v-v_s$

测得超声波在空气中的传播速度的表达式

$v=($________$\pm$________$)\,m\cdot s^{-1}$，　　$E_v=\dfrac{\Delta v}{v_s}100\%=$________%

（2）相位比较法测量声速（表 22-2）：

谐振频率 $f=($　　$)\,kHz$；室温 =（　　）

表 22-2　相位比较法测量声速数据（相位变换 2π）

n	$L_n(cm)$	$n+7$	$L_{n+7}(cm)$	$\lambda_n=(L_{n+7}-L_n)/7(cm)$	谐振频率
1		8			
2		9			$f=$　　kHz
3		10			
4		11			室温
5		12			
6		13			$t=$　　℃
7		14			

λ 的平均值：$\overline{\lambda}=\dfrac{1}{7}\sum_{n-1}^{7}\lambda_n=$　　　　（cm）

计算声速：$v=f\lambda=$　　　　（$m\cdot s^{-1}$）

计算出 Δv 值，其中 $\Delta v=v-v_s$

测得超声波在空气中的传播速度的表达式

$v=($________$\pm$________$)\,m\cdot s^{-1}$，　　$E_v=\dfrac{\Delta v}{v_s}100\%=$________%

【注意事项】

当信号发生器有输出时，两只换能器端面不能接触，否则会改变发射换能器谐振频率。

【思考题】

（1）声速测量中共振干涉法、相位法有何异同？

（2）测量时应怎样正确连接示波器？

（3）实验中为什么要在压电换能器谐振状态下测量空气中的声速？

（4）实验中怎样才能知道接收换能器接收面的声压为极大值？

（5）为什么用相位法时，取 $0,\pi,2\pi,3\pi,\cdots$ 而不用 $\Delta\varphi=\dfrac{\pi}{2},\dfrac{3}{2}\pi,\dfrac{5}{2}\pi,\cdots$

附　　录

1. 不同温度下干燥空气中的声速

T(℃)	$v(m\cdot s^{-1})$	T(℃)	$v(m\cdot s^{-1})$	T(℃)	$v(m\cdot s^{-1})$
0.0	331.450	10.5	337.760	12.5	338.949
2.0	332.661	11.0	338.058	13.0	339.246
5.0	334.470	11.5	338.355	13.5	339.542
10.0	337.463	12.0	338.652	14.0	339.838

续表

T(℃)	v(m·s⁻¹)	T(℃)	v(m·s⁻¹)	T(℃)	v(m·s⁻¹)
14.5	340.134	20.5	343.663	26.5	347.156
15.0	340.429	21.0	343.955	27.0	347.445
15.5	340.724	21.5	344.247	27.5	347.735
16.0	341.019	22.0	344.539	28.0	348.024
16.5	341.314	22.5	344.830	28.5	348.313
17.0	341.609	23.0	345.123	29.0	348.601
17.5	341.903	23.5	345.414	29.5	348.889
18.0	342.197	24.0	345.705	30.0	349.177
18.5	342.409	24.5	345.995	30.5	349.465
19.0	342.784	25.0	346.286	31.0	349.753
19.5	343.077	25.5	346.576	31.5	350.040
20.0	343.370	26.0	346.866	32.0	350.328

2. 数显容栅尺说明

数显容栅尺结构见图22-6,电容位移测量装置包括一个可相对于测量装置纵向移动的带状标尺(10),测量装置内有几组电极(22至25),通过线路(27)与电子装置连接。带尺由金属制成,上面具有许多等间隔的矩形窗孔(11)。带尺(10)与发射电极相对的接收电极(29)一起构成差动电容器,用来完成电容位移测量。

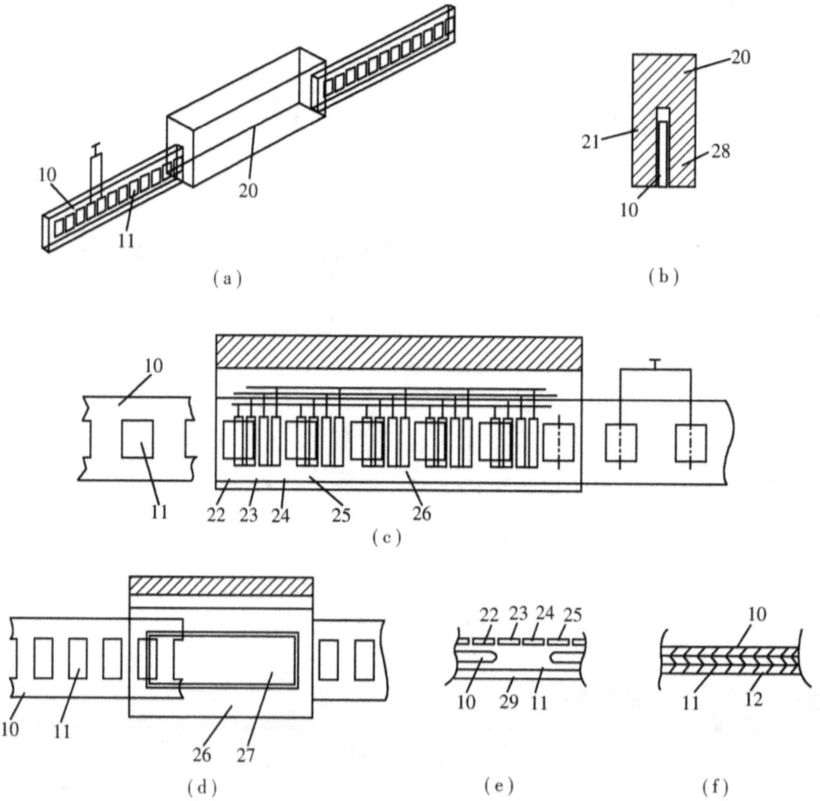

图22-6 数显容栅尺结构图

(a)标尺和测量装置的透视图;(b)沿标尺垂直方向的剖面图;(c)展示出发射电极的该测量装置的纵向剖面图;(d)展示出接收电极的剖面;(e)以示意图说明电极的排列图;(f)带介质零件的测量装置的剖面图

电容位移测量装置,包括一带状标尺和一测量装置,测量装置上有一系列的发射电极和含一个或多个接收电极的传感器,其位置可由差动电容传感器确定。把大测量极板分成数个小测量极板,这样由于转换功能的精度不够所造成的转换误差不会损害传感器的度。

因此,误差为千分之一的不精确度相当于一米测量极板有一毫米的误差。另一方面,如果测量极板是一毫米的标尺则其转换误差只有一微米。如补偿分度方面的误差,通过几个刻度同时进行测量比较有利。在此情况下,几个顺次排列的基本电容就构成单个的或差动的电容。

为此,该测量装置的标尺由导电带尺构成,其上有数个间隔相等的窗口,带尺通过测量极板时,这些窗口与几个由基本电容器组成的电极一起,构成差动电容。此电容可变,它是带尺与测量极板相对位置的函数。

由于这些特点,这样的标尺结构很简单,然而在测量精度方面有一些优异性能。另一个优点就是带尺可在其弹性极限内拉长,这就有可能调整其长短,该带尺还可以接地,因此它不需任何电的连接。

如图 22-6(a)和(b)所示,该装置包括一个由金属带 10 构成的标尺和一个测量装 20。带尺 10 上有间隔相等的矩形窗孔 11,相邻窗孔的中心轴线之间的距离设定为 T。

带尺 10 安排在面 21 和 28 之间,发射电极的涂敷面[图 22-6(c)]包含 $2n$ 整数倍的电机有。在图中所示情况下 $2n=4$。

在本例中,如电极 22,23,24,25 之间的距离为 T,则 $T/2n$ 为 $T/4$。所以对带尺 10 窗孔中心轴线之间的距离值 T,计数 $2n$ 的话,即四个电极。在本例中各电极通过线路 27 与电子装置连接,成为 n 个电极。从电学的观点看,两个电极构成差动电容器极,另一级 n 个电极构成此差动电容器的第二电极。差动电容器的共用板是由接收电极 29 上位置与窗孔 11 相对应的部分构成,如图 22-6(e)所示。

因此,测量装置 20 的电极和带尺 10 的窗孔 11 组成一系列的差动电容器,它们按顺序连接以形成一个差动电容器。差动电容的变化与带尺的位移成比例,如果带尺的移动超过了规定值,电气装置就把发射电极的供电窜过一个电极来。

从电学的观点看,刻度变化的方式是由 n 个电极形成的极板以 $T/2n$ 的极数来跟随带尺 10 的窗孔 11 位移,在本例中即以 $T/4$ 的级数,这样可给出近似测量结果。接收电极必须与发射电极系列一样或比发射电极系列还长。在此情况下,整排发射电极的长度必须等于距离 T 的整数倍。在这两种情况下,为避免边缘效应和外部干扰,最好用位于测量装置主体上的涂敷面 29 将接收电极 29 围绕起来,如图 22-6(c)和图 22-6(d)所示。

为了不让杂质落到带尺 10 的窗孔 11 上并保护带尺,从机构和化学观点来看,可用图 22-6(f)所示之聚四氟乙烯制成。保护层不会影响这些装置的功能。

数显表头的使用方法及维护:

(1) inch/mm 按钮为英/公制转换用,测量声速时用"mm"。

(2) "OFF""ON"按钮为数显表头电源开关。

(3) "ZERO"按钮为表头数字回零用。

(4) 数显表头在标尺范围内,接收换能器处于任意位置都可设置"0"位。摇动丝杆,接收换能器移动的距离为数显表头显示的数字。

(5) 数显表头右下方有"▼"处打开为更换表头内扣式电池处。

(6) 使用时,严禁将液体淋到数显表头上,如不慎将液体淋入,可用电吹风吹干(电吹风用低挡,并保持一定距离,使温度不超过 60℃)。

(7) 数显表头与数显杆尺的配合极其精确,应避免剧烈的冲击和重压。

(8) 仪器使用完毕后,应关掉数显表头的电源,以免消耗电池。

实验二十三　听阈曲线的测量

【实验目的】

1. 掌握听觉听阈曲线的测量方法。
2. 加深对响度级、等响曲线和听阈曲线的理解。

【实验原理】

1. 声强和声强级

声波是能够在听觉器官引起声音感觉的机械波，其频率范围大约为20—20000Hz。声强是声波在单位时间内通过垂直于声波传播方向的单位面积的平均能量，用I来表示。声强是描述声波能量的物理量。由于人耳能够感知的不同声音的声强的数量相差悬殊，引入了声强级L的概念：

$$L=\lg\frac{I}{I_0}(\mathrm{dB})\text{或者}L=10\lg\frac{I}{I_0}(\mathrm{dB})$$

其中I是所描述声波的声强，I_0是声波频率在1000Hz时一般正常人感觉到的最低声强人平均值。

2. 响度级和等响曲线

人耳对声音强弱的主观感觉称为响度。响度与声强（或声强级）有关，随着声强（或声强级）的增大而增加，但二者不是简单的线性关系，因为响度还与频率有关，不同频率的声波在人耳中引起相等的响度时，它们的声强（或声强级）并不相等。

在医学物理学中，常用响度级这一物理量来描述人耳对声音强弱的主观感觉，其单位为方（Phon）。方是选取频率为1000Hz的纯音为基准声音，并规定它的响度级在数值上等于其声强级数值（注意：它们的单位并不相同！），然后将被测声音与基准声音比较，若被测声音听起来与基准声音的某一声强级的声音一样响，则该基准声音的响度级（其在数值上等于声强级）就是该声音的响度级。例如：规定频率为1000Hz、60dB的声音，其响度为60昉。频率为100Hz，声强级为72dB的声音，与1000Hz、声强级为60dB的基准声音等响，则频率为100Hz、声强为72dB的声音，其响度级为60昉。以频率为横坐标、声强级为纵坐标，绘出不同频率的声音与1000Hz的标准声音等响时的声强级与频率的关系曲线，称为等响曲线。图23-1为正常人耳的等响曲线。

3. 听阈曲线

引起听觉的声音，不仅在频率上有一范围，而且在声强上也有一定范围。能引起人耳听觉的频率范围大约在20Hz至20000Hz，对于该范围的任意频率来说，声强还必须达到某一数值时才能引起人耳听觉。能引起人耳听觉的最小声强叫做听阈，对于不同频率的声波，听阈是不同的，听阈与频率的关系曲线叫做听阈曲线，图23-1中，0方的等响曲线就是听阈曲线。

【仪器描述】

FD-AM-B人耳听觉听阈测量实验仪面板如图23-2所示，由频率选择显示、频率控制按键（包括复位键、确认键、选位键和+1键4个按键）、声强显示、听阈按键、痛阈按键、间断连续按键、左耳右耳按键、校准旋钮、衰减粗调细调旋钮等组成，其中频率控制按键的作用是：

（1）复位键：按下时，仪器设定复位（初始）频率为1000Hz。

（2）确认键：信号频率设置后必须按下确认键，否则设定的频率不能有效输出。

（3）选位键：频率选择显示屏能显示有5位数字，从右到左分别显示个位、拾位、百位、千位、万

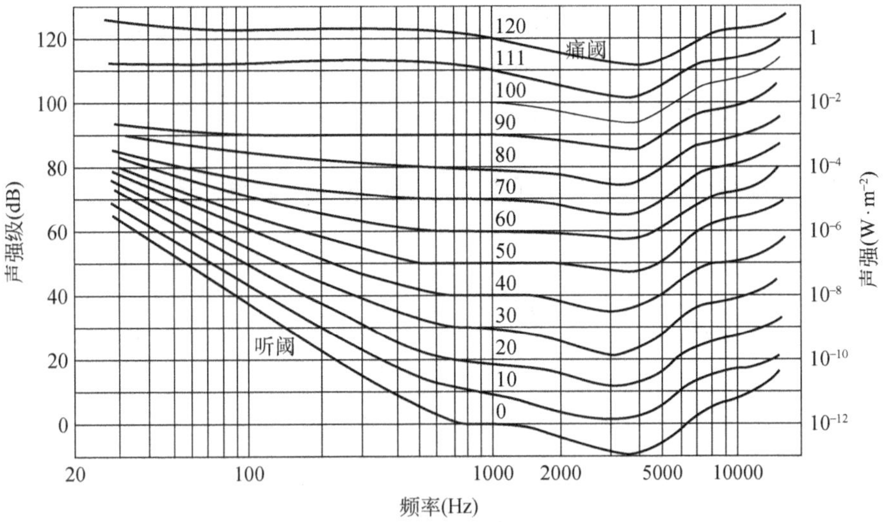

图 23-1　正常人耳的等响曲线

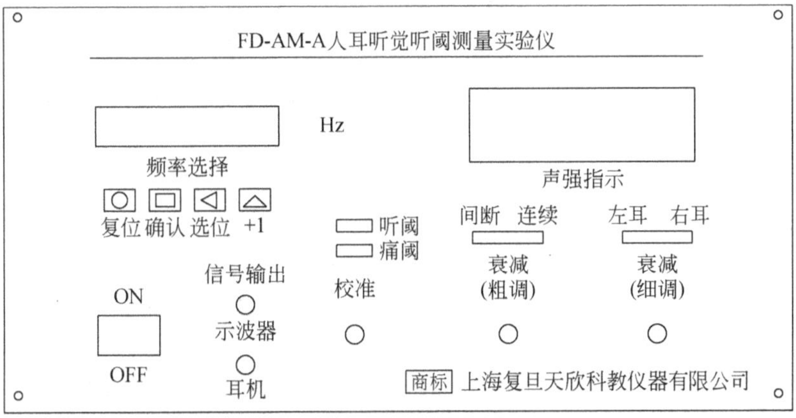

图 23-2　FD-AM-B 人耳听觉听阈测量实验仪面板

位。选位键能按次序分别选中其中一位，被选中的一位数码管会闪烁，这时只能对闪烁的被选中的位进行修改操作，修改完成后，按下确认键闪烁就会停止，输出有效频率。

(4)加 1 键：对被选中的位的数字进行修改，按下加 1 键，就会对选中的位的数字进行加 1，每按 1 次数字加 1，依次改变数字为 0–9。

【实验步骤】

(1)按下电源开关，指示灯亮，预热 5 分钟。

(2)在面板上插入耳机，分别按下“听阈”按键、“间断”按键和“左耳”按键。

(3)被测者戴上耳机，打开左耳开关，背向主试人和仪器测量左耳(或各人自行测试)。

(4)选择测量频率(仪器初始为 1000Hz)。反复调节“衰减粗调”和“衰减细调”旋钮，使被测者刚好听到 1000Hz 的声音，调节“校准”旋钮，使声强指示屏显示 0db(注意：此后整个听阈测量实验过程中，“校准”旋钮不能再调节)。

(5)渐增法测定：分别选定表 23-1 中的各测试频率，旋转衰减旋钮，使被测人完全听不到声音，然后开始交替调节衰减粗调和细调旋钮逐渐减小衰减量(即增大声强级)。直到被测人刚好听到声音时为止，此时显示的声强级即为被测人在此频率下的听觉阈值。将实验数据记入表格 23-1 中，其

衰减分贝数用 L_1(dB)表示。

(6)渐减法测定:分别选定表 23-1 中的各测试频率,旋转衰减旋钮,使被测人听得到声音,然后开始交替调节衰减粗调和细调旋钮逐渐增大衰减量(即减小声强级)。直到被测人刚好听不到声音时为止,此时显示的声强级即为被测人在此频率下的听觉阈值。将实验数据记入表格 23-1 中,其衰减分贝数用 L_2(dB)表示。

(7)计算用渐增法和渐减法测得的不同频率下的声强级的平均值,记录。

(8)用上述方法测量右耳听阈值,并将实验数据记入表 23-2。

(9)由实验数据做听阈曲线:以频率的常用对数为横坐标(并分别注明测试点的频率值),声强级值为纵坐标,在对数坐标纸上用所得数据定点,做两耳的听阈曲线。

(10)与图 23-1 正常听阈曲线进行比较。

【数据记录与处理】

表 23-1　左耳听阈测量数据

频率(Hz)	64	128	256	512	1k	2k	4k	8k	16k
渐增法测 L_1 (dB)									
渐减法测 L_2 (dB)									
$\bar{L}=\frac{L_1+L_2}{2}$ (dB)									

表 23-2　右耳听阈测量数据

频率(Hz)	64	128	256	512	1k	2k	4k	8k	16k
渐增法测 L_1 (dB)									
渐减法测 L_2 (dB)									
$\bar{L}=\frac{L_1+L_2}{2}$ (dB)									

【注意事项】

(1)因为听阈是人刚刚能听到声音时的数据,所以实验时必须保持实验室安静。

(2)测量中不可按下痛阈按钮,防止声强过大损伤被测者的耳膜。

【思考题】

根据本节实验原理,怎样能测得 50 昉、80 昉的等响曲线?

实验二十四　B 型超声波诊断仪的使用

【实验目的】

(1)了解 B 型超声波诊断仪的基本工作原理。

(2)学习使用 B 型超声波诊断仪的使用。

(3)用 B 型超声波诊断仪观测肾脏等器官。

【实验器材】

B 型超声波诊断仪、超声耦合剂、水槽、蛋、游标卡尺等。

【实验原理】

超声波(supersonic wave)属于机械波,其频率超过人耳可以听到的最高阈值。

超声波在媒质中传播时,在声阻抗不同的界面处会发生反射。反射系数β(即反射波强度与入射波强度之比)取决于两种媒质的声阻抗,即

$$\beta=\frac{I_r}{I_i}=\left(\frac{Z_1-Z_2}{Z_1+Z_2}\right)^2$$

式中,I_r、I_i 分别表示反射波和入射波强度;Z_1、Z_2分别为第一种媒质和第二种媒质的声阻抗。超声诊断就是接受反射波,并对其进行处理,最后在显示器上显示媒质的分布。

探头是产生和接收超声波的装置。电子线阵式探头以电子开关控制阵元组顺序发射超声波,每次发射和接收超声波时,将若干个阵元编为一组,由一组阵元产生一束扫描声束,并接收信号,然后由下一组阵元发射下一束并接收。阵元组顺序发射扫描声束,相当一个声束线性平移。

B 型超声波诊断仪采用辉度调制方式,其显示深度方向所有界面反射回波,不同深度的回波对应图像上一个光点,光点的强弱代表回波信号幅度的大小,并按一定的方式快速移动探头发射出的声束,逐次获得不同位置的深度方向所有界面的反射回波,当一帧扫描完成,便可得到一幅超声束所在平面的二维超声断面图像。

【仪器描述】

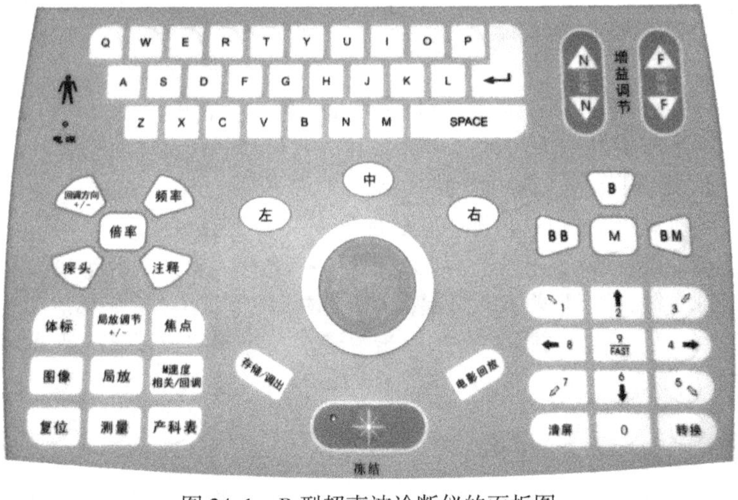

图 24-1　B 型超声波诊断仪的面板图

一、面板各按键功能介绍

“增益调节”键：控制图像远场、近场区域增益。

“存储/调出”键：在实时模式时，按下该键存储图像，在冻结模式时，按下该键能调出已存储的图像。

“冻结”键：按下该键时，灯亮，冻结图像；再按下时，灯灭，冻结解除，屏幕显示实时模式。

“轨迹球”：可代替键盘上所有方向键，进行光标、测量标记以及体位标记位标的移动。

“图像”键：按动该键可实现图像的左右、上下和黑白的调节。

“局放”键：按下该键，屏幕出现一个可移动的取样框和一个放大显示框，用方向键或轨迹球移动取样框至想要放大的图像区域，则该区域放大将显示在放大显示框中，按动“转换”键可用轨迹球上下移动放大显示框的位置。

“局放调节”键：连续按动该键可调节局部放大的取样窗口和放大显示窗口的尺寸，系统默认设置为窗口增大，按“回调方向”键后，再连续按动该键控制窗口缩小。

“复位”键：因意外情况或操作失误，造成仪器“死机”（按任何键不起作用）时，按动该键，仪器将重新启动。

“清屏”键：在屏幕上清除测量结果、体标及文本信息等。

“转换”键：可实现“数字字符”与“方向键”功能的转换；局放功能中用于取样窗口和放大显示窗口的切换。

二、B 型超声波诊断仪测量距离的方法

1. 用键盘测量距离的操作方法

（1）按下“测量”键，屏幕显示“测量”菜单，如图 24-2 所示。

DISTANCE
AREA
EXIT

图 24-2　测量菜单

（2）按下“1” 数字键（测量距离），屏幕上出现第一个“+”光标。

（3）按动任意方向键，屏幕上显示第二“+”光标。

（4）按动“转换”键，激活第一“+”光标，将第一个“+”光标移动到待测部位的起始点位置。

（5）再次按动“转换”键，即标定距离测量起始点，同时激活第二个“+”光标，再将第二个“+”光标移动到待测部位的终点位置。

（6）再次按动“测量”键，按下“1” 数字键，测量结果即显示在屏幕上（单位：mm）。

2. 用轨迹球测量距离的操作方法

（1）按下“测量”键，屏幕显示“测量”菜单，如图 24-2 所示。

（2）按下“1” 数字键（测量距离），屏幕上出现第一个“+”光标。

（3）单击轨迹球左键，激活了第一个“+”光标，将“+”光标移动到测量起始位置。

（4）单击轨迹球右键，即标定距离测量起始点，同时激活第二个“+”光标。

（5）将第二个“+”光标移动到测量终点，单击轨迹球左键即完成了该次距离测量，，测量结果即显示在屏幕上（单位：mm）。

【实验步骤】

（1）按下电源开关，面板上电源指示灯亮，出现开机画面，按下键盘区的任意键，屏幕进入探头

扫描工作状态。

(2)适当调节亮度、对比度和总增益等旋钮,使画面清晰,便于观察。

(3)用游标卡尺测量鸡蛋的长轴和短轴,并记录在表 24-1 中。

(4)在塑料槽中倒入适量的水(水量要保证没过蛋),并将蛋放入水中。

(5)将仪器探头均匀涂上导声膏,并将塑料薄膜遮盖其上且保证与探头间无间隙(气泡),对水槽中的蛋进行探测。适当移动探头,在屏幕上可清晰地观察到蛋的切面图。

(6)找到蛋的最佳切面图,冻结图像,用 B 型超声波诊断仪测量距离的方法,测量蛋的长轴、短轴及蛋黄的直径,要求各测量三次,取三次测量的平均值,并记录在表 24-1 中。并与用游标卡尺测量的结果进行比较。

(7)对人体进行测量。被测试者仰卧或站立,平稳呼吸。在测试部位涂上导声膏。

观察类似图 24-3 右肾脏的声像图。肾脏位于上腹脊柱的两侧,是成对的腹膜后器官。通常肾实质呈均质的低回声区比肝实质回声为弱。在肾实质内出现增强的反射为包括肾柱在内的肾皮质。肾脏的纵切面呈卵圆形,边界齐整,中间呈不规则的强回声区。用 B 型超声波诊断仪测量距离的方法,测量肾的长度、厚度和宽度,并记录在表 24-1 中。

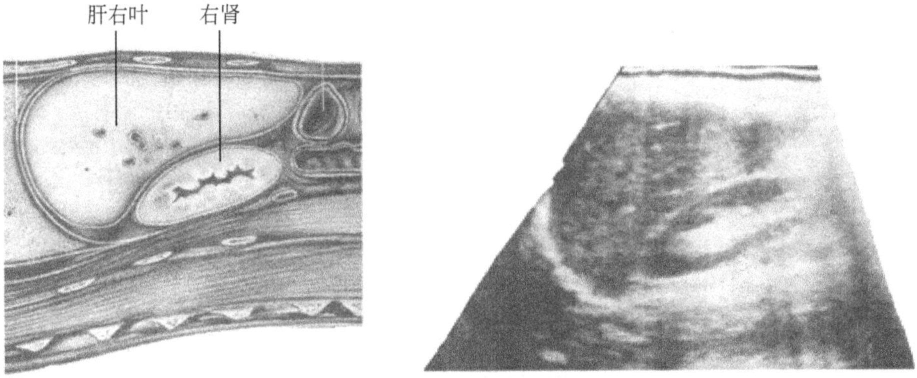

图 24-3　右肾脏结构图及声像图

【数据记录与处理】

表 24-1　B 超、游标卡尺的测量结果

<table>
<tr><td rowspan="2">次数</td><td colspan="6">B 超</td><td colspan="2">游标卡尺</td></tr>
<tr><td colspan="3">蛋(mm)</td><td colspan="3">人体肾(mm)</td><td colspan="2">蛋(mm)</td></tr>
<tr><td>1</td><td>长轴</td><td>短轴</td><td>蛋黄</td><td>长</td><td>宽</td><td>厚</td><td rowspan="3">长轴</td><td rowspan="3">短轴</td></tr>
<tr><td colspan="3">2</td><td></td><td></td><td></td><td></td></tr>
<tr><td colspan="3">3</td><td></td><td></td><td></td><td></td></tr>
<tr><td colspan="3">平均</td><td></td><td></td><td></td><td></td><td></td><td></td></tr>
</table>

【注意事项】

(1)使用超声诊断仪探测时,探头与被测物体间一定要涂上适量耦合剂。

(2)在测量鸡蛋时,一定要将探头套上塑料薄膜,以防止探头进水。

【思考题】

为什么探头与被测物体间一定要涂上耦合剂?

实验二十五　X 射线衰减系数的模拟测量

【实验目的】

(1)学习用模拟实验仪测量并计算 X 射线的衰减系数。
(2)加深对 X 射线衰减规律的理解和认识。

【实验器材】

计算机、MCT-D1 型模拟 CT 实验仪、万用表、串口线、电源线、三个长度不等的有机玻璃长方体等。

【仪器描述】

MCT-D1 型模拟 CT 实验仪面板如图 25-1 所示,由【1】键盘区、【2】万用表输出端口、【3】激光发射器、【4】载物托盘、【5】激光接收器、【6】电机控制开关、【7】电源开关和【8】调节手轮等构成。

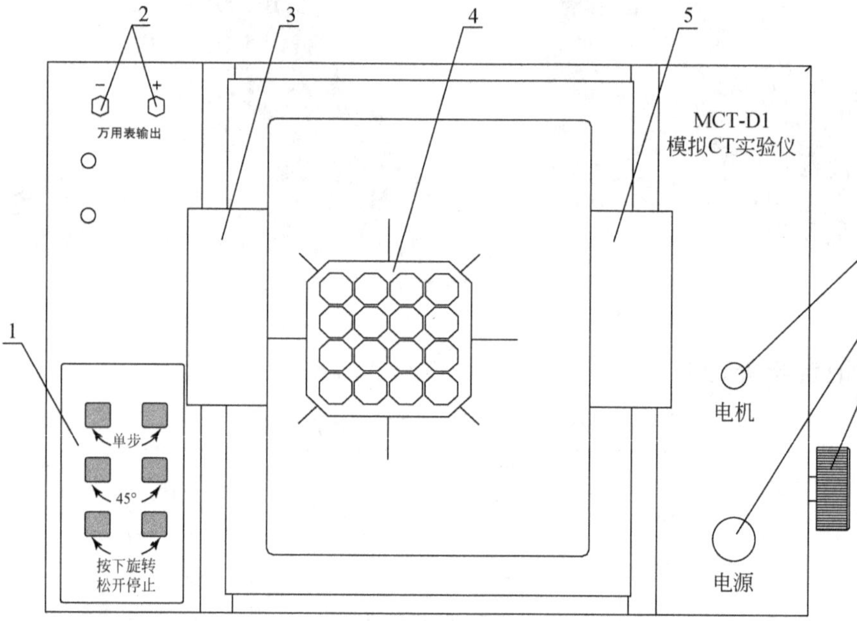

图 25-1　MCT-D1 模拟 CT 实验仪面板

【1】键盘区:此区有六只按键,分别是两只“单步”按键、两只“45°”按键和两只“长”按键。短按下“单步”按键时,载物托盘按箭头方向单步旋转(即步进电机按箭头方向旋转一步);短按下“45°”按键时,载物托盘按箭头方向旋转 45°;长按“长”按键时,载物托盘按箭头方向持续旋转,直到松开按键停止。每只按键箭头指示方向分别代表载物托盘不同的旋转方向(具体方向按键盘箭头指示方向)。

【2】万用表输出端口:其输出与接收器接收的激光强度成正比的直流电压值。可外接万用表读取电压值,红色接正极,黑色接负极。

【3】激光发射器和【5】激光接收器:位于仪器上面两个矩形暗盒内,左侧是激光发射器,右侧是激光接收器,开机状态时可以看见一束激光从左侧激光发射器射出打在右侧激光接收器上。

【4】载物托盘：其用来放置实验样品，经过特殊设计，可以平整放置不同样品。

【6】电机控制开关：即为载物托盘旋转控制开关。按下电机控制开关时，键盘区的按键不能控制载物托盘旋转；电机控制开关未按下时，键盘区有键按下时可以使载物托盘旋转。

【7】电源开关：其按下时实验仪通电，指示灯亮，实验仪进入运行状态。

【8】调节手轮：其可使激光发射器和激光接收器前后移动。

【实验原理】

单能 X 射线通过均匀物质时，X 射线强度沿入射方向的变化服从指数衰减规律，即

$$I_1 = I_0 e^{-\mu d} \qquad ①$$

式中，I_0 为入射 X 射线的强度，d 为均匀物质的厚度，I_1 为通过均匀物质后的射线强度，μ 称为线性衰减系数。

【实验步骤】

1. 打开 MCT-D1 型模拟 CT 实验仪，预热 5 分钟。

2. 万用表手动测量

(1)将万用表的档位调整到直流电压档的 20V 档位，并把万用表接在实验仪的万用表输出端口。

(2)此时万用表显示的电压值，即为入射激光的强度对应的电压值，将数据记录在表 25-1 中。

(3)将三个长度不等的蓝色有机玻璃长方体按表 31-1 中对应长度依次放在载物托盘上，让激光垂直穿射过蓝色长方体的平滑面，每穿射一次从万用表上读取一次电压值，并将数据记录在表 25-1中。

(4)利用公式①计算相应的 μ 值，并求其平均值，将计算所得结果填入表 25-1 中。

(5)打开计算机桌面上的"模拟 CT 实验仪"软件，进入软件的主界面，点击进入实验第一个模块——"万用表-"Lambert"定律实验"。

(6)将万用表测得电压值、长方体长度、计算所得 μ 值及平均值对应填入软件中，点击"计算机验算"按键，用计算机验证手动计算结果。如有错误，按计算机提示进行更正。并将计算机所得 μ 值填入表 25-1 中。

3. 计算机自动测量

(1)打开"模拟 CT 实验仪"软件，进入软件主界面。点击进入实验第二个模块——"自动测量-"Lambert"定律实验"。

(2)将三个长度不等的蓝色长方体按照软件图片所示顺序依次放在载物托盘上，让激光垂直穿射过蓝色长方体的平滑面，并点击"计算机读入数据"按键，即得到对应电压值，并将数据记录在表 25-2 中。

(3)将三个蓝色长方体的长度输入到相应的文本框中，点击"运算"按键，计算机会给出自动计算的 μ 值，并将数据记录在表 25-2 中。

4. 本项实验结束，返回主窗体，退出实验软件，关闭计算机。

【数据记录与处理】

表 25-1 万用表测量数据

长度 d(mm)	0	35.35	25.95	45.50
电压值 U(mV)				
计算得 μ 值	\			
μ 值平均值				
计算机得 μ 值				

表 25-2 计算机测量数据

长度 d(mm)	35. 35	25. 95	45. 50	0
电压值 U(mV)				
计算机得 μ 值				

【注意事项】

(1) MCT-D1 型模拟 CT 实验仪开机预热 5 分钟后再进行实验。
(2) 激光在照射待测物时会有一定的反射,反射回来的光束要对准激光器发射中心。

【思考题】

根据公式 $I_1 = I_0 e^{-\mu d}$,推导 μ 的量纲。

实验二十六　X-CT 计算机断层扫描重建

【实验目的】

(1)学会图像重建的迭代法。

(2)体会进行模拟实验在临床的意义。

【实验器材】

计算机、万用表、串口线、电源线、四方块一个、八面体六个。

【实验原理】

1. CT 值

某物质的 CT 值(hounsfield unit, 单位为 HU)为

$$CT=\frac{\mu-\mu_W}{\mu_W}\times 1000HU \qquad ①$$

式中,μ 表示 X 射线在待检体中的衰减系数,μ_W 表示 X 射线在水中的衰减系数。

2. 迭代法重建图像

图像的重建就是先计算每个体素的衰减系数,然后将其转换成合适的图像像素值的过程。本实验以四个体素为例,介绍图像重建方法——迭代法。

假设四个体素对射线的衰减量分别为 1、2、3、4(如图 26-1),利用这些假设数据可计算 X 射线垂直、水平穿过每一断层时获得的投影值分别为 3、7、4、6(如图 26-1),求出每个体素的平均 CT 值为 2.5(3+7+4+6=20/8=2.5)及每断层扫描的投影值 5(如图 26-2),然后用这些计算值与实际投影值比较,根据两者的差异获得一个修正值,再用这些修正值修正各对应射线穿过物体后的像素值。如此反复迭代,直到计算值和实际值接近并达到要求的精度为止(如图 26-3、图 26-4)。

1	2	3
3	4	7
4	6	

图 26-1

2.5	2.5	5
2.5	2.5	5
5	5	

图 26-2

1.5	1.5	3
3.5	3.5	7
5	5	

图 26-3

1	2	3
3	4	7
4	6	

图 26-4

在实际 X 射线扫描过程中,需要从一个横断面的许多视角入射 X 线,以便测得大量“衰减系数之和”,利用各体素的衰减量即可建立体层图像。

【实验步骤】

1. 打开 MCT-D1 型模拟 CT 实验仪,预热 5 分钟。

2. 迭代法测 CT 值。

(1)打开计算机桌面上的“模拟 CT 实验仪”软件,进入软件的主界面,选择“串口 2”。

(2)点击进入实验第四个模块——“迭代法测 CT 值”。

(3)软件界面左下侧给出了 5 次采集的光路图,必须按照图中给出的光路顺序调整四方块的位置。每调整一次四方块位置,点击“读入数据”按钮,即得到对应光路所采集的电压值。

(4)点选“自动计算 μ 的值”按钮,即得到四个体素的 μ 值。

(5)点击“自动计算 CT 的值”按钮,即得到四个体素相应的 CT

(6)点击“按 CT 值重建图像”按钮,即可重建四方块的灰度图像。

(7)将实验中所得数据全部记录在表 26-1 中。

(8)本项实验项目结束,点击“返回主窗体”按钮。

3. 16 个体素单元的图像重建

(1)打开计算机桌面上的“模拟 CT 实验仪”软件,进入软件的主界面,选择“串口 2”。

(2)点击进入实验第六个模块——“16 个体素单元的图像重建”。

(3)在载物托盘上任意摆放六个八面体。

(4)进行电压校准。采集激光分别垂直穿射过无八面体、一个八面体、两个八面体、三个八面体时的电压值,并自动计算其平均参考电压值。

(5)软件界面左上侧给出了 22 次采集的方位标志图,必须按照图中给出的采集顺序对载物托盘上的八面体进行 22 次不同方向的电压采集,模拟 CT 对人体的扫描。

(6)每采集一次电压值,所穿过的八面体个数会显示在右上侧的文本框中,需与载物托盘上实际穿过的八面体个数对照。若不正确,需清空此次采集的电压值,并调整载物托盘的方向,再重新采集电压值。

(7)22 次采集完毕后,点击“图象重建”按钮。若实验过程中操作无误,即可获得正确的重建图象;若得到的重建图像与六个八面体实际摆放的位置不同,需重新校准电压,再进行重新采集。

4. 本项实验结束,返回主窗体,退出实验软件,关闭计算机。

【数据记录与处理】

表 26-1 X-CT 断层重建

	U(mv)	μ	CT
1			
2			
3			
4			
A			
B			
C			
D			

【注意事项】

(1) MCT-D1 型模拟 CT 实验仪开机预热 5 分钟后再进行实验。

(2)激光照射待测物时会有一定的反射,必须调整物体使反射回来的光束要对准激光器发射中心。

(3)本仪器采集电压范围为 0V-5V,由于四方块和八面体的工艺问题,激光照射后有部分散色光或反色光,导致在实验过程中采集电压过大,此时需要请重新采集数据。

【思考题】

某种材料被光照射后,对光吸收的多透过的少,那么它的 CT 值是大还是小?

实验二十七　X-CT 计算机模拟实验——图像重建和图像后处理技术

【实验目的】

(1)掌握 X-CT 图像重建的过程,加深对扫描方式的理解,体会像素大小对图像质量的影响。

(2)了解 X-CT 图像后处理的必要性以及几种图像后处理技术的基本原理。

【实验器材】

计算机、"CT 实验课件"软件。

【实验原理】

X 射线计算机断层成像,简称 X-CT,其工作原理是:用 X 射线从不同方向对待测生物体进行扫描,获取生物体某断层上的生物信息,采用一定的数学方法处理,求得该断层上的 X-CT 值分布,再应用计算机技术把此二维分布变为灰度分布。

扫描是为了获取投影而采用的物理技术,要用近似于单能窄束的 X 射线束以按一定的顺序、沿不同的方向对受检体体层进行投照。扫描的方式有多种,有平移扫描、旋转扫描、平移加旋转扫描等。

本实验中用三维动画的方式模拟了对头部的平移扫描和旋转扫描,形象地反映了这两种扫描的扫描方式及扫描过程。

图像重建过程:单能窄束的 X 射线束经生物体组织衰减后,射出到达检测器,检测器将含有该组织或器官图像信息的 X 射线强度转变为相应的电信号,然后通过测量电路将电信号放大,再由模拟-数字转换器转换为数字信号,送给计算机处理。计算机利用数学方法求得衰减系数 μ 值的二维分布 $\mu(x,y)$,再将 μ 值分布转换成对应的 X-CT(x,y)值,然后利用计算机技术把 CT 值分布转换为图像画面上的灰度图像,即显示生物体这一体层平面上的组织或器官的图像。这一过程即为图像重建。

X-CT 图像的后处理技术:也是应用计算机技术和电子技术,根据一定的数学方法,对已获取的像素(pixed)CT 值数字矩阵进行有目的的再加工处理,突出图像在某些特定方面的细节和分辨能力,以便获取准确诊断信息的技术。

图像的后处理技术中除了典型的窗口技术外,常用的再加工处理技术有:对图像的加、减、过滤、局部放大或缩小、直方图处理等。其中对图像的过滤处理是非常有用的一种。

图像过滤的基本原理:在处理图像矩阵中的每一像素时,都要考虑该像素和与之相邻的各像素之间的关系,并通过确定的数学处理方法,计算得出该像素的新数值。通过不同的数学计算会获得不同的过滤效果。

本实验介绍了四种常用的滤波技术,分别为平滑滤波、阴影滤波、边缘增强滤波和轮廓滤波。图 27-1 所示是对一典型的 3 ×3 图像矩阵像素值的过滤处理,其中 A、B、C、D、E、F、G、H、I 分别为各点所对应的像素值,E' 为对应于 E 的经过滤处理后的像素值。经平滑滤波、阴影滤波、边缘增强滤波和轮廓滤波的处理后的像素值 E'分别为:

$$E' = \begin{cases} \dfrac{1}{16}(A+2B+C+2D+4E+2F+G+2H+I) \\ (-A-B-C+D-3E-F+G+H-I) \\ 2\sqrt{[(A+B+C)-(G+H+I)]^2+[(A+D+G)-(G+F+I)]^2} \\ \dfrac{1}{2}(-2A+B-2C+D+6E+F-2G+H-2I) \end{cases}$$

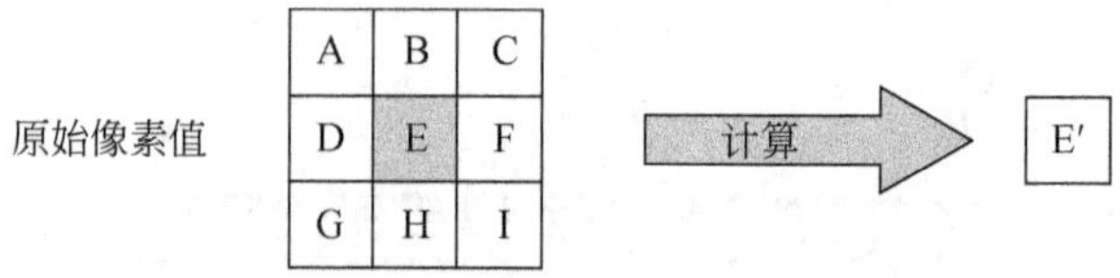

图 27-1 3×3 图像矩阵像素值的过滤处理

本实验还对原图像进行了灰度反转处理。所谓灰度反转,就是原来是白的位置变黑,黑的位置变白。每一个像素的像素值不与周围相邻像素发生关系,只是用一个固定值255分别减去各像素所对应的灰度值,即可得到新的灰度分布,实现灰度反转。

【实验步骤】

1. 进入实验软件

打开"CT课件"实验软件,在软件实验动画片头中,点击"开始"按键进入目录页,在目录页中单击"CT影象模拟重建"按键出现重建实验介绍,认真阅读后再点击"进入实验"按键进入实验环境。

2. 读取数据,建立原图像

(1)在"输入物体名"框中输入物体名(a、b、c、d等,参见帮助),分别点击"旋转扫描"或"平移扫描"再点击下排的向右箭头按键,Picture框内开始扫描。图27-2所示为旋转扫描正进行中。

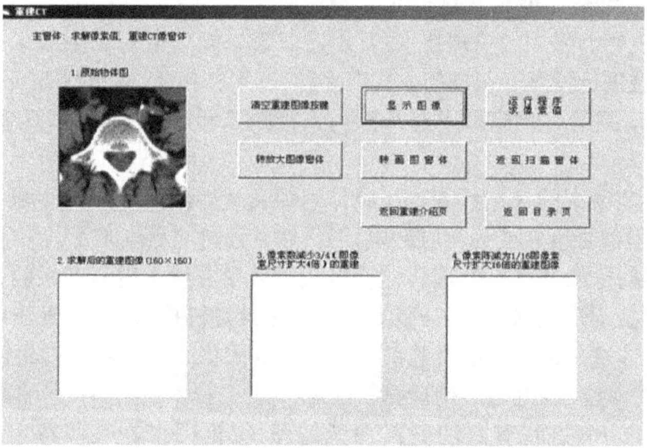

图 27-2 重建CT窗体

(2)扫描结束,点击"关闭扫描"按键,然后再点击"处理投影数据进行重建运算"按键,进入重建CT窗体,如图27-3所示。

(3)单击"显示图象"按键,在"1. 原始物体图"窗口中显示的是为扫描所得的未运算原始图像。若2、3、4窗口中有图,应先"清空"。

3. 用不同像素重建图像

(1)单击"运行像素值求解程序求解像素"按键,开始运算。状态栏内提示:"正在运行程序,请稍候!"运行完毕,提示消失。

(2)再单击"显示图像"按键,三幅由不同像素组成的图像分别显示在三个Picture框中。观察和分析不同的像素对应的图像质量的差别。

(3)单击"转画图窗体"按键,进入画图窗体,如图27-4所示。

(4)单击"像素值逐点转灰度像"按键,三幅由不同像素组成的图像将从左下角开始按自左向右,由下而上的顺序逐点成像。

(5)单击"放大图像"按键,进入"ctfd"图像放大窗体如图27-5。单击"重建图像放大运算"按键,状态栏内提示:"正在运行程序,请稍候!",运行完毕后,提示消失。

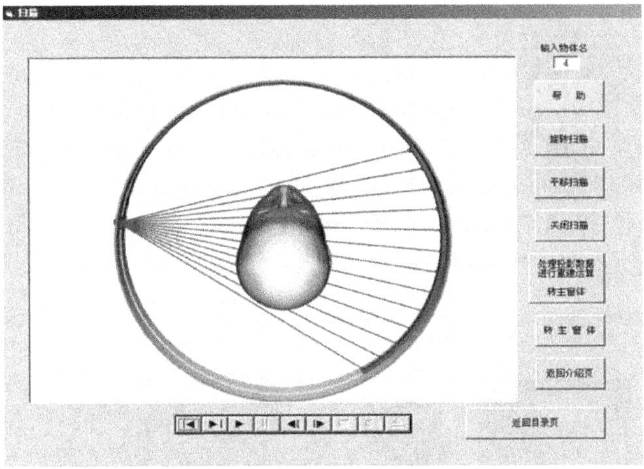

图 27-3　模拟旋转扫描进行中

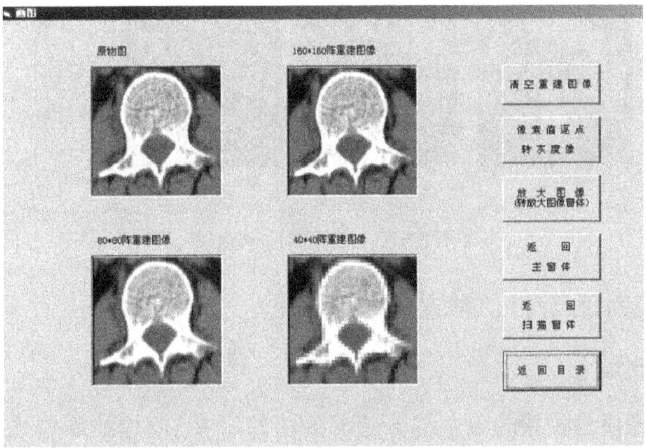

图 27-4　画图窗体

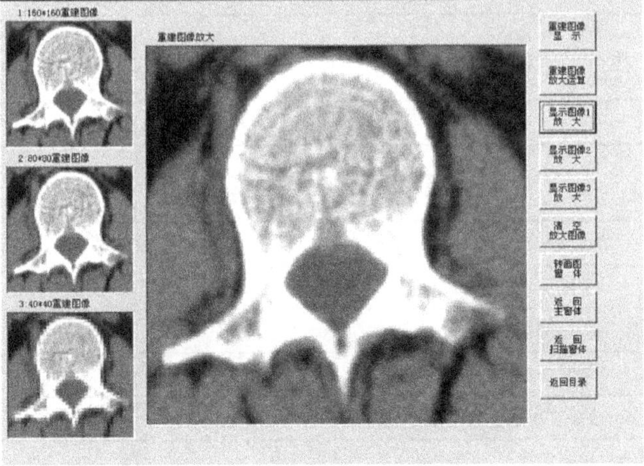

图 27-5　图像放大窗体

(6)逐个单击“显示图像 1 放大”、“显示图像 2 放大”和“显示图像 3 放大”按键，观察图像并体会像素大小与图像质量之间的关系。

4. 几种 CT 后处理技术比较

(1)“返回目录页”，点击“几种 CT 后处理技术比较”按键，在“原图像名”Texs 框中输入物体名(例如：ahc、bhc、chc 等)，点击“运行求解程序”按键，开始运行 CT 后处理技术程序。状态栏内提示：“正在运行程序，请稍候！”，运行完毕后，提示消失。

(2)单击“图像显示”按键，在六个框中将分别显示原图像及灰度反转、阴影滤波、平滑滤波、边缘增强、轮廓滤波五种后处理图像如图 27-6。观察比较并体会各种后处理效果的优缺点。

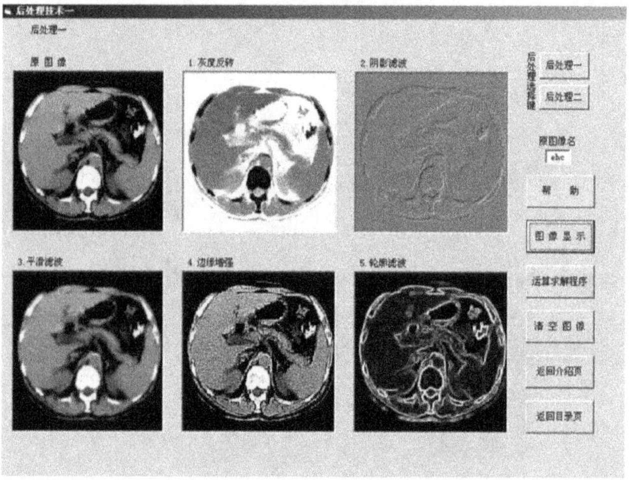

图 27-6 后处理技术窗体

5. 分别点击，“返回目录页”，“结束实验”。

【数据记录与处理】

将像素大小与图像质量关系的观察结果记录在表 27-1 中；将原始图像采用后处理技术的观察结果记录在表 27-2 中。

表 27-1 像素大小与图像质量之间的关系

像素值	观察结果

表 27-2 处理效果比较

原始图像	后处理技术	观察结果
	灰度反转	
	阴影滤波	
	平滑滤波	
	边缘滤波	
	轮廓滤波	

【思考题】

(1) CT 图像的重建主要有哪几个步骤?

(2)扫描的目的是什么?

(3)重建图像时矩阵的大小对 CT 图像有什么影响?

实验二十八　X-CT 计算机模拟实验——窗口技术

【实验目的】

(1)加深对 X-CT 的 CT 值、窗位、窗宽及窗口技术的理解。
(2)了解不同取值的窗位、窗宽对图像的影响。

【实验器材】

计算机、“CT 课件”软件。

【实验原理】

某物质的 CT 值(hounsfield unit, 单位为 HU)为

$$CT=\frac{\mu-\mu_W}{\mu_W}\times 1000\text{HU} \quad ①$$

式中,μ 表示待检体的衰减系数,μ_W 表示 X 射线在水中的衰减系数。

按 CT 值的定义,人体组织的 CT 值的范围大约在-1000H～1000H。若一个 CT 值对应一个灰度,则人体组织的 CT 值大致可分成 2000 个等级,但是,人眼分辨不出 2000 个如此微小的灰度差别,而且显示器件也不能显示这么多的灰度。为了提高图像的分辨率,在 CT 成像中,常把感兴趣部位的对比度增强,无关紧要部位的对比度减小,即把感兴趣部位的 CT 上限以上增强为完全白,CT 值下限以下增强为完全黑,这样使 CT 值差别小的组织能够得到分辨,这一工作称为窗口技术。被放大的灰度范围称为窗口(window),被放大灰度范围上下限之差称为窗宽(window width),被放大灰度范围的中心灰度值称为窗位(window level) 。用 CT 值表示为

$$\text{窗宽}=CT_{\max}-CT_{\min} \quad ②$$

$$\text{窗位}=(CT_{\max}+CT_{\min})/2 \quad ③$$

在图 28-2 中 CT 值在-100H 至-300H 的组织,灰度差别被放大。要观察的组织部位不同,所选择的窗位、窗宽也应不同,需根据理论和经验为组织选择合适的窗位、窗宽。

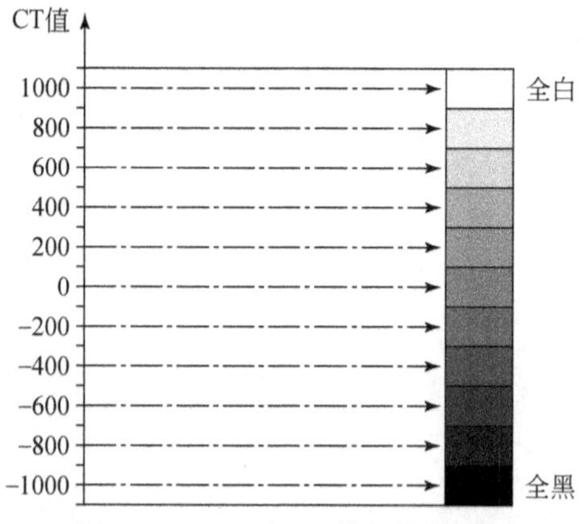

图 28-1　2000 个 CT 值与像素灰度一一对应情况

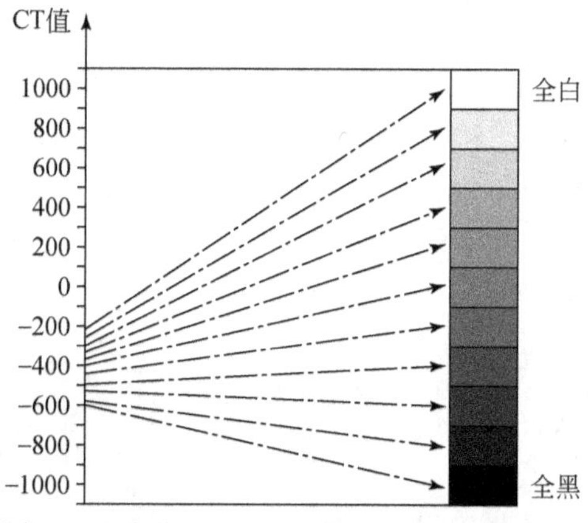

图 28-2　窗位为-400H、窗宽为 400H 时图像的 CT 值与像素灰度的对应情况

【实验步骤】

1. 进入实验软件

（1）打开“CT 课件”软件，在动画片头中，点击“开始”进入目录页，在目录页中单击“三 . CT 窗口技术” 按钮，即出现窗口技术实验介绍，认真阅读后，再点击“进入实验”按钮进入实验环境。

2. 观察不同图像在选择不同窗位、窗宽值时的图像效果

（1）在“原图像名”输入框中输入原图像名（aa、bb、cc……kk），在窗口 1、窗口 2、窗口 3 的窗位、窗宽输入框中分别输入适当数据，点击“运行窗口程序”按钮，开始运行。待状态栏内提示：“程序运行已结束，…”时，点击“图象显示”按钮，在窗口 1、窗口 2 、窗口 3 的图片框中显示对应输入框中数据的运行结果，比较不同窗宽、窗位下的所得到图像。

（2）输入不同的窗宽、窗位，重复步骤（1），对比图像，总结规律，选择能够得到最多解剖信息的数据（即与 ack、bck、cck、……kck 图像最接近的窗位、窗宽数据），填入表 28-1 中。

3. 点击“返回目录页”按钮，退到目录窗口，再按“结束”按钮结束实验。

【数据记录与处理】

表 28-1　不同图像的窗位、窗宽值

原图像名	aa	bb	cc	dd	ee	ff
窗位						
窗宽						
原图像名	gg	hh	ii	jj	kk	
窗位						
窗宽						

【思考题】

（1）窗位的高低对图像灰度的影响是怎样的？要更细致地了解原始图像中发白的部位的细节应怎样设置窗位？要更细致地了解原始图像中发黑的部位的细节应怎样设置窗位？

（2）窗宽的大小对图像灰度的影响是怎样的？

附　　表

附表 1　在 20℃时常用的固体和液体的密度

物　质	密度(kg・m⁻³)	物　质	密度(kg・m⁻³)
铝	2698.9	水银	13546.2
铜	8960	钢	7600～7900
铁	7874	冰(0℃)	880～920
银	10 500	甲醇	792
金	19 320	乙醇	789.4
钨	19 300	乙醚	714
铂	21 450	甘油	1260
铅	11 350	蜂蜜	1435

附表 2　水的表面张力系数 α (与空气接触)

温度(℃)	$\alpha(10^{-3}N \cdot m^{-1})$	温度(℃)	$\alpha(10^{-3}N \cdot m^{-1})$	温度(℃)	$\alpha(10^{-3}N \cdot m^{-1})$
0	75.62	15	73.48	22	72.44
5	74.90	16	73.34	23	72.28
10	74.20	17	73.20	24	72.12
11	74.07	18	73.05	25	71.96
12	73.92	19	72.89	30	71.15
13	73.78	20	72.75	50	67.90
14	73.64	21	72.60	100	58.84

附表 3　液体的表面张力系数 α (20℃与空气接触)

液　体	$\alpha(10^{-3}N \cdot m^{-1})$	液　体	$\alpha(10^{-3}N \cdot m^{-1})$
煤油	24	水银	513
肥皂溶液	40	甲醇	22.6
蓖麻油	36.4	乙醇	22.0
甘油	63	乙醇(0℃)	24.1

附表 4　常用光源的谱线波长 λ (单位:nm)

He	Ne	Hg
706.5 红	650.6 红	623.4 橙
667.8 红	640.2 橙	579.1 黄
587.6 黄	638.3 橙	577.0 黄
501.6 绿	626.6 橙	546.1 绿
492.2 绿蓝	621.8 橙	491.6 绿蓝
471.3 蓝	614.3 橙	435.8 蓝

续表

He	Ne	Hg
447.1 蓝	588.2 黄	407.8 蓝紫
402.6 蓝紫	585.2 黄	404.7 蓝紫
Na	**Li**	**Kr**
589.6 D_1 黄	670.8 红	587.1 黄
589.0 D_2 黄	610.4 橙	557.0 绿
He-Ne 激光	**H**	**Sr**
632.8 橙	656.3 红	640.8 橙
	486.1 绿蓝	638.6 橙
	434.0 蓝	406.7 蓝紫
	410.2 蓝紫	

附表 5 互补色表

溶液颜色	滤色片	从滤色片透出的光波波长(nm)
绿色带黄	青紫	400 ~ 435
黄	蓝	435 ~ 480
橘红	蓝色带绿	480 ~ 490
红	绿色带蓝	490 ~ 500
紫	绿	500 ~ 560
青紫	绿色带黄	560 ~ 580
蓝	黄	580 ~ 595
蓝色带绿	橘红	595 ~ 610
绿色带蓝	红	610 ~ 750

附表 6 某些物质相对于空气的折射率 *n*（入射光为 *D* 线 589.3nm）

物 质	n	物 质	n
水(18℃)	1.3332	二硫化碳(18℃)	1.6291
乙醇(18℃)	1.3625	方解石(寻常光)	1.6585
		方解石(非常光)	1.4864
冕玻璃(轻)	1.5153	水晶(寻常光)	1.5442
冕玻璃(重)	1.6152	水晶(非常光)	1.5533
燧石玻璃(轻)	1.6085		
燧石玻璃(重)	1.7515		

附表 7 一些药物的旋光率 $[\alpha]_D^{20}$ [单位:(°)]

药 名	$[\alpha]_D^{20}$	药 名	$[\alpha]_D^{20}$
葡萄糖	+52.5 ~ +53	维生素 C	+21 ~ +22
蔗 糖	+65.9	薄荷脑	−50 ~ −49
乳 糖	+52.2 ~ +52.5	茴香油	+12 ~ +24
樟脑(醇溶液)	+41 ~ +43	氯霉素(无水乙醇)	+18.5 ~ +21.5
山道年(醇溶液)	−175 ~ −170	氯霉素(乙酸乙酯)	−22.5

附表 8　不同金属(或合金)与铂(化学纯)构成热电偶的温差电动势(热端 100℃,冷端 0℃)

金属或合金	温差电动势(mV)	连续使用温度(℃)	短时间使用最高温度(℃)
65% Ni+5% (Al, Si, Mn)	-1.38	1000	1250
钨	+0.79	2000	2500
康铜(60% Cu+40% Ni)	-3.5	600	800
康铜(56% Cu+44% Ni)	-4.0	600	800
制导线用铜	+0.75	350	500
镍	-1.5	1000	1100
手工制造的铁	+1.87	600	800
80% Ni+20% Cr	+2.5	1000	1100
60% Ni+10% Cr	+2.71	1000	1250
90% Pt+10% Ir	+1.3	1000	1200
60% Pt+10% Rh	+0.64	1300	1600
银	+0.72	600	700

注:(1) 温差电动势为正值时,在处于 0℃ 的热电偶一端电流由金属(或合金)流向铂;负值时,流向相反。

(2) 为了确定用表中所列两种材料构成的热电偶的温差电动势,应取这两种材料的温差电动势的差值。例如,铜-康铜热电偶的温差电动势等于+0.75-(-3.5)=4.25mV。